5

カネと人生

小馬　徹――編
Tōru konma

雄山閣

5

カネと人生＊目次

■くらしの文化人類学

■装丁・馬面俊之

くらしの文化人類学 5

カネと人生

総説

カネの論理とさまざまな人生の形

小馬　徹

■――本書のねらい――人類学者の眼

往々、学者の数だけ文化人類学があると言われる。この時に問われているのは、研究の対象や領域が多岐にわたること以上に、対象に迫る視点の違いと隔たりである。

例えば、ピーコック（『人類学とは何か』）は三つの伝記的な著作を比べて、次のように述べた。M・ミード（『女として人類学者として』）にとっての文化人類学は、気心の知れた人々の間での理解についての学問であって、彼女は幼い頃の経験や家庭内での出来事から得た洞察を広く人類文化の考察に及ぼした。対照的に、R・マクニシュ（『考古学は科学か』）が叙述する光景には、家族はおろか、生きた人間など一人も出てこない。彼の関心は、身近な社会環境ではなく、南北アメリカ大陸を股にかけて（焼き物の破片や植物の種の化石などの）遺物を探索する旅から開けてくる、広大無辺の野外空間に向けられている。他方、C・レヴィ＝ストロース（『悲しき熱帯』）は生きた人々の間での経験に触れてはいるが、その描写は親密さや家族的な雰囲気をほとんど感じさせない。

民族学、言語学、先史考古学を包み込む総合人類学の伝統をもつアメリカとは違って、日本では文化人類学と考古学の距離は大きく、マクニシュの「生きた人間ぬきの人類学」（考古学）は度外視できる。それでも、ピーコックがミードとレヴィ＝ストロースに代表させた二つの視点の違いは、日本の研究者の間にも確かに見出せるだろう。フィールドワークで得た洞察と発見に重きを置いて論じる人もいれば、文化横断的で普遍的なテーマを前面に掲げて研究をする人も、また学説史や理論への関心が取り分け強い人もいる。

ただし、フィールドでの経験やそれに寄せる思いを一人一人の文化人類学者が実際にどう扱うかは、テーマの選択や叙述スタイルの問題だが、彼（彼女）の人生や学問の背景に控えている（露な、あるいは密かな）思想とも無関係ではないはずだ。

例えば、レヴィ＝ストロースの理論は、往々「主体なき構造主義」と呼ばれて批判されてきた。しかし、彼はナチスに生命を脅かされてアメリカへ渡り、そこで哲学から文化人類学へと越境した人である。文化を無意識的な構造として価値中立的に把握することは、彼には「人種」や文化に由来する一切の偏見を克服する実践でもあっただろう。このやり方で、すべての具体的な他者を含んだ「人間」概念の再発見を目指したのではなかったか。

しかしながら、彼のこの選択は、人々の生活に刻み込まれた襞や入り組んだ細部、人生の妙味や内面の幸・不幸などに対する無関心を意味してはいない。『悲しき熱帯』から窺えるのは、繊細で鋭敏な感性をもち、参与観察による発見と理論的な洞察を綯《な》い合わせつつ強靭《きょうじん》な思考を一貫して鍛え上げていく、一人の類稀なフィールドワーカーの姿である。

人々の暮らしは、たとえ目の前に現にあっても理論がなければ何も見えてこず、漠として捉え難い。理論が掬いとった現場の事実は、まさにすぐにその場でフィードバックされて、理論の修正と調査の組み立て直しを絶えず促し続ける。（いわば昼と夜との関係のごとく）理論が事実を孕み、事実が理論を生み出して徐々に認識が深まっていくのだ。フィールドに留まって内側から理解しようと努める点に、文化人類学の最大の特徴がある。

ただし、先に述べたように、最終的に公表される論文ではそうした過程が前面に出てくることはごく稀だ。フィールドを離れた後も、文化人類学者は膨大なフィールドノートと対話して理解を深めながら、長い時間をかけて学術論文へと資料を煮詰めていく。多くの場合、直接の経験は「理解」に至るこうした試行錯誤の過程で背景へと退いて深く沈潜し、調査と論証の公正さを保証する注記などにわずかに痕跡を留めることになる。

だが文化人類学者なら誰であれ、さまざまな生の形とその断片を間近に見聞きし、またそれに搦め取られ、時には心を揺さぶられて沈思してきたことだろう。文化人類学の独特の魅力や説得力は、実はそうした経験の洞察とそれに触発された思索に必ずどこかで裏打ちされているのである。

これに関して、マリノフスキーは、次のような興味深い見解を述べた。異文化を描いた素人の最上の著作は、長い親密な付き合いから窺い知れる暮らしの襞を柔軟に生き生きと描いている一点で、しばしば報告書や論文の純粋に学問的な記述に優っている。後者は、生活の骨組みをきちんと枠付ける。だが、日常の事象の静謐な流れや祭・儀礼・事件をめぐる興奮とざわめきなどを肌身で感じ取り、まざまざと想像する力を読み手に与えない。その原因は、まさに生活の精密な定式化を求める学問的な要請とスタイルにある。現実の生活はどこでもその手の精密さとは無縁で、規則にも厳密には従わず、かれこれの例外がつきものだからだ。この「実生活の計量化できない部分」こそが、当事者の個別的で多彩な反応や心理を導きだすものであって、微妙でも取り違えようのない現象として社会の実質の一部をなしている。しかも、それは直に観察した者のみが感受できることだ。だから、調査者は行事や出来事の外見と枠組を類型的に捉えるだけでなく、行動の委細や雰囲気を書き記すべきだ。そうすれば、文化人類学者は、宣教師、商人、官吏などのように特定の利害や関心に縛られない広い視野があるので、最上の素人の知見を遙かに凌駕できる。ただし、確かに観察者の記述の仕方には個人差が目立つことになるだろう。それでもなお、事実をもって語らしめなければならないのだ（『西太平洋の遠洋航海者』）。

しかも、参与観察とはまったく新たな環境で暮らしを一から立ち上げることである以上、「実生活の計量化できない部分」は、フィールドに暮らす文化人類学者の身辺にも即座に、容赦のない形で及んでくる。カネをめぐる事柄は分けても切実で妥協がない。それだけに「実生活の計量化できない部分」をまざまざと実感する恰好《かっこう》の契機となるに違いない。

本書の執筆者には、論文や報告書では軽視されがちな出来事の経験と逸話を重視し、またそれに纏わる感情の動きや交々《こもごも》の思いをあえて隠さず、時には日本の事象とも引き比べて筆を進めるように依頼した。銘々が「カネと人生」の諸相を自由な切り口とスタイルで捉え、「人生の発見」に繋がる大胆な試論を存分に展開してほしかったからである。

■——人類学にとってのカネ、経済学にとってのカネ

このような編集方針のゆえに、本書に収められた一〇編の論稿は、世界各地の人々がカネをめぐって繰り広げる多彩な事象を、具体例の委細に踏み込んで記述し、考察している。いずれの論稿にも、日本人の意表をつく思

いがけない状況や論理、あるいは人々の独特の金銭感覚の描写が随所に散りばめられていて、それが本書の大きな魅力になっていよう。

その反面、一冊の書物としての全体的な狙いや纏まりを読者にうまく摑み取って貰うには、もう少し詳しく解題する必要がありそうだ。そこで、ひとまず将棋盤をグルリと回して、あえて本書の対極から「カネと人生」の関わりを眺めてみたい。その対極点に位置するのは、カネをめぐる人間現象の多様さと個別性を超越して、その背後に潜む本質を全体的に一気に把握しようとする、経済学のあくまでも犀利な論理立てである。

岩井克人は、ハワイ人のケアウェとその妻コクアの物語であるR・L・スティーヴンスンの短編「瓶の妖鬼」を、貨幣論の立場から次のように鮮やかに読み解いてみせた（『朝日新聞』夕刊、二〇〇二年二月六日）。まず物語の粗筋を紹介し、次に彼の分析の道筋を辿ってみよう。

若いケアウェは、いつか王宮のような豪邸に住む夢を心に描いていたが、中に小鬼が住む瓶を五〇ドルで買った時に夢が直ちに実現した。小鬼は永遠の生命以外なら何でも叶えてくれる。ただ、瓶を持ったまま死ぬと地獄に落ちるという呪いが掛けられていて、しかも買値よりも安く手放せば舞い戻ってくる。ケアウェは瓶を友人のロパカに売り渡した後、コクアという娘と恋に落ちたが、不運にも不治の伝染病に罹ってしまった。コクアに病を移さずに愛を貫くには、あの瓶の最新の転売先を突きとめて魔力にすがるほかにない。だが、なんと瓶は二セントで売られていた——最初の持ち主、アビシニア王は数百万ドルで買ったというのに。ケアウェは、地獄に落ちる覚悟を決めて一セントで買い取ったが、ハワイには更に低額の貨幣はなく、どん詰まりで出口を失ってしまった。コクアは、幸せの絶頂の中で絶望している夫に気づく。事情を悟った彼女の智恵で、二人はもっと低額の一サンチーム硬貨が通用するタヒチへ移住した。だが、タヒチ人は誰も瓶を買わない。コクアは意を決し、間に人を立てて内緒で瓶を買う。だが今度は、事情を察知したケアウェが、或る水夫長を介して再度瓶を買い取った。ここで、奇跡が起こった。無尽蔵に飲める酒に溺れた水夫長が、ケアウェへの瓶の引渡しを拒んだのだ。二人が末永く幸せに暮らしたのは言うまでもない。

貨幣の実体が何の価値もない紙切れや金属片に過ぎず、それが額面通りの価値をもつのは相手が受け取ってくれるからだ。だから、誰も貨幣を受け取ってくれないと人々が疑い始めると、実際に誰も受け取らなくなり、貨幣はその実体である紙切れや金属片に戻ってしまう。これがハイパーインフレーションという現象で、岩井は「瓶の妖鬼」はその寓意になっていると言う。瓶は、一見どんな願いも叶えてくれる素晴らしいもののように思える。だが、売り渡される度《たび》に価値が目減りして、ついには必ず誰かを破滅させる。自分の魂を地獄に落とさないためには、ほかの誰かの魂を地獄に落とすしかない。だから、瓶の持ち主は、瓶を買ってくれさえすれば、その相手がどこの誰でも構わない。それは、ほかのすべての人が自分のための手段となる世界だ。しかし、ケアウェとコクアが互いに内緒で瓶を買い取ろうとした時に、奇跡が生まれ、貨幣の論理が逆転する。二人とも相手を自分の手段とは見なさず、逆に自分を相手の手段にしようとしたからだ。本来、自分の魂は、ほかの何ものとも交換不可能な絶対的な価値をもっているのだが、二人はそれをあえて犠牲にして相手の魂を救済しようとした。相手に一方的に与えることで、結果的に成り立ったこの交換。それは倫理的な交換であり、貨幣を媒介とする交換（の地獄）を超越している。

鮮やかで、見事な立論だと思う。しかし、文化人類学徒である私には、やはりどこか割り切れない思いが残った。物語が絵空事だと言おうとするのではない。話は確かに愛の真実を捉えていよう。例えば、二〇〇二年二月初めにパキスタンで誘拐された、米『ウォールストリート・ジャーナル』紙記者パールの身重の妻マリアンヌは、カラチでBBCの放送に出演した。そして、夫の身代わりになれる唯一の者である自分に必ず連絡してほしいと、イスラム組織の誘拐者たちに呼びかけた――不幸にも、無駄だったのだが。その必死の訴えには魂の交換（愛）の声が欲していて、情報資本主義の今も人の心を強く打った。

ただし文化人類学者が目を注ぐのは、貧しくともケアウェとコクア夫婦（および水夫長）の隘路の手前にある諸々の状況、つまりハイパーインフレとは距離のある暮らしを営む庶民の姿である。そこでは、社会を統合する文化的な諸価値がまだ生きているからだ。とはいえ、岩井の論理に従えば、たとえハイパーインフレに陥らなくとも、貨幣を媒介としてほかのすべての人が自分のための手段にされる世界とは、それ自体が地獄であると言うこともできよう。そう、地獄とは他者のことだと言ったのはサルトルだった。確かに、ケアウェに王宮のごとき豪邸に住む夢を見させたものは、自他の貧富の差の意識、そしてそれ以上にそこへ向けられる他者の冷ややかな眼差しだっただろう――これをブルデューは「位置の悲惨」と呼んだ。

だが、少なくともそれが人々の偽らざる現実である限り、文化人類学者は「地獄」へと下りていって、その現実をあえて子細に見ることから理解の試みを始めようとする。そして文化人類学者は、それが私たち自身の生の合わせ鏡であることも、無論よく承知している。

南インドをフィールドとする文化人類学者、関根康正は次のように述べている。

村のハリジャンのAさんBさんという具体的個人に実際に会い話をしてみる経験を通して、私の中に起こった重大な変化があった。日本を発つ前には、無知ゆえに持ってしまっていた「絶望的に悲惨なハリジャン」というイメージが、自然な形で瓦解したように思えたのである。実に当たり前のこと、彼らも泣き、笑い、怒り、嘘もつき、……したたかに生きていることを眼前にし、私と変わらない不完全な人間がそこにいると実感できたことに何か救いを感じたのである。

（『ケガレの人類学』序）

神は笑わない。だが幸いなことに、「地獄」とも見えかねない現実の世界には、ペーソスと共に（「にもかかわらず」の）笑いが満ち溢れているかも知れないのだ。

■――さまざまな人生の形

本書は、対象社会へのカネの浸透の度合いを一応の目安とした《カネとの出合い》、《はざまを生きる》、《市場経済のただ中で》の三部から成り、その三部は各々三、四編ずつの論稿で構成されている。ここで、各論稿の内容をかい摘んで紹介し、解題してみよう。

「分かちあう世界」竹内　潔

第I部《カネとの出合い》では、まず竹内潔がコンゴ北東部に住む小柄な狩猟採集民アカを取り上げている。竹内C・タ－ブルの研究で有名な近縁のムブティとは異なり、アカは今でもカネのいらない暮らしをしている。竹内が狩猟具の対価として渡した（小銭ならぬ）紙幣は、村中でしげしげと回覧された。やがて持ち主はそれで農耕民から酒を買い、他の男たちと一緒にその日の内に全部飲んでしまった。彼らは「現在に対する強烈な関心の持ち主」で、限定的なニーズに生産を合わせる。つまり、剰余を生み出す志向性をもっていないのだ。

カネなしではやっていけない日本では、財布を置き忘れて外出したとふと気付くと、そこはかとない心細さを覚える。その裏返しで、カネが用をなさないアカの世界では、重い怪我や病気の時にカネを謝礼に差し出しても、はたして人々が本当に助けてくれるのだろうかという漠然とした不安が、調査当初は竹内の脳裏を去らなかった。カモシカの肢を一本分けてくれるという男への対応に窮した経験から、やがて竹内は、一見ぞんざいに見えるアカの分配の作法について考察を進めていく。そして、物への執着心が相手に直接伝わるのを回避する、巧みな機構を読み取っている。

アカの人々は分配される肉であれ、何であれ、通常は投げる、置く、子供に運ばせるという渡し方をし、ごく稀な手渡しも双方が表情を変えずに素早く素っ気なく行う。対面的な手渡しは、与え手が自分の人格をモノに刻印して受け渡すことだ。互酬交換は、そうした人格性を帯びたモノの贈与が作る負い目の連鎖によって関係を生み出す（「負債のイデオロギー」）。だが、アカは上記の作法でモノの人格性と負い目を曖昧にして二者間の贈与関係を抑止し、生活と経験を共有する喜びを純粋に確保しようとする（「分かち合いのイデオロギー」）。こうした分配とその作法は、各パートが独立しつつ交響するアカに固有の多声唱法と同様に、共有の生活世界に個人の営みと経験の独自性を織り込んでいく、彼ら独特の社会的な技法だと竹内は言う。しかし、一九九〇年代半ばから開発の手が忍び寄り、アカの分かち合いの世界は崩れ去ろうとしている。

「おカネはミルク、おカネは水」中村香子

次は、現役の大学院生による北ケニアの牧畜民サンブル人の報告である。主にモラン（家畜の世話を担う一五〜三五歳ほどの青年）の間で参与調査している中村は、楽しくて仕方がない様子。善意いっぱいで接する中村の驚きも怒りも発見や洞察と同様に瑞々しく、一方モランの言葉はレトリックに満ちて詩のように印象深い。雨季、モランは月明かりの下で夜更けまで歌い踊り、自由な恋愛を楽しむ。美しく身を飾って闊歩する姿や夜空に谺する歌声は、社会全体に華やぎと深い情感をもたらす。舞い立つ土埃の中、モランに率いられ、夕日を背にシルエットを黄金色に浮き立たせて戻ってくる家畜の群に、人々は日々飽かずに見惚れる。

だが、サンブル人の暮らしにも今や現金は不可欠で、日常的に山羊・羊を売るが、彼らと中村の金銭感覚には隔たりがある。ある婦人にふとしたことから砂糖を与えた中村は、たちまち人々のしたり顔の無心攻勢に苦しむ。でも、カネは牛乳と同じで宵越しにはできないが、牛と同様に出る時に出せばいいと言うモランの言葉が心の霧を晴らす。またサンブル人は、何か必要が生じた時に、牛や山羊・羊単位で家畜を売ることでカネを意識する。こうして、牛（次元）と山羊（次元）の問題は別々で、一元化されて混じり合うことはない。そして、この規格からはみ出た余りのカネはあっという間に散財されるので、（入院費の工面で牛を売るような）不幸を引き金に不要不急の物を買うというチグハグな贅沢をすることも珍しくない。「カネをもっていることは、手のひらに水をすくって歩いているようなものだ」。

市場では「歴史や思い出も、自慢にしていた角の形も体色も」無意味になるから、サンブル人にとってカネと家畜は「まったく別の特徴をもつ、まったくかけ離れたもの」だと中村は言う。だが、今や彼らと現金との付き合いは日々深まっていて、そうした感覚も確かに揺らぎ始めたことも認めてもいる。

「携えるカネ、据え置くカネ」牛島　巌

ヤップ島でも贈与交換と商品交換がはっきりと区別された社会慣行として共存し、石貨などの交換財とカネが

別々の仕方で生き生きと動いている。交換財には、石貨のほかに真珠貝貨、ガウ貨（首飾り状に連ねた赤い貝殻片）、ギー貨（シャコ貝の蝶番の加工品）、ブル貨（ビンロウ樹皮で俵状に包装したバナナやイチビの繊維布）などがある。これらには個々に名前がついていて、その来歴を覚えておき、別の返礼の機会に先方に贈り返すのが良い。歴史の重みのゆえに据え置かれて所有権だけが移動する石貨や、運搬中に海底に落ちたままの状態で使われている石貨もある。つまり、交換財による経済関係（贈与交換）は暮らしの中に埋め込まれて多面的な社会関係を創り出し、またそれを維持しているのだ。

贈与交換の八割は儀礼的交換であり、多くの場合、人生儀礼の各段階で男（夫）側が貝貨、女（妻）側が石貨を贈る。集会場の落成式や死者の追善法要でも、村同士や親族間で贈与交換をする。ヤムイモの集積と再配分を伴う場合、贈与交換は主催者の威信を高める機会ともなり、多数の関係者が動員され、大量のヤムイモが栽培される。収穫後にいったん集積されたヤムイモは決まった道筋に従って再配分され、そのつど石貨と貝貨が支払われる。

ヤムイモの提供者自身がそれに参加することも多い。すると、自分の提供分と同数のヤムイモを石貨や貝貨で買うことになり、ヤムイモは家族の間を循環しているに過ぎない。また、こうしたヤムイモは不浄とされて男性は食べず、女性や子供に分け与える。贈与交換に参加して気前良さを示し、社会的な威信を得ることが重要なのだ。贈与交換は社会関係の積極的な表現であって功利的な売買ではなく、交換財とカネ（通貨）の混同は軽蔑される。

「貰う論理、与える論理」小西正捷

第Ⅱ部《はざまを生きる》の最初の論稿で、小西は芸能集団とパトロンの関係を取り上げている。長い封建時代とそれに続く植民地支配を経験したインドでは階級意識が強く、また「カースト」による理念と行動様式が常に意識され、人々は常々立ち居振る舞いに気を使う。

カーストには、儀礼的な浄・不浄の多寡によって範疇化して僧・士・商工・農の五層の位階を理念的に差別するヴァルナと、経済活動など、暮らしに直に関わるジャーティ（職業を世襲する集団）の両次元がある。結婚は同じ氏族や同じ村の者同士ではしないが、必ず同じジャーティ内で行われる。ジャーティは相互扶助の基盤であるが排他的でもあり、初対面の相手のジャーティの確認は欠かせない。対人関係で支配的なのは、特権には責任が伴っていて気前良さが肝要だとする「ノブレス・オブリージュ」の原理であると小西は言う。アカやサンブルの場合と同様、インドでもカネや物の貰い手は与え手に謝意を示さない。

古代以来ジャーティによる細かな分業で維持されてきたインドの芸能も今や気息奄々《えんえん》だが、ベンガル地方の門付けの絵解き芸人ポトゥア、ラージャスターン地方の神降ろし絵解き師ボーパ、中北部の輪舞楽団ラーイーは今も客に媚びない。報酬が現金化されて、かえって芸人の誇りが高まった一面もある。「王族の地」ラージャスターンでは、パトロンとその家系を讃える芸人が何代もの間緊密な関係を築いてきた。楽士集団マンガニヤールはヒンドゥー士族の価値観をパトロンと共有し、彼らが没落すれば陰ながら援助さえする。だが、逆に誇りを傷つけられれば、相手の不名誉を暴く儀礼的な反撃を断固として貫徹する。

しかしながら、藩王国の解体の結果、パトロン層は資力も芸を見る目もない都市中産階級に変わり、伝統芸能は民衆化ではなくポピュラー化して、芸人たちは大都市や先進国で出稼ぎを始めた。だが、芸能産業が新たなパトロンとなって、芸人を食い物にしている面も否定できない。双方向的な誇りに満ちた、伝統の「貰う／与える」論理が解体してしまったのだ。

「人間とカネ」小馬 徹

小馬は「貰う／与える」ことに絡む微妙な心理や人間関係の力学を、日本やアフリカで経験した諸々の具体的な事例に即して分析し、そこから人生を見つめている。

小馬の覚醒を促したのは、玄界灘の孤島での五カ月の経験だった。魚好きの彼は夢のような食事を楽しんでいたのだが、日頃世話になっていた居候先のバアヤンが、ある日顔を輝かせて、御馳走を楽しみに待っているように告げる。その御馳走とは、漁協購買部で買ってきたレトルトのカレーだった。この象徴的で特別な贈り物は、小馬が月々渡していたわずかな「生活費」の虚構を暴いてしまい、バアヤンの日々の骨折りは再び純粋な奉仕に戻った。そして、その返しようのない恩が、バアヤンをもう一人の親に変えた。

（二つの具体例が挙げられているが）日本に住む中国の人々と日本人との間にも、しばしばさざ波が立つことがある。それは文化摩擦である以上に、資本主義経済に急速に連接された互酬的な社会の個々人に等しく関わる、心理的な葛藤として捉えられるだろう。

日本文化は互酬性を意識から抑圧し、欧米の文化は行為から抑圧する。一方、アフリカでは、人生が互酬による熱い闘争のゲームであることを少しも隠そうとはしない。キプシギスの人々は、真の友情とは、与え合い、かつ奪い合う人間の生存条件を直視して闊達に生き抜いたライバルの間でこそ築き得るものだと言う。アフリカでは、人類学徒が正式に社会に受入れられる第一歩は、互酬の連鎖にしっかりと組み込まれることだ。小馬は、その過程で人々の手練手管に翻弄されながら、次第に生きる知恵を身につけて行く。

グローバリゼーションの中で、人々がなお銘々の顔をもって生きているのは、互酬や集中＝再配分の伝統と市場交換を自らの仕方で連接する場面をまだ確保しているからだ。資本主義の功は世界を一つにしたことであり、その罪は世界を一つにしてしまったことである。

『不純にして健全な……』 林　行夫

国民の九割以上が上座仏教徒のタイ社会には、功徳を鍵概念としてカネと社会が折り合う独特の生き方が根付いている。『愛こそすべて』と夢想しながら『カネが欲しい』とうめくのが現代の社会と人」だと林は言う。

狩猟採集民ですら、もはやカネに抗えない時世である。ところが、タイの男子は一生に一度は出家して、市場経済社会の最中で（戸籍は抜かれ、選挙権を失い、納税や徴兵などの社会的義務を免れ、働かずに托鉢に頼る）隠遁生活を送るしきたりがある。僧侶は建前上世俗権力から独立したサンガ（僧侶集団）に属してその掟（戒律）に従うが、サンガは寺の経営や僧侶の食糧を王室を初めとする在家信徒の援助に頼っている。この逆説が、サンガの社会的対応を方向づけている。誰でも受け入れ、いつでも還俗を許すサンガは世俗秩序の周縁に属し、王権による「清浄化」を幾度も経験してきたが、それは逆に世俗を秩序づける力が仏教を多様化させる現実を示す現象でもある。サンガは、外部世界に挑まれて矛盾を媒介するのだが、現在進行中の社会を相対化する点で健全でさえある宗教空間をなしている。

あるべき仏教の姿を説くタイ華人知識人は、出家経験がない。カネの問題は、理念や制度と柔軟な実践とを区別して考えるべきである。僧が托鉢で礼を言わないのは、世俗の互酬関係を無視できるからだ。にもかかわらず、人々は現世ばかりか、功徳という「通貨」を媒介に精霊の世界や仏教的来世にも互酬的な関係をもちこみ、僧の個人的な資質や性格は問題にしても、功徳を積む実践の意義は毫も疑わない。功徳を生み出す行為は時に戒律に抵触するが、汚れたカネも公共の目的に使えば功徳になる。功徳の資本は米や他の食糧など身体を元手に生み出され、僧侶がそれを功徳に「両替」してくれる。こうして功徳は彼岸の身体にまで達する連鎖的互酬関係を築くメディアとなるが、それから外れた人や精霊は危険視されることになる。これは市場世界を生きる今日の解釈であり、功徳はカネの別のイメージなのである。

利他主義が布施の実践と同じ語法で語られるタイでは、カネは聖俗二つの世界を繋ぐ「不純にして健全な媒介物」だ。「カネをくれと叫ぶ人生」もカネに魂を売り渡した人生というわけではなく、「愛こそすべてという対照的な名辞と矛盾」しない。どちらの名辞も、「一元的システム（資本主義）に蹂躙されまいとする、それぞれの身体へ回帰するメッセージ」なのだ。

「パニックの四〇年」澤田昌人

一方、モブツ政権下のザイール（今日のコンゴ）人はカネに魂を売り渡した「地獄」、つまり人々がカネを受け取らなくなるハイパーインフレーションを経験している。一九九三年にはインフレ率が七万四〇〇〇パーセントを記録した。一九八五〜九六年の年平均インフレ率は六三六パーセント、この間に物価が二五二倍以上になった計算だ。同時期に内戦状態だった隣国アンゴラでさえ年平均インフレ率が二九七パーセント（これも凄い！）だから、この間に内戦がなかったザイールの経済状況の異常さは誰の目にも明らかだろう。

一九九二年九月、澤田昌人は外食用には手提げ袋一杯、市場での纏まった買い物にはナップザック一杯（約一〇キログラム）の高額ザイール紙幣を携えていった。泥棒も重い現金などには目もくれない。紙幣が商品に交換されてから奪う方が好都合なのはもちろんだ。

地獄の由来は、ベルギー王レオポルド二世の私領化以来の、類例のない暴虐な植民地統治にある。一九〇八年にコンゴ自由国と名を変えても実質は国王領のままで、同国が続いた二三年間、毎年人口の数パーセントが迫害で落命した。この圧政を支えた暴力装置が、欧州人将校と現地人兵士からなり、反抗根絶のみを目的とする公安軍だった。人々の敵としての軍隊と国家はこの時に形作られ、一九六〇年の独立後も踏襲されて、現在に続く伝統となった。

マクロ経済の破綻は人々の生命を直に脅かし、都市部では取引の米ドル化、田舎では物々交換化を導いた。ともに、国家が管理する通貨の世界から離脱して、自らの生存を守ろうとする動きなのだ。輸送用の自転車に寄りかかって、立ったまま死人のごとく眠りに落ちている長距離交易の小商人（クンバクンバ）の姿は壮絶だ。だが、地獄にまがう超現実的な逆境の中でも、いやそれゆえにこそ、ザイールの人々はユーモアと笑いを忘れない。

「走りそびれたランナーたち」小馬　徹

ザイールの不幸が豊富な鉱物資源のゆえだとすれば、ケニアの平和と繁栄は天然資源不在という「幸運」による。破滅的な内紛の経験がなく、国際社会の援助に恵まれたのだ。

第Ⅲ部《市場経済のただ中で》の最初でケニアを論じる小馬の論稿の表題には、二重の意味が込められている。かつて、植民地政府やミッションに真先に近づいた者たちは、一気に社会の階段を駆け上がって、国家という新しい社会空間の中枢を占め、富を独占した。それは実質上、社会的上昇の最初で最後の好機だった。他方、それを逃した者たちの子孫が、残された小さなパイに今殺到している。これが第一の含意である。

ところでケニアには、実は他にも、続々と輩出し続ける陸上長距離走者という、隠れた「資源」がある。ＴＶ

の時代、スポーツは巨大なイベント産業となり、才能ある長距離選手は易々と国境を越えて行く――その先頭に立つケニアの若者たちは、まさにグローバリゼーションの申し子である。思いがけず、この動きが社会上昇のちょっとした（第二の）好機となった。陸上長距離界にケニア時代を築いてリードしてきたのは、伝統的には牛牧を生業にしてきたカレンジンと呼ばれる民族群の人たちだ。彼らは誰もが自分の走力を大いに自負していて、ふとした偶然が彼我の今を分けただけだと嘯《うそぶ》く。これが表題の第二の含意である。

では、この「走りそびれたランナーたち」（田舎の人々）は、グローバリゼーションの今をどう生きているのか。小馬は、カレンジン最大の一派であるキプシギスの人々がカネと格闘する日常に密着し、その機微を追った。アフリカの地域性に特に強い関心がなければ、後半部から読み始めることを勧めたい。「アフリカで二番目に腐敗した国」の現実をいなしつつ出し抜いて逞しく生きて行く、ルーベンという貧しい若者の奮闘と知恵に目を瞠るだろう。それと同時に、「最初で最後の好機」から帰結した、貧富の目の眩むような懸隔の巨大さを再認識するに違いない。

「野宿者の貧困と集団形成」北川由紀彦

ケニアの首都ナイロビには、ホームレスの家族やストリート・チルドレンの姿がある。バブル経済が弾けた日本でも、この事態はよそ事ではない。二〇世紀末、日本の野宿者は二万人を超えた。北川由紀彦は、彼らのカネ観を新宿駅周辺の事例から描いている。

野宿者の八割が就労意欲をもつのに、労働市場の門は狭い。履歴や住所を問わない日雇労働市場が従来彼らを吸収してきたが、手配師が馴染みを贔屓する「顔づけ」や年齢制限強化などの選別化が近年進み、飯場に囲い込んで「ただ働き」させる悪質業者も増えた。それでも、都市にはまだ屋台の手伝い、風俗店の看板もちなど、種々の雑業の口がある。特に廃品回収、チケット取り、本拾いをする者は、働く野宿者の四割を超える。

だが本拾いでは有利なゴミ箱の占有権の主張が始まり、給食や拾いによる食糧調達も競争が激化した。孤立していた新宿の野宿者も一九九〇年代半ばには「集団形成」し、情報交換、荷物の預け合い、食べ物や煙草の融通などの互助を始める。でも、「われわれ感情」など、明確な輪郭をもつ集団は稀だ。市民の差別（追い立て、嫌がらせ、暴行）ばかりか、時に野宿者も野宿者を脅かす者となるがゆえに、所持金額を教え合わず、食糧の入手先を詮索しない不文律が存在している。孤絶を前提に距離を探り合って保たれる、壊れやすい関係なのだ。ことにカネは特別な重みをもち、緊張はカネをめぐるやり取りに如実に現れるのである。

ところが、上役が子分の生活全般の面倒をみるという階層構造で古本の露天を経営し、生計を共同化する集団が現れた。暴力団とのショバ代の交渉、警察の摘発などのリスクを負う上役。彼は、野宿者を市場経済に再び接合するこの生業システムに強い自負をもっている。そして、野宿者を悲惨で無力な存在と見て安心を得ようとする眼差し（日本社会の「私」の欲望）に強く抵抗し、援助やケアを差し出すボランティアを唾棄する。或る時上役から事もなげに手渡された缶ビールが、北川の意識されざる意識を炙り出し、そして鋭く撃った。

「改革と希望」宮崎広和

宮崎の論稿の主人公は、野宿者の対極に位置する。彼らは、日本市場に見合った金融派生商品（デリバティブ）の取引モデルの開発という、時代の最先端を行く業務に携わった世界証券（仮称）の元トレーダーたちだ。

アメリカに追いつこうと奮闘した自己売買取引チームは、グローバルな業務展開を待たずに、一九九八年に敗北した。原因は技術や知識ではなく、日本的な組織の限界だった。個々に巨大な収益を上げても給与に反映せず、逆に大穴を開けても失職しない。彼らには収益への動機づけがないので、リスクを最小化した「ゲーム」として取引を継続し、知的好奇心はモデルの精緻化という「お勉強」で終わってしまった。

取引の要は技術や知識ではなく、むしろ天性の勘や運次第だから、経験の蓄積は評価に繋がらない。元世界証券マンは、仕事と自己実現の方向のズレに苦しんだことを転職の動機に挙げている。だが、世界証券から外資系に転職してみると、外資系のトレーダーは眼前の儲け仕事を飽きずに繰り返すだけ。つまり、カネと仕事が短絡する新しい資本主義が求める姿勢は、「強い個人」としての取引での自制だった。日本企業の集団は、社員、企業、国家（経済）をアメリカに「追いつき、追い越す」方向に強く同調させてきたが、この戦略こそが敗因だったと気づくしかなかった。こうした元世界証券マンたちの、自らが経験した「改革の痛み」についての「語り」。それは、日本企業での仕事の方向性とグローバルな金融市場とのズレを、個人のレベルで矯正する努力の表れだと言える。

今、日本では「自己責任」をキーワードに、市場原理に則った経済システムの再構築が唱えられている。すると、看板（国家や会社）が力を失って自分の「値段」が問題になるのに、「改革の痛み」という標語には国民再生というユートピア的な響きがある。しかし、こうした漠とした未来に希望を託すのは間違いであり、危険ですらある。改革が実は「方向づけられた資本主義」から「方向づけのない資本主義」への移行なのだという認識が、政治家の語る日本再生のビジョンには欠けている。集団学習の限界を体験してそれを切り捨てた元世界証券マンたちの「語り」には、同調的な共同性への甘い希求は見られない。

■――グローバリゼーションの中で

十六世紀から今日までの人類の歴史。一言で言えば、それは世界システムとしての資本主義が地球の隅々まで浸透して行く壮大な時間の流れだった。未知なるものを求めて七つの海に乗り出して行った大航海時代のヨーロッパ人は、実は異なる人々を「発見」したのではなかった。遙かな以前（おそらく一〇万年ほど前に）、母なるアフリカから地球上の各地へと散らばっていった新人の他の群の末裔たちと、地球上のあちこちで再会したのである。

こうして人類は、世界システムとしての資本主義によって、再び一つになる道を歩き始めた。これが世界大での近代化であり、世界化（グローバリゼーション）への動きである。それは、他から隔絶して地球のそこここに散らばっていた「カネのいらない社会」を資本流動の巨大な渦中に巻き込んで、「カネなしでは埒《らち》の開かない世界」の一部へと組み込んでいく過程だった。だが、その泡立つ境界面は今でも一様に滑らかではなく、紛れもなく時には波打ち騒ぎ、また逆巻いてもいるだろう。

本書は、世界各地の日常世界に深く分け入って暮らしてきた文化人類学者（ただし、北川は社会学者）たちが、自ら経験したカネに纏わる印象深い出来事を詳らかにして、そこから我々自身の人生を再考し、発見する視点を摑み出す試みとして編まれた。

I　カネとの出合い

1　分かちあう世界

アフリカ熱帯森林の狩猟採集民アカの分配

竹内　潔

■——カネとつきわない世界

中島らもの自伝的な小説のなかに、人との濃厚な接触を嫌ってその場しのぎの生活を送っているためにやるせなく貧窮しているさなかでも、一〇円玉ひとつあれば生き抜くことができるという話がでてくる。都会にはゴミにされてしまった食糧がふんだんに溢れているから食べるのに困ることはないが、大好きなコーヒーや酒を飲むためにはどうしても金が必要だ。でも、一〇円玉ひとつあれば、電話で友人を呼び寄せておごらせることができる。放埒な生活に体が耐えきれなくなっているときには救急車を呼ぶこともできる。あるいは、行き先を決めずに街を彷徨《さまよ》うのに、一〇円玉を投げてその表裏で左右どちらに進むかを決めることもできる。

これは、主人公が生きるアンニュイな都会生活の一面を、金のためにあくせくと人と関わって自由を切り売りしている人間がいかに多いかという皮肉を一枚の一〇円玉に込めながら描いた一節であるが、逆に言えば、われわれの住む世界は、いくら自由奔放に生きようとしても、社会とのつながりを保って生きていこうとするなら、たとえ一〇円であってもお金がなければやっていけない世界だとも言える。友だちや恋人を持ち、他人の淹れてくれる一杯のコーヒーを楽しみにしようと思えば、お金と完全に縁を切ることはできない。財布を自宅に忘れて外出してしまったことに気づいたときの、自分の居場所がなくなってしまうような心細さは誰しも経験したことがあるだろう。中島らものシニカルな表現を逆手にとって言うなら、われわれは一〇円でもないと、自分がどちらに歩いていけばよいかということすら決められないのである。

さて、これからここで紹介するのは、生きていくのに一〇円さえもいらない世界の話である。といっても、遠い昔のもう跡形も無く消え去った社会の話ではなく、われわれと同じ時代に生きている人々の話である。お金が無くても生きていけるといっても、けっしてその人たちはユートピアに住んでいるわけでもなく、彼らの生活には彼らなりのさまざまな困難がある。また、お金は使わなくても、日常的なモノのやりとりを介して個人が他者や社会と関わっている点では彼らもわれわれも同じである。しかし、お金の存在に全面的に寄りかかった日々を送っている私たちには見えないことが、彼らの生活をとおして見えてくる。この小論では、モノのやりとりが人間にとってどのような意味を持っているのか、日本とはまったく異なる文化のなかに飛び込んだ私の経験を題材として考えてみたい。

1　アフリカ熱帯森林の狩猟採集民アカ

アフリカ大陸の中央部に、熱帯森林に覆われた広大なコンゴ盆地が広がっている。上空を飛行機で飛ぶと、眼

アカの人々

下は樹海という表現がまさにふさわしく、はてどなくくすんだ緑色が続く。その北西部、コンゴ共和国北東部の熱帯森林帯では、川幅がもっとも広い箇所で二〇メートルほどの小河川がいくつか森を縫うように曲折を繰り返して流れている。川岸には有機物の多い黒い川面にしなだれかかるようにラフィアヤシが密生していて、その実をついばむオウムのさえずりがそこかしこから聞こえ、夕暮れになれば水上をすべるようにアマツバメが群舞する。ラフィアヤシの密生林とそれに続く湿地帯を越えると、林床に下生えと蔓植物が繁茂する鬱蒼とした森が延々と続くが、そこがアカと呼ばれる人々の生活の舞台である。

「アカ」は自称である複数形のバ・アカと単数形のモ・アカの語幹をとって命名された人類学上の民族集団名で、アカ・ピグミーと呼ばれることもある。「ピグミー」は低身長を特徴とするコンゴ盆地に点在するいくつかの民族集団に対して用いられる呼称だが、なかでもムブティという集団は、イギリスの人類学者ターンブルの著作『森の民』でよく知られている。「ピグミー」と呼ばれる諸集団の間には、低身長という形質的な特徴だけでなく、生活文化に共通するところが多いが、現在までのところ、各集団間の歴史的関係はよく分かっていない。

アカは森のなかでダイカー類（森林に棲む羚羊類）やイノシシなどの野生動物を狩り、根茎類を中心とする野生植物を採集して生活を営んでいる。集団や個人によっては、焼畑（森を伐り拓き火入れをして作る畑）を作っていることもあるが、狩猟と採集の片手間におこなっているので概して畑の規模は小さく、生計にはさほど寄与していない。この地域の居住者はアカだけではなく、さまざまな農耕民の集団が小河川沿いに村をつくって居住している。アカは畑仕事やさまざまな家事雑用を手伝ったり、散弾銃を託されて銃猟に従事したりと農耕民に労働力を提供して、そのかわりに農耕民からキャッサバやプランテン・バナナなどの農作物を得ている。

アカの居住形態は、大別すれば、灌木の枝でドーム状の枠組みを作る簡便な小屋からなるキャンプと、農耕民的な土壁方形の家屋が軒を並べる集落に分けられるが、前者の人口は十数人から三〇人程度、後者は六〇人を超える。どちらの居住形態でも、移動や食事をともにする日常的な生活単位は一人の年長の男性を中心として、その男性の既婚の息子や娘の家族から成る拡大家族である。キャンプに共住する家族群はほぼ全体として一つの拡大家族を構成するが、集落にはいくつもの拡大家族が集住している。これは、アカの集落はかつて農耕民によっていくつかのキャンプが半強制的に集められて成立したという事情に由来している。

四月から一二月の雨季の間、アカたちは集落や農耕民の村近くのキャンプで槍猟やヤムイモの採取、農耕民の雑用に従事しているが、一月から三月の乾季になると、森の奥深くにいくつかの拡大家族が集まって合同キャンプを設けて、網を使った囲い込み猟をおこなったり森林内の小水流を堰き止めて魚を捕ったりする。

アカが住むコンゴ共和国北東部では、南方に広がる大湿地帯が首都や港のある同国の南部との交通を阻み、近年まで大規模な経済開発が進められることはなかった。この地域では地方都市への人口集中や外部からの人口移入もゆるやかで、大規模な商業伐採が浸透してきたつい最近まで、アカが捕獲する獣の肉や農耕民が耕作する食用作物は商品価値を持っていなかった。農耕民はコーヒー栽培によって現金収入を得ているが、アカは鉄砲猟や畑作りに従事した際に農作物に加えて「お駄賃」として小額の現金を農耕民から貰うのが唯一の現金収入の機会である。しかし、このわずかな現金も、すぐに農耕民からタバコや大麻を買ってしまうので、アカたちの懐からあっという間に文字どおり雲散霧消してしまう。なお、商業伐採の影響が顕著になってきた最近の事情については、この小論の最後に紹介することにしたい。

2　現在を愛おしむ人々

アカは銃猟や焼畑作りの作業のお駄賃として農耕民から現金を貰うことがあるが、額は日本円にして四〇円から八〇円程度の小銭である。これはコインで貰うので、アカが紙幣に接することはまずない。

一九八八年に私ははじめてアカの調査をおこなったが、約一年の滞在期間が終わりに近づいたときに、記念にアカたちが使うクロスボウ（一種の大弓）を日本に持って帰ろうと思った。クロスボウを持っている男性に譲ってくれるよう頼むと、かまわないと言うので謝礼を渡そうと考えた。しかし、アカの持ち物に値段などないので、いくら払えばよいのか見当もつかない。クロスボウの製作には緻密な技巧と多大の時間を要することをよく知っていたので、思案の末、町で買った山刀がアカにとっての有用性でクロスボウに匹敵する道具だと考えて、山刀の値段と同じ額のお金を渡すことにした。相手の男性は、私が財布のなかから紙幣をとりだして渡すと、もの珍しげにひとしきり眺めたあと、ダイカーの皮で作った円筒型のポシェットにしまい込んだ。その日の夕刻、森に出かけていたアカたちが三々五々戻ってきて、キャンプのメンバーのほぼ全員がそろったころ、私が渡した紙幣は、件《くだん》の男性から隣の小屋の男性へ、そこからまた隣の女性へという具合にリレーされて、キャンプを一周していった。もちろん、アカたちは紙幣の存在を知っているし、それまで農耕民たちが紙幣のやりとりをしているのをいくらでも見たことがあったはずである。しかし、実際に紙幣を手にとってみることなど、ほとんどのアカにとってははじめての経験であったのだろう。紙幣に描かれている絵を子細に見てみたり、森に差し込む夕日に紙幣をかざして透かしてみたりと、大人と子どもが一緒にそれぞれの小屋の前でためつすがめつ紙幣を手にとっては眺め、元の男性のところに戻ってくるのに優に一時間はかかった。

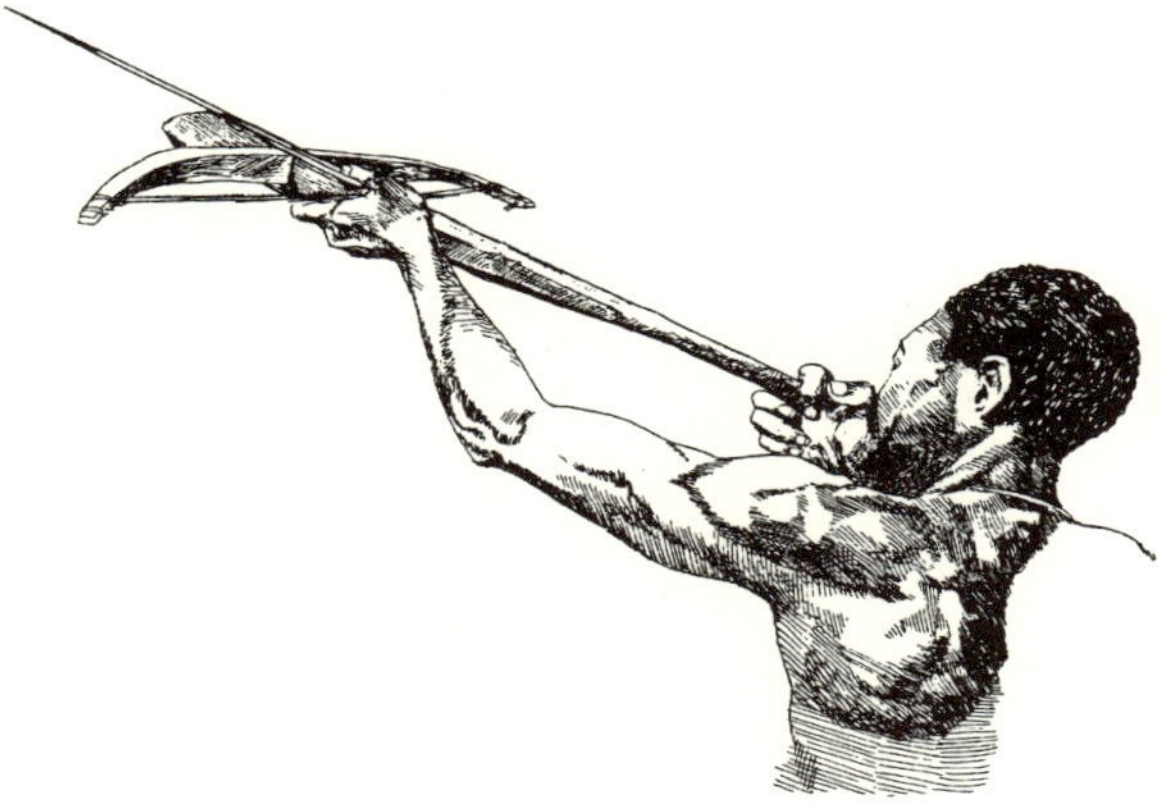
クロスボウをかまえるアカの男性（都留泰作氏画）

このようにアカには実質的に現金収入はないのであるが、そのことでアカたちが生存に困るということはないし、生活のために余暇もとらずに働いているということもまったくない。森から獲ってくる獣肉とイモ類、それに農耕民の村に出かけて雑用をこなして入手する農作物で、食糧は事足りる。狩猟採集民の生業活動について、限定されたニーズに生産を合わせる経済だという表現がよくなされるが、アカの場合も労働を強化して余剰を得ようという志向は見られない。

一例を挙げるとアカたちは獣肉を得るために網をつなぎあわせて森の一角を囲い込みダイカーを狩りたてる網猟を頻繁におこなうが、一回の猟には平均して四十数分を要する。一回の猟が終われば、網を巻き戻して、休憩場所に参加者が集まって座談や踊りを楽しむが、このような猟の合間の休憩に、アカたちは猟にかけるのと同じほどの時間をたっぷりとかける。彼らは一日に四回前後の猟をおこなうが、その回数を増やしてより多くの獲物を獲得するということはしない。獣肉は薫製にすれば一週間は保《も》つし、休憩時間を少なくすれば猟の回数を増やして獲物をより多く獲得することも可能である。

実際、コンゴ盆地の東部に居住するムブティの網猟を調査した丹野正や市川光雄によれば、ムブティは、休憩をまったくとらないで次の猟を開始することもあり、一日にアカの二倍に相当する八回程度の猟をおこなう。ムブティが住むコンゴ盆地東部では、早くから地方都市が形成され、都市住民の需要のために獣肉が商品化しており、ムブティは自分たちが獲った獣肉の半分近くを、近隣の農耕民や肉の仲買人との間で農作物や衣類、あるいは現金と交換している。

一方、アカが居住している地域は大規模な開発に晒されず、外部からの人口流入も緩慢で、ほとんどの獣肉は自家消費のために獲得される。ある狩猟キャンプでは四二日間の調査期間中、およそ九七九キログラムの獲物が捕獲されたが、そのうち、アカたちの口に入らなかったのは農耕民に贈られた数キログラムにすぎなかった。このように自家消費のために猟をおこなうアカは、余剰獣肉を求めるムブティのような労働強化はおこなわない。アカにとっては、その日に必要な程度の獲物が確保できればじゅうぶんであり、数日の食糧確保のための余剰獲得に労働力を投じることなどよりも、狩りの途中に集まってお喋りを楽しむことのほうが重要なのである。

狩猟採集民の心性について、過去や未来ではなく「現在に対する強烈な関心の持ち主」であるとよく表現されるが、まさにアカはその時々の刹那の時間を大切に愛おしむ人々である。農耕民から雑用の駄賃としてもらった小銭を、アカの男性たちはすぐにタバコやヤシ酒に交換してしまうが、「貯蓄」であるとか「節制」という観念は、現在を楽しむアカの人々にとっては無用の考えである。

先に紹介したクロスボウを私に譲ってくれた男性は、次の日にはじめて手に入れた紙幣を持って村に行き、農耕民からヤシ酒とトウモロコシの蒸留酒を買って、その日のうちにほかのアカの男たちと一緒に全部飲んでしまった。

作りかけの小屋

3 使用価値の世界

アカの生活に必要な道具類の大半は、森にふんだんにある植物を素材にして作ることができる。たとえば、枝を組み合わせてドーム状の骨組みを作り、日本の喫茶店にも観葉植物としてよく置いてあるクズウコン類の一種の大きな紡錘形の葉で屋根を葺けば、それで雨もちゃんと防げて適度に涼しい小屋が完成する。このように、たいていの生活用具は森の素材を使って自作することができるので、たとえ同種の道具で便利なものがあっても、さほどアカたちの興味をひかない。私が日本から携行していったテントをはじめてアカのキャンプで立てたとき、老若男女が集まってきてテントを組み立てる私の一挙手一投足を固唾を呑んで見守った。注目を浴びて私はいささか得意であったが、しかし、ものの一〇分もすると観衆はいなくなってしまった。テントはアカの小屋よりは労力をかけずにしかも早く作ることができるが、もし骨組みとなる金属製のパイプが壊れてしまったら、森のなかに代替物はない。彼らにとって、自分たちで補修できないような道具は価値がないのである。アカよりは州都などの町に行く機会を持ってはいるが、テントの部品を入手する術《すべ》までは持たない農耕民たちが私のテントを執拗に欲しがったのと対象的に、こういった面でもアカたちは現実的であって無用の物欲を持っていない。言葉を少し換えれば、アカはモノの価値を自分たちがどれだけ利用できるかという使用価値の尺度で測る人々だと言ってよい。

アカたちが紙幣をわざわざ手にとってしげしげと眺めていたのは、それ自体としては排便のあとに使うちり紙程度の役にしか立たないような紙切れが大量のタバコや酒に変わる不思議さを、自らの目で紙幣の絵柄や模様のなかに探らずにはいられなかったためだろう。私の目には、その光景は商品経済に浸されていない人々の素朴な振る舞いに見えたが、振り返って自分たちのことを考えてみると、私たちはちり紙程度の有用性しか持たない紙幣に価値を認めて、それを疑うことなく毎日を過ごしている。自分の欲しいモノや労力に変換できる交換価値がお金には備わっていると信じるがゆえに、私たちは紙切れにすぎない紙幣を後生大事に財布にしまい込んでいるのである。そして、このような信念は、自分以外の人間も自分とまったく同じようにお金に交換価値を認めていて、自分のお金を額面どおりに受けとってくれるという予測に支えられている。

アカのキャンプでは、私がお金を使う場合はガイド役を務めてもらった青年たちに駄賃を渡す時ぐらいしかなく、またモノの値段の話などアカの人々との間ではまったく話題にならないが、このような生活は毎日お金の算段なしにはやっていけない生活に慣れ親しんだ私にとって、とても新鮮で気楽であった。しかし、調査をはじめた頃、お金にタバコや酒といった具体的で個別的なモノとの引換券程度の価値しか認めていない人々の間にはじめて自分の身をおいて、漠然とした不安を抱えていたことを思い出す。「大怪我をしたり、重い病気に罹ったとき、お金にさほどの価値を認めないアカの人たちは、謝礼としてお金を差し出してもどれだけ私を助けてくれるだろうか」と、心のどこかで心配していたように思う。私はやはり、身の安全や人間関係をお金に頼ってしまう世界の住民であった。

捕獲されたダイカー

■獣肉の分配

私の恥ずかしい失敗談を紹介することにしたい。

森の奥のアカのキャンプに最初の調査に入ってまもないころの話であるが、アカたちの網猟について行って、夕刻になってキャンプに戻ろうかというときである。その日は何頭かのダイカーが獲れてすぐにその場で解体されたのだが、ドボラという名の中年男性がダイカーの肢を二本手にぶらさげて私のところまでやってきて、私にそれをくれると言う。申し出を謝絶してキャンプに帰ってくると、ふたたび、ドボラが今度は困惑の表情をありありと浮かべながら、私のテント近くまで肉を持ってやってきて、「これを食べないのか」と私に尋ねる。見回すとそれぞれの小屋の前に座ってにぎやかにお喋りしたり、子どもたちの世話をしたりしていたアカたちが動きを止めて、じっと私とドボラとのやりとりを見守っている。なかには、腕組みをして考え込んでいる男もいる。最初に肉を断った時点でアカの人々のマナーに著しく反してしまったのではないか、とそのときに気づいたが、私はまたしても断ってしまった。

後で振り返ると、フィールド・ワーカーとしてはまったくもって噴飯物の話であったが、当時の私が考えていたのは、もし私が獲物の肉を貰ってしまえば、アカたちがおこなっている獲物の肉のやりとりの「自然な」状態を攪乱することになるということであった。つまり、本来ならアカの人々のなかで分配されるはずの肉を私が受けとってしまうことによって、アカの肉のやりとりについての「正確な」データが取れなくなると私は考えたのである。私のようなまったくのよそ者がアカのキャンプに住み込んでいること自体がすでに不自然であり、そしてアカたちはそのような異例な事態に対処する彼らなりの「自然な」行為として私のところに肉を持ってきたのであるのに、私はそんな事情には頓着せずに無理矢理、「透明人間」の観察者になろうとしていたのである。

私はその当時、理学研究科の大学院生であり、いわゆる文系の人類学者のインタビュー中心の調査ではなく、可能な限り観察を主体にしてはじめての海外調査を遂行するのだという、過剰な気負いがあった。ともあれ、そのとき、私は手に肉をぶらさげたまま困り切った表情を浮かべているドボラに向かって、「せっかくあなたたちが獲った肉だし、自分は食糧を持っているから」という、日本人どうしであればおそらく丁重な断り方になるはずの言辞を、おぼえたての地域の共通語であるリンガラ語を使ってたどたどしく表現して断ってしまった。ただし、これは調査のためのまったくの方便ではなく、私の気持ちのなかには、アカたちが労力を投じて捕獲した獲物を無償で分けてもらうのは申し訳ないことだという感情もたしかにあった。農耕民の村では毎日のように私のところに農耕民が肉を売りつけにきていたので、私は言葉を継いで「肉が欲しいときは買うよ」とドボラに告げた。

その後に起こった一連の出来事は、私には理解できないことばかりであった。私の傍らには、調査を手伝ってもらっている、私よりも十数歳年長の農耕民の男性が立っていたが、ドボラは一瞥を彼のほうに投げて、「あんたの子どもは肉を欲しがっているのに」と小声で言ってから、一呼吸おいて困りきった表情で横を向いて「仕方ない」という意味の言葉をつぶやいた。そして、彼はおもむろに私に視線を戻して、「タバコをくれないか」と切り出した。今度は、私が怪訝な表情を浮かべる番であった。労力を費やしてせっかく獲った肉を私にくれるという気前のよさを発揮したあとで、タバコをねだるというのは、いったいどういうことなのだろう。私は彼の意図をはかりかねて戸惑ったが、手持ちのタバコはもうわずかの本数しか残っておらず、ヘビー・スモーカーの私にとっては希少な財産となっていたのでその申し出も断ってしまった。すると、彼は腑に落ちないという風情を後ろ姿いっぱいにただよわせながら、それ以上は何も言わずに自分の小屋のほうに歩み去っていった。私たちのやりとりを見守っていたキャンプの男女たちも、困惑の表情を浮かべながらも、お喋りや調理などの作業に戻った。ただし、ドボラは、私のテントから二メートルほどのところにクズウコンの葉を一枚敷いて、その上に肉を置いていった。残された肉は何を意味するのだろう、ますます私は混乱した。すぐに肉を返しに行くのもさらに相手の好意を踏みにじることになるように思えたので、とりあえずは森のなかで思案しようと小用に出ることにした。しばらくしてテントに戻ってくると、肉は忽然と消えていた。

夕食までのひととき、私はテントの脇の倒木に腰かけて、先ほどまでの出来事をなんとか理解しようと試みた。ドボラは、肉とタバコを交換したかったのだろうか。いや、そうではない。私はアカたちがタバコに目がないことを知ってから、猟に参加させてもらったり、キャンプに居候させてもらったりしている「お礼」として、ことあるごとにタバコを配っていたのである。あまりに気前よく配りすぎて残り少なくなっていたためにドボラの要求を断らざるをえなかったのだが、すでに私は何度もドボラにタバコを渡したことがあり、私がじゅうぶんにタバコを持ってさえいれば、肉など私に差し出さなくても、私からタバコを入手できることを彼はじゅうぶんに知っていたはずなのである。それに、私はそれまで、ドボラに限らず、アカたちから「タバコをくれ」という直截な表現でタバコをねだられたことはほとんどなかった。たいていの場合、アカたちは若者を「出し」に使って「あいつがタバコを欲しがっている」という婉曲な表現で、その場にいる全員がタバコを吸いたいのだということを私に教えていたのである。また、ドボラはガイドを務めてくれている農耕民の男性のことを私の「子ども」と表現したが、これにはどういう含意があるのだろう。その男性を私が雇っていることを比喩的に表現したのだろうか。起こった出来事について考え続けているうちに、私はわけがわからなくなってしまった。

1 集団猟と分配

以上は、調査を始めたころに「透明人間」の観察者になるという現地の人たちに対する配慮のかけらもない私の思い上がりが招いた事態であったが、この経験は、フィールド・ワークのあり方を考え直す機会となったし、その後、アカの人々のモノのやりとりについて思考をこらす契機となった。このエピソードの解釈は最後に呈示することにして、この出来事の背景であるアカの狩猟や分配について、まず説明しておきたい。

アカはガラゴ（ブッシュ・ベイビー）とモグラをのぞく野生の哺乳動物を食用としているが、捕獲には狩猟網、槍、クロスボウ、さまざまな種類の罠を用いる。散弾銃を用いて猟をすることもあるが、これは農耕民に銃を委託されておこなうもので、獲った獲物はアカのものとはならずに農耕民のものとなる。

多彩な猟法のなかでもっとも捕獲頭数が多く、アカの生活を支えているのは、先に触れた網猟である。たいていの成人男性は木性の蔓植物の繊維を縒りあわせて作った長さ数十メートルの網を所有しているが、その網を若者たちが猟場まで運搬して、全体として円弧を描くように張り合わせる。若者たちが張る網は、自分の父親など近親の成人男性が所有しているものだけでなく、遠い親族の男性のものであることも多い。網をざっと張り終えた若者たちは、今度は獲物を追い立てる作業にとりかかる。女性たちは、自分の夫や父親などの網のたるみを伸ばし、獲物が網にかかったら取り押さえてその場で解体する。網の所有者である成人男性たちは、獲物を惹き寄せる呪術をおこなったり、猟場の位置や囲い込み方などを相談する。つまり、成人男性が猟の監督的な役割を担い、青年たちが実働部隊として働き、女性たちが補助的な仕事を受け持って、網猟という共同作業が遂行されるのである。

網猟で捕獲されるのは主としてダイカーであるが、獲物は網の所有者のものとなる。獲物の獲得者をアカたちは「コンジャ」と呼ぶが、「コンジャ」は一般的にモノの保有者を指し示す言葉であり、この場合は網の「コンジャ」が獲物の「コンジャ」となるのである。ただし、犬が獲物に噛みついた場合は、犬の飼い主、つまり犬の「コンジャ」がその獲物の「コンジャ」となる。つまり、網という道具であれ、犬であれ、獲物の動きを止めたモノの保有者がその獲物の保有者となるのが、獲物の帰属についての原則である。

開高健という作家の小説に、一九五〇年代の大阪で戦争で廃墟となって放置されていた兵器工廠《こうしょう》の鉄材を盗んでくることをなりわいとしていた「アパッチ族」と呼ばれる泥棒集団の人間模様を、実際の取材にもとづいて克明に描いた『日本三文オペラ』という作品がある。この小説のなかに、「アパッチ族」には、地下から掘り出した重い鉄材を一メートルでも動かしたら動かした者に保有権が認められるという暗黙の了解があった、という描写がある。泥棒集団と対比するのはアカの人々に申し訳ないし、静止しているモノを移動させるのと移動しているモノを静止させるのとではちょうど逆ではあるが、なかなか人間の思うままにはならない対象物を人間のコ

狩りの合間の休憩

ントロールが可能な状態にするということが保有権の根拠となっていることは、両者の間で共通している。

さて、獲物の「コンジャ」は、捕獲の際の貢献に応じて、他の者に獲物を分与する。網を張った者には獲物の頭部、獲物を最初に取り押さえた者には臀部の肉、後から取り押さえに加わった者に胸腹部の肉がそれぞれ与えられる。また、獲物を惹きつける呪術をおこなった者には骨盤部の肉が分け与えられ、もし「コンジャ」の妻や近親女性以外の者がキャンプまで獲物を運んだ場合には、その運搬者に肢が一本与えられる。

このようにアカの猟では役割に応じて細やかに獲物が分配されるのであるが、ここでも先の「アパッチ族」と比べてみたい。「アパッチ族」では、道具類や鉄材を密かに保管しておく小屋の所有者である「親方」が掘り出されてきた鉄材を闇で売るが、その売り上げ金は鉄材を発見した者、鉄材を掘り出して運搬した者、さらには警察署付近に潜んで警察の動向を見張っていた者にまで配分される。共同作業の成果がそれぞれの役割を果たした者にまんべんなく還元されるという点でも、アカの網猟とよく似ている。しかし、「アパッチ族」の共同作業は、結局のところ、参与者の利害の集合として成立している。土に埋まった鉄材やその盗掘を阻止しようとする官憲など、個人の力では如何ともしがたい相手に対して共同することによって、個々人が利益を手にすることができるという保障を前提として分業が成り立っているのである。小説では、警察の取り締まりが厳しくなって各人にじゅうぶんな現金がまわらなくなると、緊密なチームワークを誇り、生活をともにするコミュニティを築いていた「アパッチ族」はあっけなく四散してしまう。

これに対して、アカの人々の網猟は、たんなる獣肉獲得のための技術的な手段にとどまらない。むろん、猟であるからには獣肉の獲得が第一義の目的であり、網猟という集団猟によって安定した獲物を確保できるからこそ共同と分業が成立しているのであるが、アカたちは猟の成果が芳しくないときでも、猟と同じだけの時間を猟の間の出来事や四方山《よもやま》話の語らいに費やして、共同猟に「集まること」の楽しみをたっぷりと含ませているのである。私が調査の手伝いを頼んでいたアカの青年たちは、網猟がある日は私の仕事を休みたいとよく頼みに来たが、彼らによれば、「皆と一緒に獣を捕まえたり、お喋りしたりする」のは「ダンスと同じように楽しい」のだという。同じ時間と場を共有する者の間での協業の楽しさといったものが、アカの共同猟にはたしかにある。

アカの獲物の分配に話をもどすと、獲物の所有者「コンジャ」から猟に貢献した者への分与で肉の分配が終わるわけではない。獲物は「コンジャ」の妻や近親女性によってすぐに現場で解体されるが、その際に、臓器や肉片が周囲に集まった女性たちに分け与えられる。また、キャンプに戻ってから、猟への貢献によって肉を得た者が親族に肉片を分け与える。さらに、夕食時には、近くに小屋をかまえる拡大家族の間で、煮られた肉が皿や鍋の蓋、クズウコンの葉などに盛り分けられて、互いにやりとりされる。皿やクズウコンの包みを抱えて小屋の間を行き来するお使いの子どもたちの姿がそれぞれの小屋の前の焚き火に照らしだされるのが、夕食前のキャンプの日常的風景である。

2 「バンド」の分配と「皿を分ける」分配

狩猟採集民の人類学的研究では、猟での役割に応じた分配は、引き続いておこなわれる何度かの分配に先行する分配という意味で、「一次分配」と表現されることが多い。アカの人々はこの最初の分配のことを「バンド」と表現するが、「バンド」は「取り分」といった意味を持つ語で、まさに貢献に応じた分配というニュアンスがこの表現に込められている。これに対して、肉の入ったシチューの分配のことをアカは「皿を分ける」と具体に即して表現する。「皿を分ける」対象は、多くの場合、両親と既婚の子どもたちで構成される拡大家族の家族集団のなかに限られるのに対して、逆に「バンド」の分配は家族集団間でおこなわれることが多い。これは、若者が他の家族集団の網を張ることが多いこと、息子や若い夫が張った他の家族集団の網の近くで待ち伏せている女性が獲物を取り押さえることが多いためである。

獲物の肉が個々の口に入るまでの流れのなかでは、「バンド」の分配と「皿を分ける」分配の中間に「バンド」の分配で得た肉の配分が位置するが、これには親族関係の親疎との間に明確な関連はなく、この分配についての表現もとりたててない。なお、誰かが一度に大量の嗜好物（タバコや酒など）を得たという場合を除いて、モノを「ねだる」という行為は、アカの間でほとんど見られない。

何度かの分配を経て、獲物の肉がキャンプのアカたちの口に入ることになるのだが、ここで注意しておきたいことが一つある。それは、「バンド」の分配であれ、引き続いて起こる分配であれ、たとえ分配者と被分配者がともに男性であったとしても、実際の授受は彼らの妻や近親女性の間でおこなわれる、ということである。料理の「皿を分ける」のも女性であるから、分配に関して言えば、男性は名目上の「与え手」と「受け手」にすぎない。現実に分配という行為をおこなっているのは、男性ではなく女性なのである。

■——表現としての分配

われわれの社会には、贈答の際の細やかなマナーがある。お中元やお歳暮、あるいは結婚式などのお祝い、世話になったお礼などさまざまな場面に応じて、いつ、どのようなモノをどのように渡すかということについて「奥ゆかしさ」を演出する作法がある。それでは、ここまで記述してきたアカの肉の分配には、どのようなマナーがあるのだろうか。肉や料理を分配する相手に渡すという行為に注目して、アカの人々の分配の「作法」について考えてみたい。

最近では多分に形骸化しているとはいえ、贈答の際のきめ細かい心遣いを礼節とする日本社会に暮らす私には、アカたちの肉のやりとりは粗雑に見えた。猟の合間に獲物を解体する際に、獲物の「コンジャ」の妻や近親女性は、周囲に集まってきた女性たちに臓物や肉片を分け与えるが、たいていの場合は手渡さずに相手のほうに放り投げる。猟での役割に応じた「バンド」の分配では、女性がバスケットに詰めてキャンプに持ち帰った肉をクズウコンの葉で包んで相手の小屋まで持っていって、やはり手渡さずに相手の女性の近くにぽんと置くことが多い。もし、まだ相手がキャンプに帰っていなければ、相手の小屋の上に肉塊を載せておく。要するに、アカの間の肉の分配には、相手と対面して手渡すという動作がほとんど見られないのである。そして、受けとる側の女性は表情も変えずに、投げられたり置かれたりした肉を取りあげて自分のバスケットに詰めたり、小屋のなかに持っていく。私には、このようなやりとりが、受け手に対する与え手の控えめな態度や与え手に対する受け手の感謝が表現されていない、素っ気ない相互交渉のように見えたのである。

隣の小屋の子どもに料理を渡す女性

また、夕食時に肉のはいったシチューを分ける際も、たとえ二、三メートルしか離れていない隣の小屋であっても、料理した女性は自分の子どもに運ばせるか、あるいはその小屋の子どもを呼んで取りに来させて、自分から渡しに行くということをしない。子どもたちと女性の間では皿やクズウコンの包みが手渡しされるが、大人の女性の間では直接に料理がやりとりされることはほとんど見られないのである。つまり、アカの間では、肉であれ料理であれ、投げる、置く、あるいは子どもを使うといった渡し方が一般的であって、対面して直接に手渡すということはおこなわれない。日本人である私にはあらっぽく見えてしまう、このようなアカの分配の「作法」にはどのような意味があるのだろうか。

1　コミュニケーションとしてのモノのやりとり

ここで、アカの話題から離れて、モノのやりとりが持つ意味について少し考えてみよう。

たとえば、肉親や恋人からプレゼントを貰う場合、テーブルの上に置いてあったり、郵送されてくるよりは、本人から直接渡してもらったほうがはるかに嬉しい。あるいは自分がプレゼントを贈る立場にあったとしても、親しい人には手渡ししたいと思う。しかし、一方で肉親や恋人ほど親しくない人、あるいはまったくの他人との間でモノを贈ったり、受けとったりする場合、手渡しにはなにがしかの緊張感が伴う。たとえば、何かの世話になったお礼として、人にモノを贈る場合、貰う側も贈る側もともに、品物を差し出すタイミングや受けとるタイミングに気を遣う。あるいは、たとえば学校や職場でたんに書類やプリントを渡すという事務的な伝達の場合でも、相手が知らない相手だと、授受の際に互いにちょっとした緊張が走るのは誰しも経験するところだろう。

霊長類学の知見によると、ニホンザルなどでは、ある個体が手で摑んだ食物には他の個体は手を出さないという傾向があるという。個体とモノの接近に応じてそのモノの占有が他の個体に承認されることを霊長類学では「近接の原理」と呼ぶが、このような現象は保持しているモノが身体の延長として他に認知される、ということを示している。おそらく、私たちも霊長類の一員として、このような行動学的傾向をモノのやりとりのなかに受け継いでいるのであろう。握手という行為を考察した小馬徹は、互いに手を握りあうことには、自分と他者の境界を融解させる官能性が伴うと述べている。モノを手渡しするときに感じる喜びや緊張感は、身体の延長であるモノを介して他者の身体と「触れあう」がゆえに生じるのだと考えられるのである。親しい間柄の他者への手渡しでは、私たちはやすんじて触れあう歓びを楽しむことができるが、さほど親しくない他者への手渡しは一瞬であってもモノを介して自他の身体がつながり、親しさを介在させずに互いに身体の独立性を侵犯してしまうために、緊張を孕んでしまうのである。

さらに、私たち人間は、身体の延長であるモノを占有のままにおかず、それを他者に贈ったり、分けたりすることによって、モノに身体感覚以上の意味を付与している。社会的交渉としてのモノのやりとりを進化の文脈で詳細に分析した黒田末寿は、このようなモノのあり方を「人格が刻印されたモノ」と表現しているが、「私」の所有物は「私」の身体の延長であると同時に、「私」の人格性を帯びる。つまり、「私」が誰かにモノを与えた瞬間に、そのモノは「私」の身体のたんなる延長物としての意味を超えて「私」という存在を受け手に表象する物となるのである。日常の世界で、私たちは、自分が好意を持っている人への贈り物に「心を込めて」自分らしさを演出しようと包装に気を配り、ときには自らの手で贈り物を作ったりする。あるいは逆に、人からもらったモノのなかに贈り主の自分に対する感情の痕跡を読みとろうとする。所有していた者の人格性がモノに顕現することをとおして、個人間のモノのやりとりはたんなる経済的な財の移動を超えて、与え手と受け手の間のコミュニケーションとなっているのである。そして、このように考えるなら、対面的な手渡しは、まさに与え手が自分の人格を確実にモノに刻印して受け手に伝達する行為であると言えよう。

人類学や社会学でのモノのやりとりの考察は、与えられたならば返さなくてはならないという「互酬性」を前提になされることが一般的である。そして、モノを贈るということは受け手に対して負い目を刻印する一撃であり、受け手が負い目を「祓《はら》う」ためにお返しを相手に「払う」というメカニズムによって、モノのやりとりのなかに互酬性が成立していると説明されることが多い。

しかし、ここでは、人格化されたモノが必ずしも自動的に負い目を相手に押しつけて返報を迫るわけではないと考えてみたい。やりとりされるモノが帯びている人格性には、先に具体例を挙げたように、親しい間柄を確認したり、あるいは親しさを形成しようとする働きもあり、会話における発話など他のコミュニケーションにおける媒体と同様にモノが担う意味は多義的である。むしろ、モノに付着する人格性に一義的に所有者の執着心を読みとらせて、受け手に負い目を押しつけて返報を強いるという仕掛けは、モノの継続的な交換を通じて個人や家族を連接して集団のなかに統合するシステムを持った社会のイデオロギーの産物だと考えられるのである。

私たちはそのような、いわば「負債のイデオロギー」のもとで、モノやサーヴィスの貸借バランスシートを参照しながら人間関係を斟酌《しんしゃく》している。私たちは、「済みません」という言葉をさまざまな場面で相手に対するお詫びの気持ちを表現するために使うが、これはその場では負い目を「清算できません」ということであろう。実際にお返しをして負い目を清算できるかどうかにかかわらず、負債のイデオロギーのもとで、私たちはつねに負い目を意識しながら他者と関わっているのである。この小論の冒頭に挙げた中島らもの自伝的エピソードで描かれていたのは、都会の煩瑣な人間関係に付随してくる一切の負い目から、自由になろうともがく青年の姿であった。

しかし、あまりに負い目や互酬性にこだわると、人格性を帯びたモノのやりとりが根源的に持っている親和的なコミュニケーションとしての側面が見えにくくなってしまう。相手が自分のプレゼントを受けとってくれるだけで相手とのつながりを実感できて嬉しく楽しいということは、私たちが日常のなかで少なからず持つ経験であるし、お中元やお歳暮などの儀礼的な贈答も、モノを贈ることが「親しさ」を確認したり醸成したりする働きを持っているからこそ成り立っている。しかし、ここではとりあえず、他者に与えられるモノが帯びている人格性が執着心と負い目という文脈で読みとられる可能性があるということにも留意しておいて、アカの分配の話にもどろう。

2　分配の作法

劇作家の別役実の著作のなかに、民具についてのパロディがある。そのなかの「おひねり」の項では、「おひねり」とは人のお金に対する執着心を断ち切るための工夫であると書かれている。つまり、「おひねり」はお金に対する執着心を拭いさって捨てられるものであり、たまたま近くにいる者がそれを拾うだけのことである。したがって、拾った者の「おありがとうございます」という感謝の言葉は、「おひねり」を放り投げた相手に対してではなく、「おひねり」が自分の傍に落ちてくるよう運命づけてくれた天に向かって述べられる、ということになる。この「おひねり」についての戯作的な解釈の当否はともかく、交換価値であれ、使用価値であれ、高い価値を持つモノの授受の際に、与える側の執着心がそのモノに付着していると感じることは私たちが日常的に経験することである。さらに、価値の高いモノを対面状況で貰う場面を想定してみると、眼前のモノに相手の強い執着心を直截に認めざるをえないし、そのことによって強い負債の感情を持つことを迫られるということは容易に想像できる。貰う側としては、貰うモノの価値が高ければ高いほど、相手の身体や人格からなるべく切り離されたかたちで受けとるほうが、よほど気が楽である。

アカの肉の分配では、直接の手渡しはほとんど見られず、放り投げたり、置き渡しすることが多いということをすでに記述した。別役実のパロディを援用してみると、アカたちは直接的な手渡しによって与え手の執着心が分ける肉に強く付着することを回避しようとして、置き渡しや投げ渡しをしたり、あるいは子どもを使って肉や料理を運ばせていると考えてよいだろうか。

私たちの社会では、モノの贈答の際にモノへの執着を残していないことを示して、スムースにモノのやりとりを運ぶマナーがある。今ではあまり見られなくなったが、昭和四〇年代ぐらいまでは、玄関先で客が贈答品の風呂敷包みをほどいて上がり框《がまち》に置いて、「粗末なものですが」という紋切りの言葉とともに相手の側につっと差し出して、迎えた側がそれを自分のほうに引き寄せるという、儀式的なやりとりがよく見られたものである。このような「作法」は、手渡しの授受に伴う緊張感を解消するとともに、定型化したやりとりのなかに執着心を覆い隠して、負い目を露骨なかたちで相手に負わせない社会的な技法だと言えるだろう。

しかし、アカたちの獣肉のやりとりには、そのような儀礼的で定型化されたやりとりはまったく見られない。

むしろ、振る舞いがなるべくぞんざいに見えるようなかたちで、獣肉が渡されることが多い。獣肉を直接手渡しする場合でも、いかにも素っ気なく、しかも素早く、授受がおこなわれる。ある時、私のテントの隣の小屋に、獲物の肉を持った女性がやってきたが、その小屋の女性は肉を一瞥して受けとると、すぐに傍にいた子どもに渡して小屋のなかに運ばせて、自分は何事もなかったかのように砥石でナイフを研ぐ作業を続けた。肉を持ってきた女性も、手渡すとさっさと自分の小屋のほうに歩み去っていった。

このようなアカたちの事務的にさえ見える獣肉の授受は、私たちの儀礼的な贈答とは別のかたちでモノが帯びている人格性を曖昧にしていると考えられる。つまり、アカたちは、授受という行為をさして重要ではないと表現することによって、与え手と受け手という関係そのものを徹底的にぼかしているのである。与え手と受け手の相互交渉の継起としてあるはずの肉のやりとりを、あたかも肉をあるところに置いたり、投げたりしてみたら、そこにたまたま人がいてその肉を取ったという「出来事」のように見せかけるのが、アカたちの「作法」なのである。偶然性を装うという点では先の「おひねり」の話とよく似ているが、同じキャンプで生活するよく見知った者の間で親しさの確認になりうるはずの授受から、与える―貰うという関係性を消し去ってしまっているというところが大きく異なっている。こうしてみると、アカの分配は、二者間の相互交渉を截断して、モノのやりとりのなかに与え手の執着心はおろか、人格性そのものを持ち込むことを回避する営為だと表現してよいだろう。

3　ポリフォニーとしての分配

ここで、実際に獲物を解体し、分配をおこなうのが女性たちだということを想起したい。獲物の「コンジャ」は、実際には獲物の処理に直接関わらず、自ら獲物を手にしていったん占有するわけではない。また、網猟の場合、獲物がかかった網の持ち主、すなわちその獲物のコンジャは猟に参加していない、ということも多いのである。こういった事情を反映して、獲物に付与される「コンジャ」の人格性も希薄である。網猟の獲物を調べていたときに私が困ったのは、私が猟に参加できなかった日にどういう獲物が獲れてその「コンジャ」が誰かという質問をキャンプに帰ってきたアカたちにすると、獲物についてはしっかりとした答えが返ってくるのに、「コンジャ」が誰であるかについては分からなかったり、人によって答えがまちまちであったりすることが少なくないことであった。「コンジャ」という語は、儀礼的なダンスの際に、歌を歌い始めて踊りをリードする人物を表現する際にも使われることがある。これまで、獲物の「コンジャ」という語を便宜的に獲物の「保有者」と表現してきたが、この語の内実は、獲物が捕獲され、解体されて肉塊となり、何度かの分配を経て、調理され、最後に食されるという一連の流れに起点を与え、流れの方向に多少の影響を与える人物、というほどの意味しか持っていない。付け加えれば、狩猟網などの道具の保有者も「コンジャ」と呼ばれるが、これも排他的な占有権を持つ者を意味するよりは、むしろ他者にその道具を使用させることのできる人物という意味合いが強い。

また、獲物の捕獲に際しての貢献にもとづく「バンド」の分配に引き続いておこなわれる親族への分配を実際におこなうのも、分配を受けた男性ではなく女性である。こうしてみると、獲物が肉片となって分けられていく過程をとおして、つねに与え手と受け手という関係は名目化されている。また、すでに見たように、実際に肉のやりとりをおこなう女性どうしの間では授受の関係が曖昧化されているので、分配では徹底的に二者間の人格的な贈与関係が排除されているのである。

先に、モノのやりとりは本質的にコミュニケーションであるという指摘をおこなった。それでは、アカたちは二者間の贈与関係を排除することによって、どのようなコミュニケーションを実現しているのだろうか。私と同じくアカの人々を調査した丹野正は、彼らの分配とはたんなるモノのやりとりではなく、生活をともにする人々の間での生活を分かちあっていることの表現だと言う。すでに触れたように、集団猟はたんなる生業活動にとどまらず、アカたちにとって協業をとおして経験を共有する営みであった。アカたちは、狩りの貢献にもとづいて肉が分配される「バンド」の分配を、「男も女も一緒にするもので、キャンプの全員に肉を与えること」だと表現する。「バンド」の分配やそれに引き続いておこなわれる分配は、協業して得た獣肉のやりとりが、与える「私」と受けとる「あなた」という二者関係のなかで完結するのではなく、同じキャンプに生活し、ともに狩りをする「われわれ」というコンテキストにおいて参与者にもたらされることを表現する営為だと言えよう。端的に表現すれば、特定の個人ではなく、多数が生活をともにするキャンプという「場」が個人に肉をもたらすのである。

また、同様に、拡大家族のなかで料理の分配は、日常的に密接に関わり、食事をともにする「われわれ」というコンテキストでおこなわれるのだと考えられる。逆に言えば、アカたちは生活をともにしていることを表現するために、徹底的に二者間の贈与関係を排除しているのである。このような分配の営為を支えているイデオロギーを、私たちの日常を浸している「負債のイデオロギー」に対して、「共在のイデオロギー」とでも呼ぶことができるだろう。アカの儀礼的なダンスの際の歌は、複数のパートがそれぞれ独立しながら、全体としてハーモニーを醸し出すポリフォニーという独特の歌唱法で歌われる。彼らの分配も、個人の独立した行為や経験を一つの共有される生活世界に織り込んでいくための技法だと言えよう。

さて、ここで、先に挙げた私の失敗談を解釈してみることにしたい。私のところに、わざわざ肉が持ってこられたのは、キャンプという共在の秩序に闖入してきた「異物」である私が、彼らの秩序のなかに入るための一種の通過儀礼であった。アカたちにしてみれば、異邦人である私のために彼らの「作法」を破ってまで私に肉を与えようとしたのは、私が肉を受けとって彼らの生活を攪乱することはないと示してくれることを期待したためであった。一度、私が肉を貰うことを断ったあと、再度、ドボラが肉を持って私のところに来たとき、キャンプの男女が心配げに私のほうをうかがっていたのは、多少なりとも自分たちと「われわれ」の関係を取り結ぶつもりが私にあるのか不安であったためであろう。私が食糧を供していたガイドの農耕民を私の子どもに擬して、私とその農耕民が一つの世帯としてキャンプの分かちあいの世界に参入してくることを彼らは願っていたのである。ところが、傍観するだけの観察者になろうという無謀な動機と、自分が慣れ親しんでいる「済まない」という負債のイデオロギーに突き動かされて、私は彼らの期待を見事に裏切ってしまったのである。こうなれば、私はアカたちにとって、まったくの異人にとどまる。ドボラがいきなり私にタバコを要求したのは、異人であるまま、なお私が彼らのキャンプに滞在するならば、彼らにとって身近な異人である農耕民がキャンプにやってきて肉や強壮剤となる薬草をねだり、それに嫌々ながらも応じることによって軋轢を回避しているという経験に徴して、農耕民の振る舞い方に倣って私を遇してみようと考えた結果であろう。ところが、私はそのような関係性を持つことさえも拒否してしまった。ドボラや他のアカたちにとって、私はもはや得体の知れない不条理極まりない存在になってしまったのである。それでも、アカたちは一縷の望みをかけたのであろう。彼らの作法にしたがって、肉をしばらく私のテントのそばに置いておいたのである。

4　迫り来るカネ

最後に、アカ社会の近況について記しておきたい。

伐採の現場

広大な湿地帯と蛇行する河川のために、長い間、外部からの開発の手が伸びてこなかったアカが住むコンゴ北東部の森で、九〇年代の半ばから伐採会社が次々と伐採路を拡張しだした。このため、外部から労働者とその家族が大量に流入してきたうえ、伐採路を伝って近隣の地方都市までの交通が容易になり、獣肉が急速に商品化しはじめた。現金収入のチャンスを得た農耕民は、アカに散弾銃を持たせて頻繁に銃猟をさせるようになり、アカもその見返りに農耕民に以前より多額の現金を要求しだしている。

カネはその交換価値のゆえに、森の中では入手できないモノに対する個人の欲望を確実に満たすことのできる手段となる。実際、アカたちは農耕民から得た現金によって酒やタバコに対する嗜好を満足させる機会を、以前より多く得ることができるようになってきた。また、網猟に参加せずに銃猟に専念するアカも増えてきた。個人的な欲望に突き動かされて現金を得るために働くことは、他のアカとの間で協業の楽しさや経験を共有しなくなることを意味する。さらに、もしこのまま獣肉の商品化が進んで、共同猟で得た獣肉までもが商品となって余剰獣肉の獲得にアカの人々が労力を傾注するようになれば、商品価値を持つ獣肉の分配をめぐって、協働する「われわれ」という関係の背後に注意深く隠されていた「与え手」と「受け手」という関係が前面に現れてくるであろう。

本稿で描いてきた分かちあいの世界は、徐々に変貌のときを迎えようとしているのである。

〈参考文献〉

市川光雄『森の狩猟民』人文書院、一九八二年。
黒田末寿『人類進化再考——社会生成の考古学』以文社、一九九九年。
小馬　徹「握手行動の身体論と政治学」（菅原和孝・野村雅一編『コミュニケーションとしての身体』大修館書店、一九九六年）。
小馬　徹『贈り物と交換の文化人類学——人間はどこから来てどこに行くのか』御茶の水書房、二〇〇〇年。
竹内　潔「アカにおける社会的アイデンティティ——定住化集落の事例から」（田中二郎・掛谷誠編『ヒトの自然誌』平凡社、一九九一年）。
竹内　潔「狩猟活動における儀礼性と楽しさ——コンゴ北東部の狩猟採集民アカのネット・ハンティングにおける協同と分配」（『アフリカ研究』四六、一九九五年）。
丹野　正「ムブティ族ネット・ハンターの狩猟活動とバンドの構成」（『人類の自然誌』雄山閣、一九七七年）。
丹野　正「『分かちあい』としての『分配』——アカ・ピグミー社会の基本的性格」（田中二郎・掛谷誠編『ヒトの自然誌』平凡社、一九九一年）。

2　おカネはミルク、おカネは水

牧畜民サンブルのレトリック

中村香子

■――サンブルの人びとと家畜

私のフィールドは、東アフリカ・ケニア共和国の北部、サンブルというところだ。ここに住むサンブルという民族は牛、ヤギ、ヒツジを追いながら生活している牧畜民で、あざやかなビーズで身を飾る美しい人びとである。

彼らの食生活の基本は家畜にある。雨が充分に降り、大地が緑の草で覆われる季節には、家畜たちは草をしっかりと食べて、健康そうに太り、子供をたくさん産む。そんな季節には家畜からふんだんに得られるミルクのおかげで、人びとの肌も輝いている。反対に乾季が長びき、土地が乾いて草がなくなり、家畜が痩せてミルクを出さなくなれば、人びとも同じように空腹になり痩せてくる。また、人びとの家の壁も牛糞で塗られる。一日の放牧で満腹になって集落に帰ってきた牛たちが、たくさんの糞を落とせば、それを使って大きな家をつくることが

サンブルのモラン（戦士）

できるし、そうした季節でなければ家をつくるのも容易ではない。

サンブルの社会では、人びとは性別と年齢によって長老（既婚男性）、既婚女性、未婚男性（戦士＝モラン）、未婚女性、子供というように、地位がきっちりと分けられていて、その地位に応じた役割が与えられている。長老は社会を仕切り、もめごとの解決や儀礼のための会議を行い、家庭では一家の長として家畜の移動や売買などに関する最終的な決定権をもつ。既婚女性は子供を産み育て、家づくりやその修理、水汲み、薪集め、乳しぼりなど家事一般を行う。そして未婚男性と未婚女性、子供たちは、放牧など家畜の直接的な世話をする。

私は、主としてモランとつきあいながら調査をしているが、モランとは、一〇代後半から三〇代前半の青年たちである。サンブルの男性は一五歳から二〇歳ぐらいの間に割礼を受け、その後に結婚するまでの十数年間は「戦士＝モラン」と呼ばれる時期を過ごす。モランは、全身をビーズの装身具で派手に飾りたて、髪を赤く染めているのでひと目でそれとわかる。彼らの仕事は家畜管理にともなう肉体労働である。乾季には牛に水を飲ませるために深い井戸を掘り、何時間も水を汲み上げ続けたり、牛の食べる草がなくなってしまったときには、森に牛を連れて行き、葉を食べさせるために木に登って枝を切り落とす。五メートルも一〇メートルもある木から落ちれば大けがをすることもある重労働である。また、放牧中に家畜が迷子になれば、夜を徹して森を探しまわったり、銃を携えて家畜を奪いに来る近隣の民族から、命がけで家畜を守ったりするのも彼らの仕事である。

雨季、草が充分にはえると、家畜のめんどうをみるのはとても容易になる。牛たちは手をかけずとも満腹になるから、放牧は子供でも充分にできる仕事となる。モランは子供に命令をとばすだけで、昼寝をしたり自慢の長髪の手入れをしたりして、のんびりと日中を過ごす。そして夜には、未婚女性も加わって月明かりの下で夜更けまで歌い踊り続ける。雨季には、この夜中のディスコは毎日のように行われる。彼らは踊りの中でジャンプを競い、ビーズの装身具や髪形を競い、また自由な恋愛を謳歌する。家畜が太っているかぎり、働き盛りの青年であるモランがおしゃれとダンスに明け暮れていても、誰も文句を言わないどころか皆がそれを望んでいる。モランが美しく身を飾って闊歩する姿や、闇夜にこだまする彼らの歌声は、サンブルの社会全体に華やかな彩りと豊かな情感をもたらしている。

まさに豊かな家畜あっての豊かな自分たちの暮らしである。だから彼らの家畜への愛情も計り知れない。「たのむからこいつと一緒に写真を撮ってくれ」と言って、自分のお気にいりの種牛を連れて来る。自慢の大きな角をしっかりと撮れ、と言う。彼らにとって、牛とはローンで買った愛車のようなものだろうか。姿も色も角の形も、交尾するときのうめき声も、みんな気にいっているし、この牛のことを歌にすれば娘たちものぼせあがる。

うっすらと土煙をあげながら、牛やヤギが夕陽に背中を光らせて並んで家に帰って来るシルエットは実に美しいものだが、私がそう思う以上に彼らもそれを美しいと思っている。家畜が戻って来る夕暮れどきには誰もが家に居て、この光景を見たいと思っている。それは毎日のことなのに、まったく飽きることがないどころか、見のがせば損をするとでも思っているかのようだ。家の近くの少し小高い場所を選んですわり、帰って来る家畜たちをうっとりと目を細めて見守っている、そんな至福のひととき、あるモランは私に言った。

自慢の牛と

「キョーコ、これは僕たちの銀行なんだよ。これを全部おカネに換えて本当の銀行に預けることもできるけれど、こんなに美しいものを見えないところにおいておくなんていう無駄は、僕たちには考えられないんだ」

家畜のいる風景は、美しい音楽や絵画のように彼らの生活を彩っている。彼らにとって家畜は、食べ物を与え、家を与える生活の源である。苦楽をともにする家族であり、音楽や絵画であり、おまけに自慢の愛車でもある。日本で暮らす私の生活にこれに比肩するほどの何かがあるだろうか。敢えてたとえれば、それは「おカネ」なのだろうか。彼ら自身が家畜を銀行にたとえるように、家畜は大切な蓄財手段だ。しかし、おカネがこれほどの豊かさを私たちにもたらしてくれるだろうか。

サンブルは結婚や割礼といった人生の大切なイベントでは、惜しみなく大切な家畜を殺す。華やかな儀礼には大盤振る舞いがつきものである。少年たちが一斉に割礼するときには、となり近所で競って大きな牛を一斉に殺し、誰もがいやになるほど肉を食べる。一見無駄のようなこんな家畜の使い方も、結婚式や葬式に見栄を張っておカネをつぎこむ私たちに似ていなくもない。

ところで、彼らにとっても現金は必需品である。ミルクだけでは満腹になれないので、トウモロコシの粉を買う。砂糖や紅茶、タバコなどの嗜好品や、身に纏う赤い布やビーズにもかなりのおカネを使っている。こうした現金を得るためにヤギやヒツジを売るのは日常的なことだ。愛する家畜を売ってやっとの思いで現金を得るのだから、彼らもおカネのありがたみというものを知っているはずだ。しかし、私たちにとってのおカネと彼らにとってのおカネは、やはりどうしても違うようである。

■——おカネはミルク？

サンブルに通い始めてまもない頃、街を歩いていると、首都ナイロビに出稼ぎに出ている友人のモランの母親に会った。私がナイロビでの息子の元気な様子を聞かせると彼女はとても喜び、涙さえ浮かべてお礼を言うから、私は砂糖と紅茶を買って持たせてあげた。このことをナイロビにいる友人に話せばきっと喜ぶにちがいない。

次の日、また街を歩いていると、ナイロビにいる友人たちの母親という母親が全員、街で私を待ちかまえていた。私はみんなに砂糖を買ってあげた。そんなことを繰り返しているうちに、「自分はあなたの友人の誰々の父親だ」とか「誰々の叔父だ」「誰々の兄だ」「誰々のもうひとりの母親だ」「誰々の兄嫁だ」と名乗る人びとが、たくさんたくさん街にあふれてきた。彼らは、「私にも砂糖を買って」「子供が病気でどうしても病院へ連れて行きたい」「牛が死にそうだから薬を買ってくれ」「チャイ（ミルクティー）を飲ませてほしい」……と言っては私におカネを要求し、そのうちに私は一分とまっすぐには歩けないほどたくさんの人にたかられるようになった。「誰々の父親なら邪険にはできない」とか、「誰々にあげたのに誰々にあげないわけにはいかない」とか、「病気で死にそうなのに放ってはおけないだろう」とか、「病院っていくらぐらいかかるんだろう」などといちいち考え、じゃあいくらと判断して、少しずつ皆におカネをあげざるをえない状況になった。そんなことを絶え間なくしていたから、いったい残金はいくらあるのだろうかと財布を開いて確認する暇も場所もなく、へとへとに疲れてしまった。しかもおカネを受け取った多くの人びとが、当然といった顔で礼も言わずに立ち去っていった。

「いったい私はここで何をしているんだろう」という気分になった。

「私、もう疲れちゃった。みんな私の顔を見るとおカネ、おカネ、おカネって。私だって一生懸命働いておカネを稼いでいるのに、彼らは私にたかることしか考えていない」。力なく言う私に、友人のモランはしばらく考えてからこう言った。

「キョーコ、僕たちはミルクに慣れすぎている。ミルクは今日なくなるまでしぼっても、明日になればまた出る。僕たちにとっておカネはミルクみたいなものさ。みんなきみのところに来て、今日は出るかどうかためしにしぼっているだけだよ。牛も出ないときは出さないんだから、きみも出せるときにだけ出せばいい」

これを聞いた私は、急に目の前が明るくなった。そうか、おカネはミルクだったのか。だから明日にもち越す必要もないし、ためておくこともできない。たくさんあるところからないところへと自然に流れていく。そして私は、彼らが愛してやまない「牛」だったということか。

それからの私は、もっともっと愛される優秀な牛になろうと、できるかぎりミルクを出そうという気分になったり、知らない人や気に入らない人がしぼりに来たときには、しらっと平気で出すのをやめたりと、「牛」である自分を楽しむことができるようになった。「本物の牛だって私がしぼろうとすると一滴もミルクを出さないやつもいるんだから、しぼる側にもテクニックが必要だわ」と思えるようになってきた。

確かにミルクは彼らの栄養源としてとても重要である。たくさんの家畜をもっていれば、朝夕にたくさんのミルクを得ることができる。しかし、家族のおなかを満たしたあと、余ったミルクはためてはおけない。酸乳やバターをつくることもあるが、その量は知れている。人に分け与えなければ、家畜をたくさんもつ家では、翌日になればまたしぼられるミルクに追いかけられることになるだろう。まさに「宵越しのミルクは持たぬ」である。

サンプルの奥地へ数人のモランと一緒に二日がかりで歩いて行ったときのことである。出発前に街で買い物をしていると、彼らは旅の途中で飲むチャイを買ってくれという。確かに二日も飲まず食わずではエネルギーも尽きる。途中には店など一軒もないこともわかっていたから、それは悪くない考えだと思い、水筒代わりにペットボトルをさがして、街の食堂でチャイをたのんでボトルにつめようとする私を見て、「ちがう！　ちがう！」とみんなが大笑いする。「チャイ」とは、砂糖と紅茶の葉のことであった。

一キロの砂糖と一握りの紅茶の葉を持って旅に出た。日が暮れてきたので今宵の宿をさがす。山の上にひとりのモランの遠い親戚にあたる集落があり、そこに泊まることになった。家の中に入り火を囲んで腰掛けると、歩き続けた疲れがどっと出てきて、心の底から、胃袋の底からチャイが欲しい。一緒にいたモランのひとりがその家のモランの母親に持ってきた砂糖と紅茶の葉を手渡すと、彼女はたっぷりのミルクを使って、甘くておいしいチャイを鍋一杯にいれてくれる。そして、その家のモランや子供たちもみんなで私たちと一緒にそのチャイを飲む。なるほど、こういう計画だったのかと納得した。その母親は「ここしばらくチャイを飲んでいなかったわ」ととても喜んで、寝る前には大きなコップに何杯もミルクを振る舞ってくれた。

翌朝もまた同じように、彼女は朝のしぼりたてのミルクと昨日の残りの砂糖と紅茶の葉でチャイをいれてくれた。カップヌードルのカップほどもある大きいコップになみなみと注がれた甘いチャイはしっかりとおなかを満たしてくれる。私が「どうもありがとう」と言って出発しようとすると「ちょっと待ちなさい。ミルクを飲んでから旅を続けなさい」と彼女は言い、おなかがチャプチャプいうほどにミルクを振る舞ってくれた。「本当にどうもありがとう」と言って今度こそ出発しようとすると、「チャイをありがとう」と彼女もお礼を言った。

街でパック入りの牛乳を買うと半リットルが二〇シリングで、砂糖は一キロ四〇シリングだ（二〇〇〇年現在で一シリングは約一円五〇銭）。自分たちがごちそうになったミルクは少なくとも何リットルで……などとすぐ計算してしまう私は、このお礼には調子が狂った。あんなにたくさんのミルクを振る舞われても、お礼も言わずに当然のような顔をしていた連れのモランたちの背中を眺めながら、道々考える。この人たちにとってミルクとはいったい何だろう。蛇口をひねれば出てくる水のように、人びとはたやすくそれを乞い、そして与える。

■――おカネは水

おカネはミルクでミルクは水。とすると、おカネは水なのか。

私が住み込んでいる家のモラン、サイモンは、長男で父親をすでに亡くしているので、一家の長である。あるとき彼は一頭の去勢牛が年老いてきたので、売りに出そうと決心した。彼は家畜市にそれを連れて行き、二万五〇〇〇シリングで売って、できれば六〇〇〇シリングぐらいの若い牛を四頭買いたいと考えていた。小学校七年生まで終えている彼にとってそのぐらいの計算は簡単だった。

彼が牛を売りたがっているという噂はすぐに広まり、家畜市がたつ前に二万シリングで買い手がついた。牛を見に来た、と言って訪ねてきたその長老は家畜の売買を手広くやっており、驚いたことにその場で懐から一〇〇〇シリング札二〇枚、二万シリングの束を出した。

売りに出せば数万シリングという価格がつく牛をたくさん持っているサンプルでも、家中さがしても一シリングの現金もないというのは普通のことだ。都市に出稼ぎに行っても、月給は二〇〇〇シリングかよくても五〇〇〇シリングである。二万シリングという大金を目の前にしたサイモンは、自分の値踏みよりも五〇〇〇シリング足りないなどとはとても言うことができず、その場で即、承諾した。

サイモンが現金を手にすると、一家のいろいろな問題が一気に明るみに出てきた。牛にもヤギにもたくさんのダニがわいていて、薬で洗わなければならない（三〇〇シリング）。小学校に通う末の弟は授業料未納でここ数週間は学校に行けなくなっていた（二〇〇シリング）。おまけに洗って干しておいた学校の制服はヤギにかじられてボロボロになり、とても着られない（五〇〇シリング）。勤勉な牧童である姉の長男はマラリアにかかったが、毛布がなくて震えている（四〇〇シリング）。母親はかねてからコップがあとふたつ欲しいと思っていた（一二〇シリング）。嫁は替えのスカートを持っていない（一〇〇シリング）。そんなんやこんなんやで、またたくまに一〇〇〇シリング札が二枚消えた。

数日後の家畜市の日にサイモンは、一万八〇〇〇シリングを持って牛を買いにでかけた。朝から一〇〇頭ちかくもの牛を見たが、姿形、大きさ、値段、健康状態、すべてが気にいる牛はなかなかいなかった。彼は決断を見送った。朝から夕方まで市で過ごすあいだ、食堂でチャイを飲み、昼ご飯を食べた。その場に居合わせた友人たちにも当然振る舞った。何人かの長老が物ほしげに挨拶に来たので、少ない額を渡しもした。彼は少しの食糧と砂糖と自分の赤い布を買ってその日は帰ることにした。とても疲れてしまい、普段なら歩ける距離をバスに乗った。家に着いたときには一〇〇〇シリング札はすでに一六枚になっていた。

こんな調子だったので次の市の日までの一週間のあいだ、サイモンはおびえだした。これでは牛が買えないまま、おカネだけなくなってしまう。彼は、暇さえあればこっそりと一〇〇〇シリング札を数えていた。「おカネを持っているということは、手のひらに水をすくって歩いているようなものだ」とサイモンは言い、「来週の市ではたとえ気にいらなくても牛を買う」と宣言した。

結局、翌週の市でサイモンが手にしたのは小さな雄牛二頭だけだった。目論見の半分の成果である。しかし、ひとたびおカネが牛になると、彼はとてもリラックスしたようだった。これでもう、こぼれも乾きもしない。おカネは、成長していくのを楽しみながら見守る、愛すべき牛となった。脇でひやひやしながら見ていた私も、めでたしめでたし、という気分だった。

■――「牛の問題」「ヤギの問題」

別のモランの友人セピタは、いつになくとても沈んでいた。どうしたのかとたずねると、密造酒を売っていた母親が警察につかまり、今、拘置所にいると言う。「彼女を拘置所から出すためには牛を売らなければならない」と落ち込んでいるのである。「多分五〇〇〇シリングは必要だろう」と彼は言った。私はしばしば彼の母親の家に泊めてもらっていたし、ケニアの拘置所がいかにひどいところかという話もよく聞いていたので、事態は重大だと思い、少しでも力になりたかった。そして、私としては大盤振る舞いで一〇〇〇シリングをあげることにした。

ところがそのわずか数時間後である。彼は、そのおカネで鞄を購入し、嬉しそうに私に見せてくれた。鞄は七〇〇シリングだったという。そのおつりで私にはあめ玉、自分にはタバコをひと箱買っていた。なんとわけのわからぬ行動だろうか。彼は旅に行く予定などないし、今、鞄を買う必要があるとはとても思えなかった。しかもその鞄はナイロビから戻ってきた友人から買ったと言うが、ナイロビでは五〇〇シリングも出せばもっといいものが買える。

「どうしてこんな無駄なことをしたの？　あなたのお母さんのために使ってほしかったのに。まったくわけがわからない！　私のおカネをなんだと思っているの!?」私は怒って騒いだ。しかし、彼には私がどうしてそこまで怒るのか、どうもわからないようだった。「キョーコ、母の問題は『牛の問題』であり、『ヤギ（＝私があげた一〇〇〇シリング）』では助けにならない」。そう言い放たれて、ますます頭にきた。「一〇〇〇シリングでは不服だとでも言いたいわけ!?」。そのときは、彼の言う「牛の問題」「ヤギの問題」ということがあまり理解できないまま、私は癇癪がおさまるのを待つしかなかった。

今から解釈するとこうだ。彼は問題を解決するためには牛を売るしかないと考えていた。そのとき、頭の中にはすでに売るべき牛がいたのだろう。その牛を売りさえすればおカネが足りないということはありえなかった。そこに私が「何かの足しに」と言って差し出した一〇〇〇シリングは彼にとってはヤギをもらったことに等しく、その問題の解決には関わりえないものだった。ヤギならまだよかった。そのまま自分の群れに連れて帰ればいい。しかしおカネはどうだろう。このままもっていたら、数日のうちに残らず消えるだろう。だから彼は半ば無理矢理に何か形のあるものに変えようと思ったのだ。そして、この際だから「不必要なものを買う」という普通ではできない贅沢をした。

私は一〇〇〇シリングをあげることで五〇〇〇シリングの問題の「五分の一を解決できる」と計算した。しかし、「牛の問題」には「ヤギ」は溶けこまなかった。私は、自分が呼吸をするように自然に、さまざまな事態を足したり割ったり比較したりと「カネで勘定」をしているのだということを思い知った。そしてまた、私の「カネ」と同じようには、どうやら彼らの「カネ」は勘定できないのだということも知った。彼らにとっての「カネ」は、ある問題が起きたときに初めて、「家畜を売る」という行為を通して「牛」や「ヤギ」を単位として発生する。五〇〇〇シリングの問題は「牛一頭を売る問題」として把握され、そうなったときには、問題が八〇〇〇シリングだろうが一万シリングだろうが「牛一頭」に変わりはないのだ。そして事件はいつまでもその牛と結びつけられて記憶され、問題を解決して余った「はしたガネ＝用途のはっきりしていないカネ」は、またたくまに人びとの手に渡り、はかなく水のように消えていく。

サイモンが現金を手にしたとたんに一家の問題が明るみに出てきたのは、それらの問題が家畜を売ってまで解決しなければならないものではなかったからだ。「家畜を売るに満たない小さな問題」は、つねに潜在していて、現金を見たときに突如として浮上してくる。

すべての「用途のはっきりしない、ただそこにあるだけのカネ」は、「授業料未納」という「家畜を売るに満たない問題」を解決し、「新しいコップを買う」とか「甘いチャイを飲む」とか「鞄を買う」といった「贅沢」を満たすためにある。そしてあっというまに使われ、とっておかれることはない。病人を病院へ連れて行くために牛を売った結果、家族の着物が新しくなった、というように「不幸」をきっかけに「贅沢」が訪れるといったちぐはぐな出来事もよく起こることだ。

家畜は無駄には使えないし、たやすく家畜を売る行為は軽蔑の対象となる。だが、ひとたびそれがおカネに姿を変えると、贅沢や無駄遣いをしても心はとがめないし、軽蔑されることもない。彼らにとってのおカネは使われるためにのみ存在している。用途の決まっていないおカネをとっておいて安心する私たちとは、おカネに対する姿勢がかなり違うのである。

こうしてみるとサンプルでは「おカネ」と「家畜」はまったく別の特徴をもつ、まったくかけ離れたものである。しかし、現金が必要になったときに家畜を売ることにも彼らはすっかり慣れているし、ヤギ一頭の相場にはいつもとても敏感だ。毎週の家畜市に用もないのにでかけて行き、朝から夕方まで家畜の取引の様子を見ているモランも多い。一九九一年に設立されたこの市ではまさに市場経済が繰り広げられている。多いときは一日に二〇〇〇頭もの家畜が取り引きされ、人びとの目の前で大量の家畜が瞬時にカネと交換される（Konaka, Shinya 1997. The Samburu livestock market in northcentral Kenya. *African Study Monographs* 18: 134〜152.）。市場の柵の中にひとたび入った家畜は、商人によって「肉」として品定めされ、脂肪の付き具合いをチェックされ、重さを量られ、次々とトラックに詰め込まれて都市へと運ばれていく。

こういった光景を見続けているうちに、また、自分の家畜を実際にここで売り買いするうちに、彼らの頭の中で「おカネ」と「家畜」のあり方が少しずつ、少しずつ、変化しているのだろうか。「肉」になった瞬間に家畜からはぎとられる価値はたくさんある。商人は持ち主にとってその家畜がいかに大切で特別なものだったのかなどは知る由もない。「これは、子供の頃に毎日の放牧の労をねぎらって父がくれた牛で、この牛の母牛は姉が嫁いだときに婚資としてもらったものだ」といった歴史や思い出も、自慢にしていた角の形も体色も、市では何の意味もなさなくなる。家畜の価値は現金化されたその数字だけになる。家畜はおカネに近づいているのだろうか。生活のなかで現金とのつきあいが増していくうちに、彼らは確かに揺らぎ始めている。

■——時計は時計、ヤギはヤギ

ロレミレモは、私が住む地域のモランの中心人物だ。背は高く、広くなめらかに光る背中に引き締まった腰。そのみごとな逆三角形の背中には細かく編み込んだ長髪を垂らしている。踊りのときにはいつも先頭で歌うソリストで、普段の会話のなかにも歌詞のような表現をまじえてしゃべるから、あたりの人を惹きつける。そして彼の装いもまた完璧である。汚れの目立つ白い布をあえて腰巻きに選び、それは洗いたてであることを小気味よく主張している。投げ出された長い足の先には、ふつうは一つしかしないアンクレットを二重にしている。両手首にはビーズの腕輪をいくつも重ねていて、そのデザインも色の組み合わせも明らかに計算されている。

そんな彼と私のあいだで、もう定番になっているやりとりがあった。

「キョーコ、自分の腕時計はどこだ?」

「まださがしているの。あなたにぴったりのすごくいい時計がなかなかみつからなくて」

「次回は忘れずに持ってきてくれ。自分は三年前からずっと待っている」

こんな調子で私に腕時計を予約しているモランの数は両手にあまるほどいるので、そうたやすくみんなに配ったりはできない。しかし、「三年前からずっと待っている」とまで言われると、いつもは軽い挨拶ぐらいにしか思っていなかった「腕時計」が、この日はちょっとひっかかった。でも、今回ひとつだけ日本から携えてきたバックライトつき、アラームつき、防水、しかも電池寿命七年間という完璧な仕様の腕時計は、すでにサイモンの手に渡ってしまった。あの時計だったらおしゃれなロレミレモもきっと満足しただろうに。そんなふうに思いながら私は「さがし続けるわ」というおきまりの返事を繰り返す。

翌日、日暮れ時に草の上に毛布を広げて寝転がっていると、ロレミレモが私を呼ぶ。「時計の件だが、サイモンに持ってきたような時計を持ってきてくれ。そうしたらおまえにヤギをやる」。昨日の会話のときの私の心中を見透かされたようなことを言われ、いよいよ単なる挨拶だった「腕時計」が私の中で真剣味を帯びてきた。

それから二、三日後、ロレミレモが自慢の長髪を布でからげ、Tシャツを着てヤギを洗っているところにサイモンと通りかかった。私は急に彼に時計をあげたい気分になり、サイモンに言った。「ごめん、この腕時計、たのむから返してくれない？　ロレミレモがどうしても欲しいと言っているから。そうしたらヤギをくれるらしいの。あなたにはこれよりもっといいのを必ずさがしてあげるから」

かなり身勝手な私の願いを受け入れたサイモンは時計をはずし、ふたりでロレミレモのところに行った。私は「あなたの望みがこんなに早くかなったわよ」という誇らしい気持ちで、また、さぞかし喜ぶだろうという期待もこめて、時計をかざしながら「ほら！　あなたの腕時計よ！」と、水しぶきをあびながら必死でヤギを洗うロレミレモに向かって叫んだ。驚いたのか、喜んで照れたのか、彼ははっきりとした反応を見せずに、ヤギを洗い続けていた。

ヤギを洗い終わると、彼はもったいをつけるようにゆっくりとこちらに来て時計を手にし、まじまじと眺めた。せっかちな私が「私のヤギはこのなかにいるの？　メスがいいな」と言うと、彼は、「当然メスだ」と答えた。「どれ？」と私はさらにせかす。

「モランたるものは、ヤギを洗ったらまずミルクを飲む。そうしてからすべてが始まる」。歌うようにロレミレモは答える。まず彼の家に行き、チャイを飲むことになった。洗い終わったヤギたちは放牧に行ってしまった。

チャイを飲み終わるとロレミレモは再び時計をじっくりと見て、その機能を確認する。「トーチ（懐中電灯）？」私はバックライト・ボタンを押す。薄暗い家の中で青白く時計は光る。「ケンゲレ（鈴）？」アラーム音を鳴らす。二種類の音が選べることも説明して、私は誇らしげである。「ヤギを洗ったり、牛に水をやったりするときに少しぐらい濡れても大丈夫よ。なにしろメイドインジャパンなんだから」。サイモンも追い打ちをかける。「自分はためしにこの時計をつけたまま水浴びしてみたが、なんともなかった」。私たちふたりはそろって、まるで時計のセールスマンみたいになる。

ロレミレモは「この時計はケニア・シリングで言うといくらするのか？」と聞いた。正直に「一四〇〇シリング」と答えた。その当時のヤギ一頭の相場は七〇〇シリングだった。時計は、彼らの好みそうなデザインのものを、しかも安売りのなかから必死でさがし出した会心の掘り出し物だった。ところが、それを聞いた彼は思いがけないことに「この時計がそんなに高いとは思えない」と言う。「どう見ても五〇〇シリングだ。五〇〇シリング出せばこんな時計はナイロビでいくらでも売っているだろう」。私は少し困惑し、今したばかりの機能の説明をひとつひとつ繰り返した。ロレミレモは「自分が欲しかったのは針がついていてチチチと音がする時計で、これではない」と急に新しいことを言い始める。驚いている私に、サイモンが耳打ちする。「彼はヤギを選ぶという痛みと今戦っているところなんだ」。そう言われてはじめて納得した私は、「だったらわかったわ。これがいらないならそれでいい。あなたのものをまたさがしましょう。あなただからあげることにしたのに」と、かなり意地の悪い、けれども本音を吐く。

ロレミレモは苦し紛れに歌う。「キリアコ（彼の父の年齢組の名前）の息子がヤギと時計を交換する。そんなことはできっこない。そうだ、このサル（白人）の着物がおれを狂わせる」。そう歌うと、彼は着ていたＴシャツを脱ぎ捨て、頭に巻いていた布をとって自慢の長髪を背中に垂らして立ち上がると、いつもの赤い布を優雅に羽織った。

みんなで家の外に出る。すでにロレミレモは時計を腕に巻いている。そして、話をそらすように「カメラを持っているなら、自分の花と自分の写真を撮れ」と言う。「花って？」と私が首をかしげていると、囲いから小さな子ヤギが顔を出す。生まれたての真っ白なヤギと白黒の斑のあざやかなヤギが緑の草の上を跳ね回る。「きれいだろう?」とロレミレモは自慢気に言う。しかし、時計のことで自分が支離滅裂なことを言ってしまったと自覚している彼は、照れてはにかんだ笑顔でファインダーにおさまった。

結局その日、彼は時計の代わりに私に与えるためのヤギを選ぶことができなかった。寛大なサイモンは、「おまえはしばらくこの時計をつけるという気分のよさを味わいながら、時間をかけてヤギを選べばいい」とロレミレモに言い、時計を一週間貸し出すことにした。

写真の中の、「花」を抱きかかえて照れ笑いするロレミレモの顔を見ていると、そのときの彼の心の揺らぎがわかる気がしてくる。「時計をくれたらヤギをやる」と私に言ったとき、彼は漠然と「時計はヤギに値する」と思っていた。彼は、ヤギをそのときの相場の七〇〇シリングと考えて、時計と対比したのだろう。しかし、いざ自分の愛するヤギのなかからどの一頭を選ぶのかという段階で、問題はまったく別ものになってしまったのだ。「時計に値するヤギ」がどうしてもみつからない。だから急に時計がヤギよりも安い五〇〇シリングに見えてきた。そして同時に自分が矛盾していることにも気づいていた。

時計はその後二カ月ほどロレミレモの腕に留まり、またサイモンの腕に返ってきていた。それに気づいた私が「あ、時計」と言って彼の腕を指差すと、サイモンは「時計は時計、ヤギはヤギ」とロレミレモをまねて歌うように言い、にやりと笑った。

■──家畜を使う、おカネを使う

ロレミレモの時計の件で、思い出すことがあった。サイモンが結婚したときに付添人役をしたレングダニというモランのことである。付添人は、新郎であるサイモンとともに結婚の儀礼が行われる三日間を過ごす。サイモンにとっては生涯の友人となる大切な人である。その三日間を私も彼らとともに過ごした。レングダニは腕時計をしていたが、針も数字も文字盤からはがれ落ちて丸いガラスの中を泳いでいた。「いま何時?」私たちはその三日間に何度繰り返してこう言い、笑い合ったことか。彼は、茶目っ気たっぷりに、いちいちその壊れた時計を見ながら「何時だ」と答える。無事に結婚式が終わりすっかり親しくなった彼に、私は「時計をあげたい」と思った。そのときは、何かのお礼にでも使おうと思い、日本から一〇〇〇円の時計をいくつか持ってきていた。そのひとつを彼にあげた。彼があまり喜ぶものだから「もうすこしマシな時計を買えばよかった。たのむから壊れないで」と祈るような気持ちだった。そして彼は「近いうちに自分の家に必ず来い」と私に言った。

それからしばらくして、約束どおりに彼の家を訪ねた。彼は一〇〇〇円の時計にはもったいないようなビーズの美しいバンドで時計を飾っていた。そして、私のためにまるまると太った大きなヤギをつぶしてくれ、みんなでそれを食べた。

ふたりのモランの「時計とヤギ」に関するエピソードは、彼らが「家畜を使う」ことと私たちが「おカネを使う」ことの違いをあらためて私に教えた。ロレミレモは時計との交換に、おカネのようにヤギを使おうとしたができなかった。頭ではわかっていたヤギの相場、つまり「ヤギ=七〇〇シリング」という式の応用に失敗した。彼はヤギを七〇〇シリングとして使おうとしたからこそ「時計はいくらか」という質問をしたのだろう。しかし、どのヤギで「支払おうか」と、自分の持つヤギ一頭一頭の姿を思い描いて検討していくうちに、「ヤギ=七〇〇シリング」ではなくなってしまったのだ。時計と交換に使えるようなヤギは一頭もいなかった。「ヤギはヤギ」であり、七〇〇シリングにも時計にもなりえなかった。もしも彼の手に現金があったなら、事態はまったくちがっていただろう。

おカネと物の交換は、冷たくその場ですべてを精算してしまう。私は「ヤギはどれ？」と迫ることで、彼に即座に「支払い」を強要していたのだ。いみじくもセールスマンのようになった私と彼とのあいだには、そのとき「売り子」と「客」のような構図がつくられてしまった。「時計のためにヤギを支払う」ことは、「時計をくれた私にヤギを与える」のとは大違いなのであった。

レングダニは一〇〇〇円の時計のためにヤギをつぶしてくれたのではない。私と彼の関係が「ヤギに値する」と思ってつぶしてくれたのだろう。正直に言うと、私はヤギの肉を食べながらも心のどこかで「一〇〇〇円の時計のお礼に七〇〇シリングのヤギはまずい。もらいすぎてしまった」と日本人らしく恐縮していたが、それは完全にまちがっているし、はなはだ失礼な考えであった。ここには換算式など最初から登場してはいないのだ。

ロレミレモに対しても、私が心からあげたいと思ったときに時計をあげていれば、彼は喜んでヤギをくれたかもしれなかった。その後しばらくは時計のことを口にしなかった彼だが、最近また「キョーコ、自分の腕時計はどこだ？」と言い始めるようになった。「まださがしているの」とおきまりのせりふを繰り返しながら、今度はゆっくりと機会を待つことにしようと思う。

■――おカネの道、ヤギの道

ここ数年のヤギ一頭の相場は七〇〇シリングである。「ヤギ＝七〇〇シリング」という換算式はほとんどの人の頭にある。そのことをわかっていて私は、折に触れていろいろな人に質問する。

「一頭のヤギと一〇〇〇シリング、どっちが欲しい?」
意味のない質問とわかってはいるがおもしろい。今までに一〇〇〇シリングを選んだ人はひとりもいないのだ。その理由として彼らの多くは、おカネはなくなるしかないが、ヤギは子供を産み増えていくこと、さらには日々ミルクを提供することを挙げた。「でも、旱魃で餓死したり、病死したり、盗まれる危険性もあるでしょう」と私がやりかえすと、しばらく黙り込んで「それでもやっぱりヤギだ」と言う。

乾季になるとヤギの値段は下がる。彼らは時には四〇〇~五〇〇シリングでヤギを手放し、現金を得て食糧を買っている。もはやおカネなしでは生きていけないということもわかっている。それなのに、なぜ、あえて家畜の価格よりも高い額のおカネを拒否するのだろうか。

レソトの牧畜民ソトに同じような質問をしたという報告を読んだ(Ferguson, James 1985. The bovine mystique: Power, property and livestock in rural Lesotho. *Man*〔N.S.〕20: 647~674.)。そこでは、大旱魃に際して「すべての家畜を餓死する前に売って、旱魃のあとにもう一度購入せよ」という政府と援助団体の呼びかけに対して、誰ひとり従わなかったという。彼らは「たとえすべてを失う可能性があろうとも、家畜を売ることはできない」とかたくなに拒み続けたそうである。ところが、この地域で牛の相場は三〇〇マロチであるというのに「牛と一〇〇マロチの現金とどちらが欲しいか?」という質問に対して、ほとんどの人が現金を選んだという。サンプルで私が得た答えとは逆だ。

ソトの社会では、働き盛りの男性が南アフリカ共和国へ出稼ぎに行くことによって現金収入を得ており、牛は出稼ぎで不在の男性を象徴するかのように存在する。牛は彼に代わって、毎日ミルクを提供し畑を耕すことで家族を助け、また彼の牛がコミュニティの中で貸し出されることによって、別の人びとをも助ける。こうして牛は、家庭やコミュニティにおいて不在の男性の地位を維持し、さらには出稼ぎを終えて引退したあとの「年金」としての役割も果たしている。

一頭の牛には、その持ち主だけではなく、毎日ミルクをしぼる人、放牧に連れて行き世話をする人、畑を耕すのに利用している人、持ち主にその牛をあげた人、さらにはその牛を産んだ母牛の持ち主など、さまざまな形で多くの人びとが関与しており、複数の人びとの多様な権利が共存している。それゆえ、特定の個人の欲求を満たすために牛を売ることには、強い抵抗がある。これに対して、おカネはずっと個人的に使うことができる。現金経済がサンブルよりも普及しているレソトでは、人びとは「新しい服や靴が欲しい」「酒が飲みたい」「テレビが欲しい」といった、さまざまな現金と結びついた個人的な欲求をもっと強くもっているのだろう。だからこそ、自由に使える現金のほうを選んだ。

現金は数字だからいくつにでも分割可能であり、とても個人的なものとなりうる。反面、一頭の家畜には多くの人の権利や思い入れや思い出が重なり合っている。サンブルでは、人びとはまだ現金に慣れていない。それは瞬時にして多くの人の手に渡り消えてしまう、水のようにはかないものとして捉えられている。しかし彼らももっと現金に慣れてきて、物質的な欲求を強くもつようになればソトと同様に個人的に自由に使える現金を選ぶ日が来るかもしれない。あるいは今でも、実際に一〇〇〇シリングとヤギとを目の前にしたら、現金を選ぶものもいるかもしれない。彼らはまさにそうした変化のただ中にいる。

あるサンブルのモランはこう言った。「おカネには道がたくさんあって、足がたくさんはえている。自分はいろんな道を歩いてみたくなるだろう。それは酒につながっていたり、ミラー（覚醒作用のある植物）につながっていたりする。ナイロビやモンバサ、ひょっとすると外国にもつながっているかもしれない。そしてしまいには自分は道に迷ってしまうかもしれない。でもヤギはちがう。一〇〇頭のヤギにもそれぞれ足があるけれど、自分はソブア（放牧のときに家畜をコントロールするための杖）を一本持って群れをひとつにまとめるだけだ。彼らはひとかたまりになって、自分が進むべき道を教えてくれる」。

この言葉を聞いたとき、そんなふうに言える彼らがとてもうらやましかった。そこまで信じてついていけるものを私は何も持っていない。しかし、同時にこの言葉は、彼らが未来に対して抱いている不安も象徴しているのではないだろうか。

サンブルは、ケニアという国において不自然に思えるほど「伝統」というものにこだわって生きている。しかし、今、自分たちが行っているすべてのこと――牛糞で塗りかためた家に住み、家畜とともに移動しながら生活すること、洋服を着ずに布を羽織ってビーズをつけ、学校を放棄して、歌や踊りに明け暮れること、家畜を愛で、家畜に寄り添いながら生きていくこと――そういったすべてが次第に特殊なことになり、自分たちがどんどん隅っこに追いやられていることにも気づいている。追いやられた先に、自分たちはどこに行くのだろうかと、不安に思っている。「おカネはいらない。やっぱりヤギだ」という言葉には、ひたひたと押し寄せる「近代化」の波に揺さぶられながら生きている彼らの「たのむからヤギに（＝伝統に）ついていかせてくれ」という気持ちが表れているような気もする。

「おカネ」とはいったい何だろう。国際経済は数字で世界をひとつにし、国家の力はその経済力で測られ、すべての国が経済的に豊かになろうと必死である。サンブル社会もまぎれもなくそうした動きにとりこまれつつあることを、彼らも肌で感じている。

近年、多くのモランが近所の集落からヤギを買い取り、それを家畜市で家畜商人に売って中間利益を得るという商売を始めている。商売用のヤギは、たとえ家族の群れの中に入れても他のヤギとはしっかり区別されて、彼の個人的なものとして扱われる。こうなったとき、そのヤギはおカネにかぎりなく近づいている。しかし、従来の財産としてのヤギをそのままのかたちで存在させ、商売用のヤギだけをおカネに近づけて捉えるというやり方には、彼らなりの工夫が見える。

最近この商売を始めたサイモンは言う。「商売用のヤギはできるだけ早く売るようにする。あまり長く自分の群れにおいておくと、愛着がわいてしまって売りたくなくなる」。商売成功のための重要な秘訣としてこんなことを言う彼らにとって、やはりまだまだ「ヤギはヤギ」であり続けそうでもある。

3 携えるカネ、据え置くカネ

ヤップの石貨

牛島　巌

■石貨の島・ヤップ

ミクロネシア連邦のヤップ島は、広大なミクロネシア海域の西部、西カロリン諸島のなかに浮かんでいる。グアムから空路二時間余、白い雲と青い海原を見あきたころ、ヤシ林が点在し、マングローブで埋められた海岸線を持つヤップ島が、目に飛び込んでくる。このマングローブの切れ目には、大きな男子小屋を眺めることができる。

ヤップの行政の中心となっているコロニアは、チャモロ湾に面した小さな静かな町である。ホテルもあり、町のスーパーでは、魚の缶詰、ラーメン、醬油など日本製品も多く売られ、アスファルトで舗装された道路を日本製の小型トラックが走っている。荷台にはTシャツとGパン姿の若者に交じって、上半身裸の赤ふんどしの男たちが乗っていたりする。その車のナンバー・プレートには青文字でアイランド オブ ストーン マネー（Island of Stone Money）と表示されている。ヤップ人の文化を代表するのが石貨である。ヤップ島はまさに「石貨の島」と語られている。

道路から外れて、村に入ると、ヤシ林にとりかこまれた石畳の道の両側、集会所、男子小屋、家屋のかたわらに、ずらっと大小の円盤形の石貨が並べられているのを、目にすることができる。ヤップ島特有の美しい風景である。タロイモ畑に横倒しになったもの、ラグーン（浅い海面）に沈んでいるものもある。これらの石貨は、ヤップ人がカヌーをあやつり、四五〇キロもはなれたパラウ島に遠征し、そこで造り、カヌーに載せて、あるいはいかだに積んで、持ち帰ったものである。小さい石貨は、中ほどの丸い穴に棒を通して担いで運ぶ。大きな石貨は儀礼の場で公に語ることを通じて、その保有権が移転されることが示され、その場から動かされることなく据え置かれている。

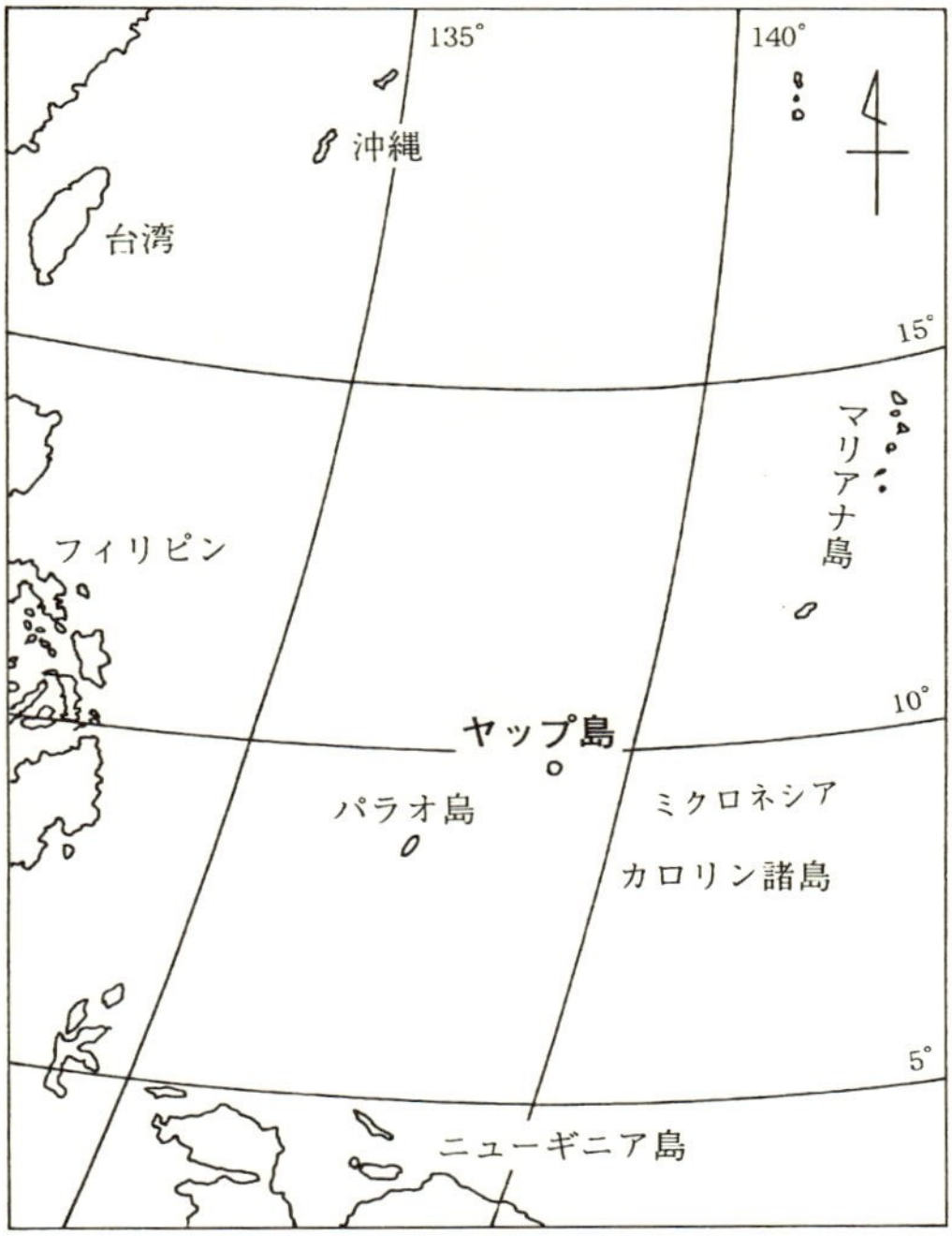

ヤップは、ポーンペイ、トラック、コスエラとともにミクロネシア連邦を構成する

これらの石貨には、十八世紀後半、白人の到来後、コプラ（ココヤシの胚乳を乾燥したもの。ヤシ油の原料）との交換に使用するため帆船でパラウから運び込まれたものもある。一八六〇

年代にドイツ人船長による事業が嚆矢とされるが、最も記憶されているのがアイリシュ系アメリカ商人オキーフであった。彼のオキーフ号はコプラ取引に使う石貨の搬入を数年間にわたって行った。この間にカヌーによって運ばれた石貨の数倍以上の大きな石貨が持ち込まれた。これらの帆船で運ばれた石貨は、旧来のいかだやカヌーで持ち帰った石貨と比べて、その価値は、大きな形状にもかかわらず、低く見積もられている。帆船による石貨の運送は、二十世紀になってオキーフの失踪により途絶え、カヌーによる運送もドイツ政府によって禁止され、石貨の供給は終わった。日本統治時代の調査で一万三二八一個を数えた。しかし、戦時下において日本兵は石貨を東海岸の防衛線、道路建設に使い、少なからず破壊してしまったので、約半分の数の石貨が現在残っていると推定されている。

ヤップ島には、石貨と並んで、真珠貝製の貝貨、ガウ貨（赤貝の円形または楕円形の小片を数百個首飾り状に連ねたもの）などの伝統的貴重品がある。これらはマチャーフとよばれ、日常生活で使用されるセラピー（米ドル）とは異なった局面で、生き生きと移転していく。なお、後で触れるところであるが、正確には円盤形に加工した石製の貴重品あるいは富、貝製の貴重品あるいは富などと表現すべきであるが、この文では、慣例にしたがって、それぞれ石貨、貝貨という表現を使うことにする。

路傍に並ぶ石貨

■ 商品交換と贈与交換

1 贈与交換の慣行

貨幣は品物の価値の尺度であって、商品に内在する価値を具体的に示す働きをにない、その商品の流通を媒介する働きをする。これが商品交換（市場経済）における説明である。確かに、ヤップ島の石貨や貝貨は、カヌー、ブタ、ヤシ酒の購買の支払い（プルワン）、労務の謝礼（タリン）など、商品交換における貨幣に類似して、サービス、ないし品物の支払い手段としても使用されている。また、商品経済は十九世紀から浸透しており、米ドルなしには、店での買い物はできない。

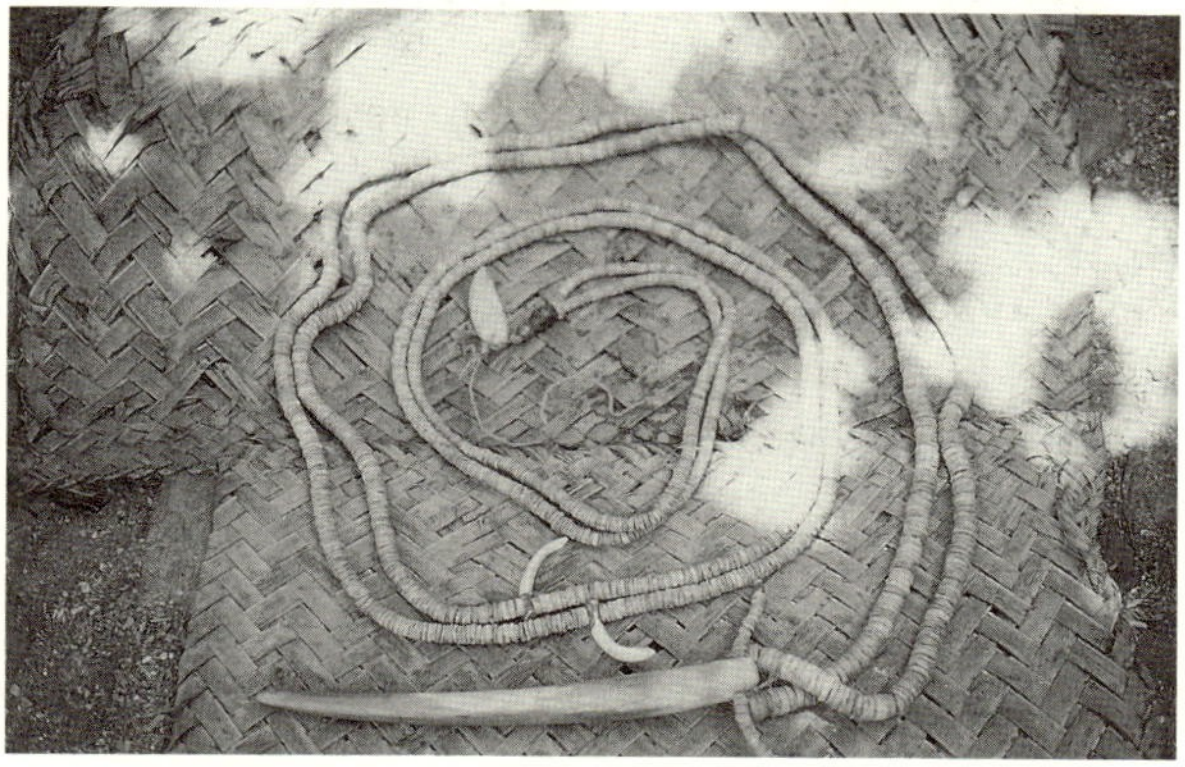

ガウ貨：赤貝を円形または楕円形の小片に加工し数百個を首飾り状に連ねた貴重品

しかし、ヤップ島のような部族社会においては、商品交換の慣行と並んで共存しているのが、贈与交換の慣行である。この贈与交換の社会慣行では、石貨、貝貨が与える富として、生き生きと動いている。このように部族社会では、商品交換と贈与交換は意識的、意図的に区別され分離された二つの交換様態、二つの社会慣行として存在し、共存している。

一般に富を贈与し交換する慣行を通じて、人と人の関係、社会関係がつくられ、維持される。この意味で富の移転は社会的再生産に必要な慣行である。贈与交換の慣行は日本においても意外に強く残っている。盆や暮れにおける品物の贈与と返礼は、デパートなどの販売戦略に宣布されてのことであっても、慣習として行われ、なかなか消えそうもない。部族社会でも、贈与交換は食物や品物を分配し、再分配するメカニズムとして意義深いものであるが、それだけではない。それはまた個人と集団間に結ばれる紐帯《ちゅうたい》を特徴づける社会関係の生産と再生産の条件でもある。

2　カネとの出合い

商品交換の慣行と贈与交換の慣行は共存することができる。しかし、私たちの日常では、あまりにも商品交換の慣行に侵食されている。他方、ヤップ島に商品経済が浸透しはじめた移行期、カネとの出合いが始まった頃には、いくつかの笑えないプロセスが生まれた。コプラとの交換に使用するため、帆船でパラウから石貨が運び込まれ、石貨のインフレが起こったのもその一例といえよう。

ドイツ領時代初期に、道路建設に徴用しても住民たちが従わないので、石貨を罰金として没収した。当然大きな石貨を動かすことができないので、ペンキでB・K（Bezirk-Amt：管区役所）と記して、封印した。これを知った住民たちは、道路建設に従うようになったという。この記録からみると、石貨を罰金としても没収できたのである。

一九六〇年代の後半において、グアムの大工が、ヤップの学校建設を請け負った。工事半ばで支払いは石貨とドルと告げられ、大工は懸命に抗議したが聞き入れられない。運が悪く、完成が約束より遅れた。契約違反だ、ドルは払いませんということになり、直径二メートルの大石貨をもらうハメになり、持ち去ることもできず、手ぶらでグアムにひきあげ、奥さんにひどくしかられた、という話がある。善意の贈与交換の伝統に則った支払いが、島外の大工を面食らわせたのである。

近年では、贈与交換の慣行にも間接的に米ドルが浸透してきた。ヤップではひとを招待したときに、椰子の実とビンロウジュを与えるのが慣行である。食物規制が残っているので、料理したものを提供することはあまりない。したがって、儀礼的な交換が行われる場においてはその規模にかかわらず、飲み物としての椰子の実で歓待する。それが、近年ではビールがその代替品となっている。大規模な交換の場では、大量のビールが準備され、分配される。ビールが贈与品として大きな位置を占めるに至っている。ビンロウジュや椰子の実の代替であることは、贈与のさいの語り口にもしめされる。

〈事例一：調査のノートから〉

一九八三年、ファニフ管区とトミル管区の若者を含めた集会の際に、ファニフ管区長ケニメッツは持参したビールと酒に触れて、

「カヌーが小さいので、椰子の実を多くのせられなかった。またギリーフゥ（皮を剝いで紐でくくった椰子）も少しある」

とのべた。カヌーは車をさし、椰子の実はビールを、ギリーフゥはアイスボックスの冷えたビールを示す。トミル側は酒とビールの返礼に貝貨を出して、

「ガゲイ」

と口上した。ガゲイは椰子の実を剝ぐ道具（棒）をさす言葉である。さらに石貨を出して、

「ガス」

と口上する。ガスは砥石の意で、ナイフを研いで、椰子酒を作るという意味である。酒、ビールが椰子の実の代替品であることをたとえで語ったのである。このように、今日では贈与交換の慣行にも、ビール、ウイスキーを購入する米ドルを必要とする。

以下では、われわれの日常においてはあまり見られなくなった、贈与交換の慣行について、石貨を手がかりに触れてみよう。

■——ヤムイモの集積と再分配

個人と社会との関係を再生産するためには、利害を超越して振る舞うことが肝要だと考えるように組み立てられてさえいる。このような贈与交換の慣行の特徴が示される一つの局面を、私の調査報告から要約してみよう。

1　リュウ

ヤップ島では、有力者が死んだ際、その所有地の一部にあるヤシの実やバナナなどの果実が、数カ月採集禁止となる。これを「リュウ（採集禁止の場所）を設定する」という。このリュウを解いたときに、採集禁止となっていたヤシの実・バナナが死者の関係者に分配される。この慣習が拡大されて、時には大規模なヤムイモの集積と再分配、貴重品との交換をともなうミテミテ（儀礼的交換：貴重品を出して見せること）が催される。これもリュウという。この催しは死者を追善するものではあるが、同時に主催者自身（死者の関係者）の社会的威信を示す場でもある。そのため、できるだけ多くのヤムイモを集めて、分配することが肝要で、多くの関係者が動員される。リュウを催すことが決まると、それぞれの関係者にヤムイモの植えつけを頼む。これを受けた男たちは家に帰り、妻や娘たちを動員して、ヤムイモを植える。死者の追善に提供するイモは不浄とされているので、男の畑に作るわけにはいかない。そこで女たちや子供たちの畑が使われる。

ヤムイモと交換する石貨を運び込む

一〇カ月ほど経て、ヤムイモは収穫され、主催者の屋敷に集められる。集積されたヤムイモは、それぞれの関係者に定まった道筋にそって再分配されていく。最終的にヤムイモと交換する。ヤムイモの配分を受けた男が、その量に応じた石貨と貝貨を出し、ヤムイモと交換する。ヤムイモの入ったバスケット一〇個を一まとめに積み上げた単位をウルンという。この一ウルンのヤムイモに対してほぼ石貨一個、真珠貝貨五〜六枚、紐につるした小柄の真珠貝貨五〜六個と交換される。だが、この交換にあたって、男たちはできる限り気前よく振る舞おうとする。こうして手に入れたヤムイモは、それぞれの屋敷内で、妻、息子たち、娘たち、さらには婚出した娘たちに分配される。リュウのイモは不浄であるので、男たちは食べることができない。

2 社会的再生産に必要な富

このヤムイモと貴重品の交換に何らかの経済的な効果が見られるだろうか。確かにヤムイモに対して、等価とみなされる石貨・貝貨が交換される、という意味では商品交換と同じように品物（ヤムイモ）に対する支払いがなされた、とみなすことができるかもしれない。ヤップでは、なまのイモやバナナなどと石貨・貝貨との交換をシィム・イル（骨を切る）という。人が労働して得たものには骨（イル）があるので、その骨を切らないと食べることができないとされている。そのために石貨・貝貨と交換するのだという。だが、石貨・貝貨を出した男たちにとって、リュウに集められたイモは不浄とみなされているので、自らは食べることはできない。女たちや子供たちに分配してしまう。

また、ヤムイモを提供した同じ人が、めぐりまわってヤムイモの配分が当ることも珍しくない。この場合、ヤムイモを提供したものが自分の持っている石貨・貝貨で、同じ数量のヤムイモを再び手に入れる。たとえば、一〇バスケットのイモを提供し、一〇バスケットのイモを手にする。この男の屋敷が保有するヤムイモの総量は差し引きゼロとなり、ヤムイモが単に交換されただけにすぎない。

ヤムイモそれ自体が屋敷と屋敷との間を循環しただけで、商品交換の慣行からすれば、このヤムイモの集積と再分配は何らの意味も持たないことがわかる。ここで意味を持つのは、交換それ自体に参加することである。贈与交換の慣行で意味があるのは、富を移転させることで、人と人を、あるいは人を集団に結びつける紐帯、つまり社会関係を生産し、再生産していることである。ここではさらに、リュウの主催者はできるだけ多くのヤムイモを集める努力を通じて、交換に参加するものは気前よさを示すことを通じて、おのおのが力と威信を求めて競い合っている政治的な姿も見えてくる。まさに富は社会的再生産に必要なモノなのである。

その具体的な様相を私の調査ノートから紹介しながら、先にすすむことにしよう。語ってくれたのは、ヤップ島北部、ウラン村の老人である（一九七四年の聞き書き）。

〈事例二：調査のノートから〉

この石貨はケンラデという名前で、もとはグロール村にあったものです。ある時、グロール村のピルン（首長）たちが、ライ村を打ち壊すことにしました。ガンシィシル・エ・ビナウ（平らにする・村）といいます。他の村々の人に依頼して、村の家屋、樹木、カヌー、石畳などを壊し、切り倒し、剝ぎ取って村を平らにする制裁です。これがヤップの戦争です。これが終わった時、グロール村のピルンたちは、加勢してくれた村々に多くのマチャーフ（石貨や貝貨などの貴重品）を贈ります。この石貨はオカウ村のピルンのものになったのです。

私の時代になって、カニフ村でリュウ（死者追善の儀礼、ヤムイモの集積と分配がある）が催されたとき、ヤムイモを九〇バスケット集めて持っていきました。リュウのために集められたヤムイモは、一定の道筋にしたがって再分配され、最終的にヤムイモを手にした男が、その量に対応した石貨と貝貨を出し、ヤムイモの提供者に払います。このヤムイモと石貨・貝貨の交換をシィム・イル（骨を切る）といいます。人が働いて得たものには骨（イル）があるので、イモを食べるためには、その骨を切らねばならないのです。九〇バスケットの内三五バスケットがオカウ村の首長に分配され、この人がこの石貨とたくさんの貝貨をくれたのです。なお、九〇バスケットのヤムイモに対し、全部で石貨三個、ガウ（赤貝を円形ないし楕円形の小片に加工し、数百枚を首飾り状に連ねた貝貨）一個、真珠貝貨四バスケットが返礼されました。

■――男側からは貝貨、女側からは石貨

このような贈与交換の慣行を理解したうえで、ヤップ島における貴重品の交換のいくつかを見てみよう。これ

らの貴重品が交換される機会の八割は儀礼的交換である。そのなかの多くは、通過儀礼の各段階で、男側からは貝貨が、女側からは石貨が出されて交換される。さらには集会所の落成や死者追善などにおいて、村相互間ないし有力者の屋敷相互間で、大規模な貴重品の分配と交換がみられる。

石貨と貝貨の交換は主として、婚姻交渉においてみられる。男側から貝貨、椰子の実、魚が女側に贈られる。女側から石貨、芋類、バナナなどが男側に贈られる。この石貨と貝貨の相互贈与をシリョグ（交換と訳せる）という。また、ヤシの実とイモ類との交換においては、相手の持って来た量、状態に応じて、きっちりと対応させた返礼がなされる。さらに、婚姻関係にある家族間においては、女側から男側へイモ類が、男側から女側へ魚が、時に応じて贈与される。これらの魚に対しては主に小石貨が返礼される。これをガネフィタ（魚取りの食物）という。なまのイモ類、バナナなどに対しての返礼は前述のようにシィム・イル（骨を切る）という。このように、これらの婚姻をめぐる富の交換では、女性の贈与を富で代償することではもはやなく、結婚による姻族を交換のパートナーに変えようとする意図がみられる。

〈事例三：調査のノートから〉

この石貨には名前はありませんが、ギリフェス村の私の屋敷にあったものです。戦後すぐ村の男子小屋を再建した時、村の人々は石貨を一つずつ出して大工のルヌー村のフランに労務の謝礼としてあたえました。この石貨はフランのものになりました。フランは私の弟の妻の祖父に当る人です。ある時二バスケットの魚をあげました。フランは私のウエチュマ（妻の実家側の人）にあたります。男側から魚を贈るのはあたりまえなのです。フランは喜んで、ウラン村の人のくれた石貨があるので、それをガネフィタとして返礼するといって、この石貨を返してくれたのです。このように前に貰った石貨を返すのがいいのです。

〈事例四：調査のノートから〉

これはガモウという名前のついている石貨です。戦争（第二次世界大戦）がおわり、平和になって、隣村のギリフェス村において男子小屋が再建されました。その落成式のミテミテの際、タブ村の村長が持ってきた石貨です。男子小屋はいわば共同施設ですので、政治的に関連している村の有力者たちが真珠貝貨やガウを入れたバスケットを持参してきます。このバスケットには、大きな石貨が付随しています（バスケットの根元と呼ばれる）。これらの貝貨と石貨に対して、贈られた質、量と同等か、それよりやや上の返礼をします。貝貨であれば、持参されたのと同格の貝貨を集めてバスケットに入れて交換するのです。しかし、持参されたバスケットの中の貝貨を出して見せて、バスケットに入れてそのまま返すこともあります。このような村と村のミテミテでは、お互いの村にあるいちばん高いガウやヤール（真珠貝貨）を集めて持参し、披露し、相手を圧倒するのです。このようにガウとヤールは普段は隠されていて、公の席で披露されるのです。ガウとヤールはミテミテに出てきて、後は休んでいるのです。この貝貨と貝貨、石貨と石貨の交換をタバンギンといいますが、これはまたツーグ（戦い）です。マチャーフ（貴重品）での戦いです。貰ったマチャーフに対して、返礼する際に負けないように競い合うのです。

ところでタブ村の村長が持ってきた石貨と、私がギリフェス村の屋敷に持っていた石貨とタバンギン（交換）したのです。その後、長女の婚約の時、相手の男の父親ギリルンがガウを持ってきました。これに対して結婚式の時に、この石貨で返礼しました。それでギリルンのものになりました。このように結婚の時、男側から女側へ貝貨、女側から男側へ石貨を贈りますが、同時に食物の交換もします。男側は椰子の実、魚、バナナを女側に与え、逆に女側はタロイモ、ヤムイモ、カボチャなどを贈るのです。

それから数年たって、私がボートを造り、トビウオ漁をし、一〇〇匹を村の人々に分けました。村の人はこの魚の謝礼（ガネフィタ：魚取りの食物の意）として石貨を集めてくれました。そのとき、ギリルンがこの石貨を出してくれたのです。このように石貨は、誰からもらったのかを覚えておいて、別の時に、同じ石貨を返礼するのがよいのです。さらに数年後に、この石貨を、次男のボートができ、その進水式のとき、船大工にあげました（骨折り仕事の謝礼）。この屋敷に据え置いてありますが、船大工のものです。

■秘蔵される貝貨と展示される石貨

右に挙げた二つの石貨の語りには、贈与交換の慣行をめぐるいくつかの局面が示されている。まず、ヤップ島において、与える富として代表されるのは、貝貨と石貨であることをみてきた。石貨はヤップ人が独特に作り出したものとみてよい。私は、貝貨のほうが古いと密かに推定している。オセアニアとくにメラネシアにおいては、さまざまな種類の貝製の装飾品が富として、贈与交換において取引されていることが知られている。また、ヤップ島では、貝貨は石貨と比べて、一層儀礼的な様相を備えている。貝貨は呪師に献納され、埋葬の際に死者の胸部に置かれる。カヌーの建造に各段階における祈願の供物（ウグイ）として船大工に渡される。事例にも語られているように、儀礼的交換の場において、主役をつとめるのは貝貨と貝貨との交換であって、石貨はバスケットに入っている貝貨に付随するモノ、つまり貝貨を納めた「バスケットの根元」として扱われている。

しかし、ここでは両者の新旧をあえて問題にはしない。ただ、石貨と貝貨に対するヤップ人が示す態度、言説に違いがあることにだけ触れておく。石貨は人々の眼前に誇らしげに据え置かれ、展示されている富である。これに対して貝貨は通常は人に見せることなく、屋内に秘蔵されている富である。誰が、あるいはそれぞれの村が、どのような種類の、いくつの貝貨を保有しているかは通常は知られない。儀礼的な交換（ミテミテ）の場において、携えられた貝貨が披露されることで、人前に登場するのである。ヤップ人は、「マチャーフは行ってまた戻るものであるが、貝貨はミテミテの時に姿を現し、その後は休んでいる」と語る。したがって、貝貨の写真を撮るのは難しく、なかなか見せてくれない。

村と村とが富を競い合う儀礼的交換の場で、与えられた貝貨に対して、ほぼ同等の価値の貝貨と交換する。しかし、今日ガウ貨を返礼せずに、受け取ったガウ貨をバスケットから出して披露して、またバスケットにしまって、多くの価値の低い貝貨（五、六枚の小柄の真珠貝を紐に連ねたもの）を付けて（これをビンロウジュの実と表現する）、そのままそっくり返すことはめずらしくなく、むしろ慣行となっている。このことは一部の高価なガウ貨は、交換の連鎖から取り出されて、見せるだけの富に転じているともいえる。

■——まだ生きている石貨

1　戻ってくる石貨

二つめに、注目されるのは、贈与交換の論理は商品交換の論理とは異なることである。商品交換の慣行では、商品同士を交換する時、あるいは商品をお金で買う時、この取引を終るとパートナーはそれぞれ自分で買ったものあるいは物々交換したものの所有者となる。それは売った人から切り離されて、完全に譲渡することができる。しかし、贈与経済の論理では、与えられた富が、これを与えた人とは本当に分離せず、完全に切り離されていない。与えられたモノは、与えた人の存在、アイデンティティの一部をなす何かを、一緒に運んでくる。与えられた人は、与えられたモノに何かを想起しなければならない。そこで、与えられた石貨とともに前保有者の名前を記憶しておいて、いつか返礼の機会があったときに、それに相当する価値の石貨を、事情によってはまさしく与えられ石貨そのものを返礼することさえおこるのである。このようにして富（石貨）の移転にともなった歴史がモノに刻み込まれていくともいえるのである。

2　富による戦い

三つめに注目されるのは、事例四に示されているように、人と人、あるいは村と村における贈与交換は、また政治的な場でもあることである。ここでは富を誇示することを通じて、競い合いが見られる。主に管区の高位の村が主催する、首長たちを中心に村をあげて主催される儀礼的交換の場、例えば男子小屋の落成式、首長追善の儀礼などにおいては、踊り、貴重品・食物の集積と分配がみられ、ヤップの各管区から多くの村が参加する。上層の村の首長が死ぬと、その村またはその屋敷と関係がある各村の有力者たちが、死者に哀悼の意を示して、最も価値のあるガウ貨、真珠貝貨を持ってくる。それに付随して石貨も持参してくる。これに対して返礼しなければならない。

この場合、貝貨と貝貨、石貨と石貨の交換がなされる。この型の交換はタバンギンという。これは俵貨（バナナ、イチビの繊維を詰めビンロウジュの皮で俵状にしたもの。集会所の落成に贈られ、集会所に保管されている）の底部、つまりタバンギンと石貨を合わせて、同じ大きさのものと交換したことに由来する。贈られたものと同等以上のものを返礼して競うのである。贈与されたガウ貨、真珠貝貨も合わせて、同等以上の貝貨を探して、取り替えて、返すのが本来のやり方である。相手に負けないように競い合うのである。このようなミテミテは、持っている富（マチャーフ）による戦い（ツーグ）の場であると認識されている。

さらに舞踏の間に、招いた各村の有力者たちに気前よく、集めた最上の石貨や貝貨を贈与する。これをビレ・マギレ（寄りかかり石の根元）という。これに対して受け取った者は、このことを記憶しておいて、いずれ自分の村でミテミテのあった時に返礼しなければならない。返礼が終わるまでは、これらの石貨や貝貨はまだ「生きている」と表現される。

〈事例五：調査のノートから〉

この石貨はツルオという有名な石貨です。父の時代にグロール村において村長追善の大きなミテミテが行われました。このような舞踏をともなうミテ（儀礼的交換）をグイオルといいます。これは手相（ウル）を見る（グイ）、関係している村のピルンたちが、村の運命を見に来る。つまり主催する村の状態、どのような規模の貴重品を集積し、分配できるかを見に来るのです。ですから少なくとも数カ月、大きなものになると二年ぐらいの準備が必要です。このような時、招待した各村のピルンたちにガウ、石貨、貝貨を贈ります。これをビレ・マギレといいます。

グロール村のある屋敷と私が相続したギリフェス村のテチェイという名の屋敷の間には伝統的な連絡の道がありますが、このグロール村の人が父にくれたのが、この石貨です。この石貨に対しては、ギリフェス村でグイオルがあった時に、先方の屋敷の人を招いて、石貨をタバンギンして返礼しなければならないのです。まだ、あれ以来グイオルがないので、返礼が終わっていないのです。ですからこの石貨は、まだ生きている石貨なのです。返礼が終ると死んだといいます。

■――歴史を刻んだ石貨

次に示す事例には、贈与交換の慣行に付随した具体的な競い合いについての観察と、その推移にともなう歴史が石貨に刻み込まれる様相がよく示されている。

〈事例六：板橋作美氏らの調査報告――『東京医科歯科大学教養部紀要』一六号 一九八六年――より〉

一九八五年九月にガギル管区で教会の落成式が行われた。ここでトミル管区とガギル管区のあいだで貝貨や石貨の交換が行われた。十数年前にトミルで教会が落成し、その祝いにガギルがトミルに贈り物をした。この返礼として今回ガギルの教会が完成した祝いの贈り物をトミルが持ってきたのであった。十数年前にガギルがトミルへ持っていったものは、石貨二個、ブタ二匹、そしてイモ類などを入れたバスケット一〇〇個くらいであった。このような贈答の場合、贈られた側はその内容と量をしっかりと記憶しておき、次に贈る機会があった時、同等かそれ以上の贈り物を用意して返礼する。

トミルは石貨二個、貝貨一六枚、コンビーフの缶詰、イモ、パンノミ、カボチャの入ったバスケット多数にブタ三頭を持参した。ガギル側では椰子の実、ビンロウジュ、酒を贈り、さらにビール、酒をふるまった。このような時にはビンロウジュとヤシの実を接待側が用意するのが伝統であったが、いまでは、椰子の実にかわってビール、酒が大量に入りこんでいるのが現状である。

さらに、トミルはこのほかにもう一枚の石貨を、教会に置くために持ってきた。この石貨はチョウラップラップという名前の石貨で、昔チョウラップラップという名の男がパラオから運んできた有名な石貨で、ガギル管区で最高位の村ガチャパルの村長が所有していた。後にこの石貨はガギルからウエロイ管区に贈られ、その後さらにウエロイからトミルの最高位の村タブ村へ贈られた。この石貨が今回ガギルに戻ってきたのである。

ガギルは今回マチャーフの戦いでは負けである。ブタは一匹多いし、石貨も名のあるものであったからである。ガギルの有力者は、このことを覚えておいて、次の機会に、挽回しなければならない、といっていた。

この報告には、持っている富を分与することで、競い合うことに熱狂する姿が示されている。それだけでなく、ここでは、巡り回った石貨を原点に帰還させることを通じて、つまり、石貨の歴史を熟知し、ヤップの慣習をよく考慮していることを示すことによって、石貨の贈与側は、受け手側にその名声を記憶させることに成功したのである。

これまでの具体的な石貨の転移の事例からもうかがわれるように、石貨の価値は、石貨の大きさ、色合い、加工の良し悪し、形状、石質といった外面上の美しさやその年代だけを基準に計られるものではない。ある石貨には他の石貨が持っていない歴史が刻み込まれ、名称さえ獲得している。つまり、石貨自体もそれぞれ異なるランクに階層づけられている。パラウから石貨が入り込んで、数世代にわたってその使用が社会生活の諸領域と結びついて循環し、それを所有し、取引した人々の歴史をつめ込んだ価値ある富に転換していく。こうして次第次第に特定の石貨は上層に位置づけられ、歴史伝説さえ帯びてくる。そして、村落間の戦争（マリ）が行われていた時代に、密かに同盟、和解にあたってやり取りされた石貨は、そこに刻み込まれた歴史のゆえに、いまや転移することができず、永遠に据え置かれたまま存在する。こうして、これらの一部の石貨は、交換の連鎖からはずされた、譲渡できない富に転換している。

こうみてくると、われわれが日常的に使用しているカネ（貨幣）と富としての石貨との性格の違いが理解されてくる。

■土地の声を伝える貴重品

ここまでは、贈与交換の慣行に沿った説明をしてきたが、最後に、ヤップ特有な制度と貴重品の関係にふれておこう。

1　張り巡らされた連絡回路

ヤップ島では、村の自立性が強く、管区より規模の大きな政治体制は形成されなかったが、村と村、屋敷と屋敷の間には相当複雑な政治的連盟の網の目、連絡回路が張り巡らされていた。これをカナオ（道）ないしサァとよぶ。サァは紐に連ねた一連の品物をさす言葉で、地理的にも政治的にも帰属を異にする村々の屋敷と屋敷を結びつける伝達の回路を示す。村はタビナウと呼ばれる屋敷で構成される。ここでは土地がいわば主体であって、屋敷には職能と権限が付随している。だから人は屋敷を代表する年長者（マタム）になることで、その屋敷に付与されている職能と権限を受け継ぐ。ヤップの人の表現にしたがうと、土地（屋敷）を保有している男が、その土地の声を話す。村の有力者をピルンというが、これは多くの（ピ）声（ルン）の意で、ピルンは屋敷の声に基礎づけられた権限によって、人を動かすことができる。

ヤップの政治的活動は土地の声の伝達で始まるが、これらの伝達、要請は伝統的に形成されてきた回路（カナオ・サァ）に従って伝達されなければならない。適切な道筋で伝達された要請は尊重され、適切でない道で伝達された土地の声は無視される。村の有力者たちの各屋敷は、それぞれ独自のサァ（回路）を他の村の屋敷との間に持っている。この回路は、儀礼の招待、労働奉仕の要請、踊りの要請、喧嘩・争いの際の謝罪（ブュル）、そして村落間の戦争が行われていた頃には秘密に伝達される依頼などに使われる。このサァに従った土地の声の伝達に重みを与えるのが、ヤップ島の貝貨（ヤールやガウ）と石貨である。

〈事例七：調査のノートから〉

一九八八年九月　民族学博物館の大森、石森両君が映像資料撮影のために来島した。そこで、ルモー村に踊りの撮影を頼みにいった。ルモー村はファニフ管区の村で、この管区の最高位の村はギリフェス村である。ギリフェス村の村長ケニメッさんが島外に出かけていたので、その兄に当るマガブチャンさんに交渉を依頼した。彼はウラン村の人であるが、

女性たちによる踊り

据え置かれた石貨

ギリフェス村にテチェイという位の高い屋敷を持っている。私とマガブチャンが出かけ、ルモー村の入口にある椰子の木陰で、座って話をした。以下はルモー村の年長者六人とマガブチャンとの間の話し合いの要点である。

マガブチャンは、世間話をした後、用件をのべる。

「私の一緒に来た日本人の仲間が、女たちの踊りの撮影のために、日本からやって来ました。あなたたちがいつも町に出している踊りと同じ値段で買いますから、踊りをしてくれませんか」

ルモー村を代表してガバイさんが答えて、

「もし、お金を出すのであればできます」

ついで、ガバイさんはほかの村の人に対して、

「あなたたちたちも同意しますか」

とたずねる。

これに対して、二人の老人だけが「よろしい」と答えて、ほかの人は黙っていた。承諾したのが二人だけであったので、後日話がもつれると、撮影ができなくなるかもしれない。

しばらくガバイたちとマガブチャンの間で、

「ケニメッツはどこにいますか」

「ニューギニアに行っています」

といった会話が続く。

頃合いをみて、マガブチャンはやおらバスケットから貝貨をとりだし、右手に掲げた。

「シロゴメス（失礼します）。私があなたたちの問題を決めるのではありません。私はあなたのピルンではありません。日本人が女の踊りを写真に撮りたいので、お願いにきたのです。もし、あなたたち男の踊りであれば早い。女の踊りは準備が難しいのです」

ケニメッが不在であっても、ギリフェス村の高い位の屋敷を持つ、年長者のマガブチャンの立場からして、ピルンの命令で踊りを依頼することができる。しかし、このように謙遜して話す。

貝貨を出しての依頼であると、断わるとよくない。ガバイが答える。

「貴方は貝貨を出してくれた。踊りをやりましょう。金曜日には女たちは町に仕事に出ているが、半日だけ働いて、午後休むことを申しでるように、女たちに伝えましょう」

マガブチャンが貝貨を出すことによって、公的に、踊りを依頼したのである。これを受けたルモー村の長老たちは、村長命令として、「ピルンの声なので、踊りをしてください」、と女たちに話しをすることになったのである。このような適切な道（回路）にそった依頼は、むげに無視されることはない。もしも踊りの依頼を、謝礼として米ドルを払う約束だけのことであったら、当日踊りに参加する女たちの数は減っていただろうことが推定できる。

2 米ドルでは代替できない

ヤップでは、現在でも慣習違反は警察の関与の外で決済されることがかなり見られる。ただし、窃盗、怪我人が出た喧嘩は警察が関与する。このような慣習違反に対する制裁としては、椰子の葉の根本で殴るのが一般的であるが、たび重なる慣習違反者は、本人、時によっては家族を村（土地）から追放する。他方、慣習違反を起こした者が制裁を逃れる方法が残されている。これがブユル（謝罪）の慣行である。したがって、違反者に制裁をくわえようとしたら、すぐに相手をつかまえて、制裁しないと、伝統的なサァ（回路）にしたがったブユルの貝貨・石貨と声が届いて、制裁できなくなる。裁判沙汰の事柄も、有力者のサァでブユルの石貨・貝貨が届けられると、訴訟を取り下げなければならない場合も生じてくる。

喧嘩・争いを解決する謝罪などの人間に係わる慣行にあっては、貝貨や石貨でもってしなければならない。もしも米ドルを持っていくと、「ひとをブタやにわとりと同じあつかいをするのか、ヤレン（伝統的な慣習）を知らないのか」と叱責され、なぐられてもしかたがないのである。いまでも、米ドルでは社会関係を代替することはできないのである。

このように、ヤップでは、すべての社会関係、人と人の関係は貝貨・石貨の贈与、提出、交換を通じて維持され、再生産されていく。土地の声の伝達は定まった道に従ってなされ、石貨・貝貨が土地の声に伴って届けられる。こうした意味をこめて、二十世紀の初頭、この島に関する貴重な記録を残したミューラー神父は、「ヤップ島において、社会生活の原動力は貨幣、貨幣、貨幣だ」と印象的に書き残している。

〈参考文献〉

牛島巌「ヤムイモの集積と交換」（『季刊民族学』九号　一一二〜一二三頁）国立民族学博物館、一九七九年。

牛島巌『ヤップ島の社会と交換』弘文堂、一九八七年。
モーリス・ゴドリエ（山内昶訳）『贈与の謎』法政大学出版局、二〇〇〇年。

II はざまを生きる

1 貰う論理、与える論理

インドの芸能集団とパトロン

小西正捷

■——とめどもない質問

「なぜだか昔から、余分なものが好きです。たとえば誰かのことを知りたいと思ったら、その人の名前とか年齢とか職業ではなく、その人が朝なにを食べるのか、とか、どこの歯みがきを使っているのか、とか、子供のころ理科と社会とどっちが得意だったのか、とか、喫茶店で紅茶を注文することとコーヒーを注文することとどっちが多いのか、とか、そんなことばかり興味をもってしまう。余分なこと、無駄なこと、役にたたないこと［——中略］。余分な時間ほど美しい時間はないと思っています」（江國香織『ホリーガーデン』新潮社、一九九四年、「あとがき」より。文言の一部省略）。

小説を読むことなどめったにないのに、最近、学生から教えられたこの一文には心ひかれた。余分なこと、無駄なこと、役にたたないこと。それを排除する効率のみで過ごしがちな毎日。「忙」とは「心を亡くす」という字義と知りながらどうにもならないとき、ふと、時間がゆっくりと流れるインドでの日々を思いだすことがあるからである。

しかし、なんでもその「正反対も真」なのがインドである。どうでもよいことの質問どころか、混みあった三等列車にでも乗ると、たちまちのうちに周囲からぶしつけな質問攻めにあうだろう。いわく、どこからきた、名は何か、職業は何だ、給料はいくらだ、どうそれを使うのか、歳はいくつだ、結婚はしているか、恋愛結婚か、子供は何人だ、彼らは何をしている、教育はどうする、塾か家庭教師か、月謝はいくらか、等々。ことにこちらが学生だったりすれば、汚い足を前に突きだし、あごをあげながら「アーン?」とかいって、次々と質問を繰り出してくる。とめどもないこの手の質問攻めは、確かに「美しい時間」ではなかった。

はじめのうちはずいぶん腹も立てた。しかし、数年もインドに暮らしてみると、こちらも慣れてきた。腹が立つときは、こちらも同じ質問を次々と、すかさず彼らに返すことにした。疲れることだが、彼らのほうは、まったく疲れを知らない。返された質問をぶしつけとも思わず、結構(えてして愚痴まじりだが)のりだすようにして、返事を返してくるのである。なぜか。他人を鏡として自らの境遇を愚痴ってみることも快感なのだろうが、それ以上に、この「儀礼」が他人と接するうえで必須のことだからなのである。

相手とつきあうには、まずは相手のことを知らねばならない。相手の職業、身分、関心、せめてその基本情報のいくつかを知っておかねば、最後に「葵の御紋」を突きつけられて、へへえとばかり平服させられることにもなりかねない。藩王や首長の統べる長い封建時代、さらにそれに続くイギリスによる圧倒的な植民地支配は、人びとに日常生活においても階級上のランキングを常に強く意識させてきたし、さらにインドでは、自らを律し、かつ他人との付きあいかたにおいて決して無視することの許されない「カースト」なるものからくる理念と実際の行動・思考様式のパターンが、常に意識されてきたからである。それを一歩まちがうと、たちまち社会的・経済的不利益をこうむるとすれば、立居振る舞いにはけっこう気をつけるよりない。

ただしインドでは、遠回しに探りをいれるとか、ぶしつけにならないように気をつける、ということがまずはほとんどない。姑息に腹をさぐりあう日本とはエチケットの基準が違うのかもしれないが、情報を得ることが目的ならば、ただひたすらにまっしぐら。それもまたよいか。

なお、女性に対しては、このような質問責めはない。だいたい女性が独りで旅をすることなどがまずありえないから、その連れからの情報でこと足りる。ただし昨今では、日本からでも女性の独り旅、あるいは女性だけのグループも増えてきた。これにはやはり、むしろ多くの情報を得ておかざるをえない。後述するように、「インド」という枠組みからすらはずれた存在に対しては、常以上にしかるべき情報を備えねばならないからである。

■——相手の知りかた

インドには、いわゆる「カースト」というものがあることはよく知られている。しかし、そのありかたは必ずしも正確に知られているわけではない。まず確認しておかねばならないことは、いわゆる「カースト」というものは、実は「ヴァルナ」と「ジャーティ」という、かなり異なった二つのレベルに分けられるということである。前者は宗教儀礼を司るバラモン階層のイデオロギーによるもので、儀礼的な浄・不浄性の多寡によってランク付けられ、理念化・範疇化されたものであり、僧侶・士族・商工業者・農民その他、という四群（さらにその下に

「不可触民」を置けば五群）が意識されている。カーストが差別構造であるといわれるのは主としてこの点においてのことであるが、一方の「ジャーティ」は、実際の日常生活のレベルにおいて、社会・経済的に、より直接的なかかわりをもってくる。

「ジャーティ」とは字義通り「出自集団」すなわち生まれによる集団のことであり、これは内婚の単位であると同時に、食卓をともにする共食単位でもある。その数は、数え方にもよるがインド中を合わせれば数千といわれ、概して職業・技能上の世襲性が強い。それによって職業の選択の幅が限られるともいえるが、彼らはそれによって伝統的な専門技術を継承し、氏族外婚・村外婚でありながらジャーティ内婚である、という利によって、同業者間の密な連携と広域にわたるネットワークをともに確保する。そしてなによりも同一ジャーティ間では、競争というよりも相互扶助の精神が勝つ。大家族では兄弟をはじめとする親族が弱者を保護するように、ジャーティ間では同一ジャーティの者たちが、ときに村を越えて弱者を救った。この一種の生活保障の機能が、いまもジャーティ制を解体しきれない一要因かもしれない。

逆に、ことに他地域の他ジャーティ、あるいは他宗教の者に対しては、内的結束が固い分だけ、排他意識も強く働く。相手が誰かは、こうしてまず最初に確認しておかねばならないことになる。インドの諸言語には尊敬語・謙譲語の別があるから、相手によってどのような言い回しをするべきか、あるいは振る舞いに及ぶべきかも問題となり、またジャーティが共食集団であるなら、他の集団との共食は不浄を受ける、あるいは与えることにもなりかねない。また、ジャーティや出身地域によっては厳格な菜食主義を守っており、宗教によってもさまざまな禁忌があるため、こうして混んだ車中でも、気軽に水や食べ物をやりとりすることには気をつけざるをえないのである。

そのさい、名を聞くことは便利な方法である。名はしばしば宗教や出身地方、ジャーティ（あるいはヴァルナ）などを如実にあらわし、それを聞くことによって、あえてぶしつけな質問をしなくとも、相手が何者であるかの基本的情報が得られることになる。そのため、旧「不可触民」の人びとは集団で名を変え、出身地域やジャーティがわからぬようにすることも多くなってきた。しかしそのことがやがて知られるようになると、かえって再び、その素姓がとりざたされるようにもなりかねない。差別とは、どうしてもそれを根絶できない人の性《さが》なのだろうか。

そこで昨今では、このような儀礼的浄・不浄からするヴァルナ＝ジャーティの枠組みから少しでも自由になるために、自集団あるいは個人レベルでの社会経済的向上が強く図られるようになってきた。各ジャーティはその社会向上のための協会をつくることが多く、互いにしのぎをけずっているし、それによってヴァルナ・レベルでのランク・アップも図ろうとするようになってきた。経済からする「サンスクリット化」であるが、宗教よりも経済が、理念よりも現実が、インドでも重視されるようになってきている。

■――買い物苦楽

このように複雑かつ現実的な面もあるインド社会であるから、その枠外にある外国人は、まことに厄介な存在である。車中の質問も、好奇心もさることながら、外国人だからこそ念入りなものとならざるをえなかった。そうでなければ、彼に対する行動様式が何ら決まらない、まことに不安定な状態だからである。たとえその名がコニシであると聞いても、それで何かがわかるわけではない。

それでも「ジャパニ」ときけば、ジャパンからするある種のイメージが結べる。仮にジャパンをチーン（中国）と混同していたとしても、ビデーシー（外国人）のうちでもジャパニは概して金持ちだ。ただ、それにしても、コニシはジャパニとしては貧相だ。第一、エアコン付きの寝台車でなく三等車に乗っていて、ズボンもよれよれ、素足にサンダルばきである。まさにこのことが、私が常々在印邦人のひんしゅくを買っていた点なのだが、ともかくジャパニのうちでも最下層、ひょっとするとジャパンの「不可触民」かもしれない。しかし、次第に学生であること、しかもインド政府の招聘になる大学院生であることがわかると、態度が変わる。そうか、パンディット（学者）の卵か、しかもガバルメント（政府）との関係すらあるらしい。たいしたもんだ、じゃあ、新聞買っとくれ、お茶も買っとくれ。

パンディットの卵なら、いくつ言葉を知っている？　なに、日・英・仏・ヒンディー・ベンガリー、たったの五つか。このおれだって四つは知ってるぞ。ヒンディーにベンガリー、マイティリー、マラーティー。

利害関係のない車中の雑談なら、こうしてさしたる緊張感もなく、話もあれこれ弾みうる。しかし、これが都市での買い物となると、ことは面倒である。商品の値段は、このような複雑な社会的網の目のなかで、相互に相応のものとして決まってくるものだからだ。それがインド人同士であれば一応の相場価格というものもあり、ふだんの暮らしから、値段も相互に了解済みであるが、様子や事情を知らない外国人は、いってみればカモである。しかし、客にもカモなりの、かけひきの楽しみ方もある。結果として商談が不成立でも、肩を叩きあい、笑いでもって別れられるなら、これもまた成功である。こうして客も、またあの店に行ってみようか、という気にもなるし、行けばコーラの一本もでるだろう。

さて、定価が書かれた日常品であっても、税（これも箱などに明記してある）を足してもまだ高い値をいってくるので、私などはこれを外人税と呼んだ。なかでもジャパニに対する「税」は高い。タクシーなども、メーターはまったくあてにならないから、乗る前に、ときには大声でやりあって交渉するほかない。店で商品を値切っている場合もそうで、そのさい必ず同業者が集まってきてほぼ同じ値段を主張するが、無論それは、相場よりもはるかに高い。しかし、客がある店（か運転手）に気があるとみると、他の連中はあえてそれよりさらに高い値をいうか、この男が安いから決めろ、とかいって商談を落とす。とっさながら客相を見て、はじめから彼らのうちで落としどころを決めてしまっている彼らは、相互にライバルというよりも、みな同一ジャーティの者であること、つまりアガリは結局はみんなのものとなることを思い起こそう。人類学のいう「平衡的互酬性」である。

彼らにも論理がある。客はそれがほしかった。それが手に入ったことも、その車に乗れたことも、目的が達成できた幸せな帰結であった。それなら客は、満足して当然である。感謝すべきは客のほうか、せめて双方なのであって、われらの側が感謝すべきとしてもそれは客に対してではなく、前世の善業に報いてくださった神に対してである。よい結末となったのだから、結果として値が多少高かったとしても、それは客にとっての身分相応、客に比べれば貧しいわれわれは、そのお恵みにあずかって当然。ガンガー（ガンジス川）の水が、高きも低きも平等に満たすに同じ。またガンガーの水は、高きから低きに流れるではないか――。

あまりにこれを、ヒンドゥー的な論理と考える必要もない。それは一種の「ノブレス・オブリージュ」、すなわち「身分の高いものは立派にふるまう義務があり、その特権は責任を伴う」ということ、ひいては「身分のより低いものに対しては必然的に庇護、もしくは補償を負う義務がある」ということにも通ずる。そしてこのことは、商品やタクシー代とは異なって具体的な値段がつきにくく、ゆれる価値評価や微妙な社会関係が反映する諸サービス、ことに芸能に対する対価の決定に、より大きくかかわってくるのである。

■——観客と演者の分離

本来芸能は、共同体の中ではじまった。人びとは祭りや儀礼にさいし、歌と踊りで神々とともに遊び、その非日常的な異次元の時空をいっとき共有した。そこにはときには神と人との区別もなく、その場に遊ぶものには当然、演ずるものとそれを観るものとの差などなかった。日本の例からすれば、その典型が、誰もが参加する風流《ふりゅう》の芸能であり、より専門的な舞方・囃子方の要る神楽でも、本来は誰もがその技術を共有し、ことあればその場の誰もが直ちに交代できるものであった。親は子にその技能を伝え、子は親の演技を舞台下で見、子の舞うときは親が舞台の袖からそれを監修した。

インドの多くの村でもこのような芸能が、なかば神事と結びつきつつ、いまだ盛んに、あるいは細々ながら継承されている。その費用は、地主のような檀那（ダーナ、施主）がより多くの寄進をすることはあっても、本質的に参加者自身が全員で分けあった。しかしインドでも昨今では、ことに規模が大きくなったり派手な傾向を示すようになると、日本と同様、祭典実行委員会のような組織がつくられて、祭りの担い手と享《う》け手が分離するようになった。会計係やその監査なるものがでてくるのも、それに伴ってのことである。

一方ではやがて芸能自体も、比較的高度な技術を要する演者と、それを見て楽しむ観客が分かれるようになってくる。それでも日本の場合は、演者のうちでも舞方と囃子方が交代可能であるのに対し、インドではそれらがそれぞれ異なったジャーティによって担われるようになるのが特徴である。すなわちジャーティの厳しい分業性は、その技術の正統的な継承を可能にする一方、他の職能を侵さないという原理があるために、ジャーティによってその用いる楽器が異なることも、ことに大規模で伝統的な芸能には見てとれる。

このような演者と観客の分離は、社会的にはより低く見られる大道芸や曲芸の場合にかえって著しい。熊つかいや蛇つかい、曲芸やマジック、講釈師や歌語りなどがそれであるが、当然これらの特殊な技芸は、ともすれば蔑視の対象になるとはいえいたって専門的なものであり、誰もがやれるものでは決してない。また、そのような家系や集団に対する差別からしても、他のジャーティが彼らの世界に立ち入れるものではまったくなかった。

古代において彼らがすでに専門職として確立していたことは初期仏典などで確認できるが、中世においてすら、いまだ彼らは、さほど差別されるべき対象とはとらえられていなかったようである。しかし、彼らの擁する呪的な異人性、また他処者《よそもの》としての彼らに対する一種の畏怖が、やがて彼らを差別の闇へと追いやったのであろう。したがって彼らには特定のパトロンはおらず、祭りのさいの辻に立つか、大道でその芸を不特定多数の人びとに披露するよりないままの現状にある。

概して一家でチームを組む彼らは、演技中やその最後に、ザルをまわして小銭を集めるが、その実入りは情けないほどに乏しい。見物客のなかにやや身なりのよいものでもいれば必死になって執拗に銭をねだるが、ここでは例の「ノブレス・オブリージュ」も通用しない。そもそも「高貴なる人」は、このようなものに関心を向けてはいけないのである。そうとすれば、ぶしつけにカメラを向ける外国人観光客は恰好のターゲットであるが、彼らは概して異文化の芸に対する作法も知らず、笑ってその場を立ち去ろうとすることが多いのである。

かつて私も、ただその場を通り過ぎただけなのに、大きな蛇の鎌首をつかんだ蛇つかいに追いかけられて青くなったことがある。それほどにいまの彼らは必死なのだ。特定のパトロンのいないことの事態の大変さがこれによってもよくわかるが、一方の彼らの芸もしばしばいい加減で、憐憫からならともかく、その芸に対して報いようとする気がおこらないことが多いのも事実である。報酬があくまでも相互的《レシプローカル》なものであるならば、彼らの側にも責任の一端はあるとするのは苛酷であろうか。巨視的にみるならば、我々のほうがやはり圧倒的に、支配とまではいわないまでも、社会的優位にあることは事実なのだから。

■——不定のパトロン

人に媚びない、それだけにいまでは気息えんえんの芸能がインドにはある。これも古代から続いてきたことが確かな、絵語り芸がそれである。自ら神話・伝承に基づく絵巻を描き、それに歌をつけて門付けをして歩く、ポトゥアとよばれるベンガル地方の絵巻物師の場合を見てみよう。彼らはチットロコルという絵師ジャーティに属し、ポトという絵巻物で語りをすることから特にポトゥアとよばれているが、いまでは急速にその数を減じている。

土埃のたつ暑い田舎道を、ひとりの男が歩いてくる。肩からはよれよれの木綿袋を下げているが、その中には彼の描いた絵巻物が、何本も放りこんである。

門口に立ち、「ポト・デクベンナ（絵巻物、見ませんか）」と声をかけるが、ひっそりとして人けもない日中の村うちでは、彼に注意を払う者はいない。しかし、朝早くからはじめた畑仕事が一段落して、ゆっくりと昼寝をしたあとのけだるい午後遅くは、比較的よい時間である。村に入り、暇をもてあました子供たちの何人かが歓声をあげつつ彼のあとをついてくるなら、なお吉兆だ。門口で声をかけられて出てきたおかみさんが、騒ぎまわる子供たちを叱り飛ばすついでに彼をも追いやることもあるが、子供たちの歓声に「仕方ないねえ」などとこぼしつつも中庭に簡易寝台《チャルポイ》を出して、彼を座らせることにもなる。

絵巻物を見せるベンガルの絵巻物師ポトゥア（西岡直樹氏撮影）

彼はおもむろに袋から絵巻物を出して縦に拡げ、下から上へとそれを繰り出しながら、歌語りをはじめる。その主題はその家の宗教や好みに合わせていて、ヒンドゥーのためのヒンドゥーものなら人びとに人気のある神話・伝承だが、概してどれも地方色の強いものである。またイスラームものでもやはり地方の民衆に人気のある聖者伝が選ばれ、ときにはキリスト教徒のための基督絵巻《クリストポト》さえ用意されていることがある。

たつきとはいえ変わり身の早い器用さにも見えるが、実は彼ら自身が、社会的にヒンドゥー・イスラームのどちらにも属する（あるいは属さない）「はざま」の立場に置かれている。なぜそうなったのか、あるいは近年の社会・宗教的再編をめぐる興味深い問題もあるが、いまは立ち入らない。注目すべきはむしろ、それだけ彼らは、実入りを確実にするためにも、パトロンの好みに合わせた主題を常に用意している、ということである。たとえば「そんな古い神話でなく、何か新しいものをやれ」とでもいわれれば、最近話題になった地方的事件、あるいはヒロシマの原爆やバングラデシュ独立悲話などをテーマにすることすらある（現代《いま》もの）。神話・伝承に精通しているだけでなく、鋭い歴史感覚を備えていることもまた、はざまに生きる門口芸人の特徴といえるかもしれない。

興に乗れば三、四〇分も絵語りをするが、一本の絵巻を語るのに一〇分もかからないことが多いので、二、三本も見せれば引けどきである。そのほうが、また来たときのネタがなくならなくてよい。そして語りの最後には、決まって「どこの誰それチットロコルが絵巻物をお見せしました」と歌で名乗って、その場を閉じる。するとおかみさんは奥から米などをもってきて、彼の別の袋に入れてやる。ポトゥアの家族数にもよるが、四、五人としても一食分程度かそれ以下が相場であるが、これも「ノブレス・オブリージュ」次第。われわれが見せてもらうなら、その二、三倍（にあたる現金）を用意すべきかもしれない。

これとは別に、最近死者が出たような家をねらって回る呪術絵師《ジャドゥポトゥア》というのもいる。彼らは眼球を描き入れていない死者の絵を遺族に見せ、眼を入れないと迷うぞとなかば脅して、米のほか、穢《けが》れたとされる死者の衣服や真鍮製の食器などをねだる。

このように報酬が米のような現物であることについて、ある主婦は、お金をあげると飲んじまうからね、といった。たしかに、空腹にはヤシ酒が効くし、ツケもたまるから、それが正解かもしれない。しかし最近では、外国人のコレクターに絵巻自体を売るような者も出てきた。心優しいわが日本の友人は、それでは商売の絵語りができなくなってしまうことを心配して、絵巻を入手するかわりに、自ら絵巻の模写をして彼らに与えた。ところがポトゥアはやがて、それもフランス人に売ってしまったという。友人はわざわざニシオカという署名をベンガル文字で絵巻に入れておいたのだが、それを解読したときに、買い手はきっと、驚愕することであろう。

■――ひいきのパトロン

門口芸人とはいえ、彼らを放浪芸人とよぶのはあまり正確ではない。呪術絵師をのぞき、彼らのまわる季節や地方、家筋や芸立てはほぼ決まっているからである。その点で彼らは、越後の瞽女《こぜ》や、その男性版である津軽のボサマにも通ずる性格をもっているが、後者の場合、宿となる家（たいていは人を集めて、そこで演技も行われる豪農や商家）が決まっているのに対し、移動中のポトゥアに宿はない。日本の厳しい自然とは異なる環境だからともいえるが、彼らはふつう、村はずれの大樹の陰などにアンペラを敷いたりして、寝泊まりしている。このような場所は概して「精霊が宿る」などとして村びとたちの避けるところであり、そのような場での夕刻、死者の絵を見せてもらったときは、まさに鬼気迫るものを感じた。

一方、ベンガルとは正反対の西インド、ラージャスターンの乾燥地帯をたつきの場とする絵語り師のボーパは明るい。彼らは大きな布いっぱいに描いたこの地方の英雄神パーブージーかラームダラー、あるいは地方神デーオナラインの図像のパド（布絵）を拡げ、その前で、まるで絵から抜けだしてきたような真っ赤な服装で歌語りをする。彼らはふつう夫婦の一組であるが、女性役が女装の男性であることもある。彼らは交互にかけあいで歌うが、女性は吊りランプを手にして大きな絵のうちの該当部分を指し、男性はラーヴァナハッタという小型のフィドルを奏でつつ、ときにその弓でやはり絵の中の部分を指しながら歌う。

彼らが門付けをすることはめったになく、寺の大祭かラクダ市のような大きな催しのさいに、人の集まる辻や広場にパドを拡げて客を集める。近年ではここでも、大祭や定期市の実行委員会のような組織ができるとそこから呼ばれて、契約のもとに公演を行うことも増えてきたが、本来は士族のラージプート階層か豪商のマールワーリー、裕福なラクダ商人や大地主層などがそのパトロンとなって、彼らを呼んで演じさせたのである。

その場合でもパトロンは、一定の家族ではなく村が単位ということもあったが、彼らはまずは、ボーパを通じて絵師集団のチャターラーに特定の画題のパドを描くよう前払いで発注し、一方ボーパはその図像や色彩などが正確であるよう、厳しくその作業を監修した。やがて絵ができあがるとパトロンは絵師からパドを受けとり、そ

「パーブージー物語」を絵語りするラージャースターンのボーパ

の上で、その絵をボーパに寄進した。そのさいパトロンは、パトロンか村の有力者の家で盛大に絵の引き渡しの祭式《プージャー》を行い、絵の開眼のためにも、ボーパによる初の公演が行われた。

ボーパへの報酬は絵師への支払いとは別だてであり、むしろその気前よさが彼らの善業をいや増すものと考えられた。その後パドはボーパの管理下に置かれるが、それは神を降臨させるメディアであるための神聖性のゆえである。そのため、パドの絵語りには強い儀礼性があるともいえる。また古くなったパドは、聖なるプシュカル湖中に収めたため、ボーパのもとにパドがたまりすぎるということもなかった。

このようなやや複雑な金品の動きは、受取り先の出自集団が職能ごとに分かれていることにもよるが、中北部インド・ブンデールカンド地方の芸能ラーイーの場合もそうである。ラーイーは結婚式や男子出生の願かけ、あるいはその達成感謝のしるしとして演じられることがふつうであるが、最近では企業や団体が、祝いの席上にラーイーを呼ぶことも増えてきた。演者は大別して、ソーバット（男衆）とよばれる太鼓やラッパなどからなる楽士たちと、長いスカートをひるがえした輪舞を特徴とするベーリニーとよばれる舞姫たちからなり、前者はさらに、用いる楽器によってその出自集団が違うことがある。

パトロンはまず、ソーバットの長であるムリダンギヤー（太鼓手）と当たりをつけ、報酬の額や日程等の打合せなどをして、まずは支度金の一部と若干の香辛料を手渡す。ついで後者はベーリニーのもとに使者を派遣して演者を選び、支度金のうちのさらに一部を手付金として彼女らに払う。公演当日には再びソーバットがベーリニーのもとに迎えを出し、またパトロンは、謝金の残余のほかに、体を激しく酷使するこのようなにぎやかな芸能にはつきものの大麻煙草も用意して、ソーバットに渡さねばならない。

公演は最小限、総勢で一五、六人が必要であるが、謝金の額によってその規模は変わる。むろんそこには、演者の技量や呼び手の側の格など、さまざまな要素が当然かかわってくるが、結婚のさいの持参金《ダウリー》交渉ほどではないにしても、双方でかなりあけすけなやりとりが延々となされることも珍しくはない。ふだんの買い物にしてそうであるが、ことにこの場合は、双方の格そのものが試されていることにほかならないからである。

しかし、いったん交渉がまとまれば、途中で芸人が手を抜くことはない。報酬が現金となってからは、かえって芸人の誇りというものが意識されるようになってきた一面も見られるようだ。そして彼らの誇りは、特定のパトロンをもつ場合にはなおのこと意識され、逆にパトロンは、その関係の深さゆえに、いっそうの気前よさで応えねばならなかった。

■――特定のパトロン

パキスタン国境にも近いほどラージャスターン州西部には、すぐれた楽士集団のランガーとマンガニヤールがいる。前者はジョードプル市の近辺、後者はさらに西の沙漠地帯、ジャイサルメール城の周辺に住み、ともに古来の声楽伝統をひきつつもこの地方独特の民謡を朗々と歌いあげることから、いまでは海外でも著名である。その音楽はいかにも乾いた沙漠にはるばると響きわたような類いのもので、美しくかつ力強い。彼らのレパートリーには共通のものもあるがそれぞれ独自の楽曲もあり、共通の曲であってもその楽器編成が異なるほか、歌唱や演奏上の様式のちがいも見られる。そこにはおそらく、それぞれのパトロンの好みも反映しているのであろう。

ランガーのパトロンは大規模に家畜を飼うイスラーム教徒のシンディー・シパーヒーであり、弓奏擦弦楽器のシンディー・サーランギーあるいはグジャラーティー・サーランギーと、太鼓のドーラクを伴奏に主として民謡を歌う一方、歌を伴わない器楽演奏としてはサッタラやムルリなどの各種の笛や管楽器、また口琴のモールチャンを闊達に奏するなど、その構成は多彩である。それに対し、マンガニヤールのパトロンは、やはり大規模な農牧を営むがヒンドゥー教徒であり、その楽器編成も、ランガーのサーランギーのかわりに円形をしたイラン起源の擦弦楽器のカマイチャや、沖縄の四ツ竹を思わせるカスタネット状のカルタールが用いられ、その歌も古典声楽を思わせるような渋いものが多い。

彼らは代々それぞれのパトロンに仕え、結婚やめでたい折には、必ず歌や器楽でパトロンに奉仕した。パトロンの側も芸人の側も、何世代がたっても その緊密な関係が絶たれることはきわめて不名誉なことであり、芸人（ことにマンガニヤール）はことあるごとに、パトロンの家筋をほめ讃えるシュブラージという詩頌を歌ってその恩に報いた。

それでも長いあいだには、どちらかの側に不都合の生ずることもある。芸

ラージャスターン西部の沙漠の楽士、マンガニヤール

人の芸が低下すれば当然解雇の危機もあるが、理不尽な契約解除は問題であった。ことに厄介なのは、金銭面のこと、芸人としての誇りを傷つけられた場合である。檀那が没落したりすれば、それが恥とならないように、芸人はそっとめだたぬ援助すらするであろうが、逆にみずからの自尊心を傷つけられるようなことは、我慢のできることではなかった。

そのようなとき、彼はまず、もはやほめ歌のシュブラージを歌うことはしない。この段階なら、まだ第三者のとりなしによって関係修復も可能であるが、それがだめなら、マンガニヤールはそのターバンを取ってパトロンの家の前に埋め、さらに事態が悪化すれば、彼らはカマイチャの弦をはずしてこれも同様に埋めることになる。決定的な段階はローラル・バンダノーといって、パトロンに似せた布製の人形ローラルをロバの尻尾に結びつけ(バンダノー)、それを手にした靴で打ったり、ののしったりしながらパトロンの家筋すべてを廻るのである。それはよほどの結末であるから、不名誉を蒙り、社会儀礼上も身動きがつかなくなるのは、むしろパトロンの側であった。

「マンガニヤール」ということばには「物乞い」(マングナー)にも通ずる暗喩もあるが、彼らは乞食芸人どころか、このような誇りに満ちた面をももつ人びとであった。いかにもそれは、「王族の地」ラージャスターンらしいヒンドゥー士族の価値観の共有であるが、それだけに彼らの方も、その芸には常に磨きをかけておかねばならなかった。亜大陸の地勢からすれば辺境にあたるラージャスターンの沙漠地帯の西端に、このように多くのすぐれた芸人がいるのは、このゆえなのである。

しかし、昨今ではインドをも襲いつつある急速な社会変化によって、このような旧来の士族や地主・豪商たちがパトロンとしてありつづけることが次第にできなくなってきた。ことに藩王国の解体によって、最大の庇護者であった旧藩王が没落してしまったのが痛い。それにとってかわったあらたなパトロンは、インドでも昨今それなりに成長をとげつつある都市部を中心とした中産階層であるが、彼らにはかつてのパトロン層のような資力もなく、また真の芸を見分ける知識・教養も乏しい。こうして芸人の側にも、当然大きな変化が生じつつある。民衆化とも異なる、芸のポピュラー化がそれである。

■――芸人たちの現在《いま》

知り合いのマンガニヤールたちにどうしても会いたくなって、ある年、ジープを調達して沙漠のなかの村をいくつも訪れたことがある。しかし、せっかく苦労して彼らの家を訪ねあてたのに、目当ての芸人はそこにはいなかった。彼らはなんと、ロンドンやパリ、あるいはコルカタ（カルカッタ）やムンバイー（ボンベイ）のような大都会に出稼ぎに行ってしまっていたのである。しかし、なぜ私が彼らに会おうとしたかを考えてみれば、そもそも彼らとは、東京ほかでの日本公演で仲よくなったからにほかならない。彼らの音楽にふれるには、もはや手元の、彼らを録音したフランスや日本製版のCDしかないという状況になりつつあるのだろうか。

実際、彼らにとっては、いまやレコード産業や芸能の呼び屋があらたなパトロンとなりつつある。しかも、まずは小さな（しかし地元のボスが握っている）現地の会社から録音状態の悪いカセットでデビューした彼らは、一〇年、二〇年とその身分や版権が押さえられていて、欧米・日本のメジャー・レーベルからCDを出そうとするときの大きな障害となっている。仮に契約がなったとしても契約金の大半は地元の音楽産業（とそのボス）に入ってしまい、彼らにはほとんど実入りはない。せめてパリやロンドンが見物できた、ということがなぐさめかもし

「フランス革命」ポト。オジット・チットロコル作（Alliance Française蔵）

れないが、そのようななかで、すっかりスレて帰ってきた若者たちにも会った。むろん、技芸の頽廃も問題である。しかも彼らは、彼らに要求されているものが「洗練」ではなく、昔ながらの土臭い暮らしの歌であることが理解できない。

たしかにそれでも、いまだに沙漠の村では、農牧民の多くが旧来の民謡をみごとに歌いついでいる。私を取り囲むようにして集まってきた人びとは、老人も少年もみな、かえってプロには見られない歌のよさを堪能させてくれた。いずれこのなかからも、プロダクションからスカウトされるような人もでてくるだろうが、破れかけた弦楽器や太鼓を見て、その修理代だよ、と念をおしつつ、私はいくばくかの金を置いてきた。かりにそれが生活費に化けたとしても後悔はない。いずれ、彼らの暮らしのためになることだ。

旧来の芸にこだわりのあるラージャスターンの楽師たちの場合はまだよい。昨今では人びとのあいだで圧倒的な人気のある映画産業に押されてその実入りもなくなってきた各地の絵語り芸などには、だれも見向きもしなくなってきた。こうしてラージャスターンの絵語り師のボーパは民謡歌手として転身し、安いカセットの吹き込みの機会をねらっている。絵師のほうは、旧来の絵巻でなく、おみやげ用の小さな絵を大量に描き、観光客に売り出している。そこにはもはや、かつての儀礼性や暮らしのフォークロアの影はない。

しかし、近年うれしいニュースも聞こえてきた。一九八九年、フランス革命二〇〇年を記念する行事の関連で、コルカタのアリアンス・フランセーズ（フランス政府の海外向け文化振興機関）は西ベンガル州メディニプル県の絵師オジット・チットロコルらに、フランス革命をテーマにした絵巻物ポトの作成を依頼したのである。出来あがったものは、その様式も色遣いもまったく古来のポトの伝統に基づくものであり、絵のなかの人物は背景もすべてベンガル地方のものである。こうして、引きたてられてギロチンに向かうマリー・アントワネット（右から左へと同一画面中に幾度も描かれる）もサリー姿であるが、彼らがヒンドゥー神話のみならず「現代《いま》もの」にも長《た》けていたこと、話を直ちに理解し、それを絵にする想像力がいまだ衰えていなかったこと、そしてなによりも、苛酷な英領時代におけるイギリス官僚と大地主の専横、そしてそれに対するいくつもの反乱がいまだ記憶されていたことが、これらのまったくあらたな作品を産みだすことになった。

その製作過程でフランス人は、問われて革命譚の細部を語ることはあっても、絵や語りについて口を出すことはしなかった。この場合、パトロンは彼らであっても、主役は村のポトゥアであった。

ここにおいて、貰う論理、与える論理にかかわるかのキーワード「ノブレス・オブリージュ」は、どちらの側に課せられたものだったのであろうか。

〈参考文献〉

辛島昇・前田専学ほか監修『南アジアを知る事典』平凡社、（新版）二〇〇二年。

小西正捷『多様のインド世界』三省堂、一九八一年。

小西正捷「南アジア民衆芸能の享受者とパトロン」(『岩波講座　日本の音楽・アジアの音楽　2〈成立と展開〉』所収)岩波書店、一九八八年。

小西正捷『インド民俗芸能誌』法政大学出版局、二〇〇二年。

小西正捷編『アジア読本・インド』河出書房新社、一九九七年。

フジタヴァンテ編・小西正捷監修『原インドの世界』東京書籍、一九九五年。

2 人間とカネ
コイン一枚からの出会い

小馬　徹

■——一シリング硬貨に託した友情

その老人は、一枚の一シリング硬貨を、いつのころからかキプシギス人の老人たちのユニホームになっているレインコートのポケットの底にしのばせて、サバンナの道をはるばる歩き通して来たのだった。

一九七九年のその日、郡の中心地である、ンダナイという名のマーケットで、行政首長の主宰する青空裁判集会が開かれることになっていた。老人は、早暁に家を出、ハイエナが、そして時にはヒョウが出没するというチェパルング森を通り抜けて、お昼ごろになってようやくンダナイにたどり着いたのである。

その日も西ケニアの赤道直下の日差しは、どこまでも過酷だった。大勢の男たちが、テーブルサンゴに似た形の樹冠を持つアカシアの巨木の木陰に寄り集まって、裁判集会の開始をのんびりと待っていた。裁判集会は、穏やかだけれども単調なサバンナの日常に変化をもたらす出来事であり、いわば楽しみでさえある。

老人は、久しく動静の分からない友人に会いにきた。老人の属しているコスィゴは、（当時）現存する最古の年齢組であり、存命する組員は数えるほどになっていた。老人は、運良く会衆の中に一人のコスィゴ組員を見付け出すと、手指を一本ずつ順に握り合うキプシギス式の握手を交し、念入りにあいさつを繰り返してから、こう語りかけた。「わが火（同年齢組員）よ、われらが火（年齢組）は日に日に下火になってゆくなあ。だれも死に、彼も逝ってしまったぞ」。

老人は、やがてあかじみたレインコートのポケットをまさぐって、一枚のコインを取り出した。彼は、それを相手の掌の中にゆっくりと包みこんでやると、ンダナイのなんでも屋でソーダーでも買って飲むように、と言い添えた。それから、友人にくるりと背を向けると、ついさっきまで延々とたどって来た炎天下の道を真直に引き返して行った。

村の裁判に集まってくる人々（キプシギス）

私には、この老人はこの日、彼の生命の最後の火をかき立てながらただ歩き、ただ歩くことでその火をかき立てているのだと思えた。牛牧の民の伝統をもつキプシギスの男にとって、同じ年に（割礼を伴う）加入礼を受け、諸々の苦業を耐え忍びつつ何かと不自由の多い隔離期の暮らしを共にした同年齢組員こそが、一切を許し合う真の友となれる者なのである。異腹であればもとより、同腹であっても、兄弟とは、父の財産たる土地と牛とを巡っていつかは利害が競合するかも知れぬ者たちである。だが、同年齢組員は、あらゆる利害を離れた全霊的紐帯《ちゅうたい》で結ばれた友であり、相手に己を見、己に相手を感じ取ることのできる「他なる自己《オルター・エゴ》」なのである。

広大な牧地と多くの牛を所有するがゆえに、キプシギスの人々は伝統文化の中で豊かだった。だが、それらは手放すことのできない生活の資であるがゆえに、キプシギスの人々は市場経済の中で貧しい。

あの老人が年来の友のために持ち来った一枚の一シリング硬貨は、実は、当時一シリング四五セントだったソーダー一本の対価にもみたなかった。しかし、あの一枚のコインは、その時老人が所有していた現金のすべてではなかっただろうか。そのコインは、老人の手を離れた時、私の心の底に落ちて、凛《りん》と鳴った。それは、今もなお回り続けるコマとなり、響き納めることを知らない。

■――蓋井島《ふたおい》のヒトとカネ

現金や商品が額面以上に大きな価値を与えられるという一見奇妙な現象は、特に、互酬経済が市場経済に包摂されつつある社会で見受けられるものである。実は、この現象の奇妙さにこそ、貨幣を使用するという人間に固有の活動の一面を解き明かすかぎが潜んでいる。

1　インスタント・カレーの味

私の人類学徒としての最初のフィールドは、響灘《ひびきなだ》に浮かぶ蓋井島という孤島だった。私は、一九七四年の四月から八月までを、人家が四〇戸余りしかない、ヒョッコリヒョウタン島のような形をしたこの愛らしい島で暮らし、ニイヤという家号の家に半ば居候風にお世話になっていた。この島の食生活は朝昼晩を問わず主菜が魚と決まっていたので、生来鮮魚に目のない私にとっては、毎食がまるで夢のような御馳走だった。

この家のバアヤンには、本当にお世話になった。バアヤンを初め、働き者の蓋井の女たちは年中休むことを知らなかった。たとえ台風が接近して海がひどく荒れている時でも、四囲のどこかに、必ず凪いだ磯や浜があるものだと島の女たちはいう。近くの海が荒れて遠い磯に出ている日にも、バアヤンは、わざわざ一たん家に戻って来て、私一人のために昼食の刺し身を作ってくれた。

バアヤンが、ある日言った。「アンタ、毎度毎度おんなじもんばっかりでスマンねえ。待っちょりよ。明日はおいしいもんを作っちゃるけんね」。翌日、バアヤンが顔を輝かせながら出してくれたのは、一目でそれと分かるレトルトのインスタント・カレーだった。バアヤンは、これを漁協の売店からわざわざ買って来てくれたのである。この昼食は、私が蓋井島に暮らした五カ月の間に経験した、最も貧しい食事であったろう。しかしながら、それはやはり最もおいしい食事であったというべきだ。そのおいしさの由来は、ほかでもない、わざわざ現金で買われたという点にある。

鮮度の高い活魚を北九州に出荷する蓋井は、そのころはすでに現金収入に恵まれた、それなりに豊かな島といってよかった。しかし、そうなったのは比較的最近のことである。江戸時代は、純農村（地方《じかた》）で漁場（網代）をもっていなかったし、戦前までは、サツマイモや雑穀を主食とする半農半漁の寒村だった。

私の食事に割かれる魚介類も、出荷すればレトルトのインスタント・カレー一袋以上の価値があることぐらい、バアヤンにもよく分かっていた。だが、教育費を初めとする現金支出の工面に長年苦労が絶えなかったこの島の人々にとって、現金を支出することには、特別の感慨が込められてきたに違いない。バアヤンにとっては、正方形の薄っぺらい紙箱に納められた工業製品の購入は、私に対する厚意のあたう限りの表現だったのである。

2　貨幣としてのサイダー!?

私は、後に、人の好いバアヤンがその後折に触れて出してくれたインスタント・カレーには、厚意という一語に尽くせない人情の機微が潜んでいたと考えるようになった。結論を先にいえば、バアヤンからのこの特別の贈り物は、私が月々手渡していたわずかな生活費を、経費《コスト》から単なる贈り物に変えてしまう、お返しとしての贈り物だったのだと思う。

私の支払っていた金額は、単に実際の経費に見合わないばかりではない。バアヤンが、私一人のために日々耐えなければならない労苦を思えば、それを生活費と規定すること自体が、初めからふらちなのだ。それでも、貧しい大学院の学生であった私が、何がしかの金銭をニイヤの人々に受け取ってもらうには、ひとまず生活費の体裁を取る以外に方法がなかったのだ。

バアヤンは、意識していなかったであろう。でも、レトルトのカレーというバアヤンからの象徴的な贈り物は、私の心の中で、見事に「生活費」の虚構を暴いてしまった。その結果、バアヤンの日々の骨折りは、再び、私に対する純粋な奉仕に戻ったのである。かくして、私は、バアヤンからこうむる返済の方途の無い恩を、正当にも、甘んじて受けることになった。以来、バアヤンの恩を少しも忘れたことはない。しかし、それが恩であり、単なる義理ではない以上、私には報いる術が無い。バアヤンは、私にとって、もう一人の親になったのである。

このことに私が気付いたのも、ある偶然からだった。ある日、オオシモのオバヤンが、「よーい、キヨミネエチァンよーい」とニイヤを訪ねて来た。あいにく、皆出払っていたので、私が応対に出た。オバヤンは、サイダーを二本下げて来ていて、過日ニイヤに結《ゆい》の加勢をしてもらったので、これを届けに来たのだという。結仕事で加勢を受けた家では、どこもそうする仕きたりになっているとのこと。

新米の人類学徒だった私は、その時、はたとひざを打った。これは、貨幣としてのサイダーではないか、と。サイダーは、労働の対価であり、労働のサービスとはちょうど逆方向に循環して行くのだから。

紙幣が金属貨幣に取って代わり、今やカードと呼ばれるプラスチック貨幣が全盛であるごとく、どこでどのような財が貨幣として選ばれても構わない。たとえば、キプシギスのような牧畜社会では、長く家畜が貨幣の役割を果たしてきた。別の社会では、貨幣は、貝（即ち、貨）であったり、布（即ち、幣）であったり、あるいは塩であったりした。そして、クジラの歯やコウモリの顎骨が貨幣として使われた社会すらあったのだ。だから、理論的に、サイダーが貨幣となってもさして不思議ではないだろう。しかも一般的に、贅沢品あるいは必需品が貨幣として用いられることが多い。蓋井島では、インスタント・カレーと同様、外来の工業製品としての商品であるサイダーは、当時、それなりの贅沢品として観念されていたのである。

3　蓋井島のサイダーとリクルート事件

確かに、蓋井のサイダーは、結の局面に限れば貨幣と呼んで差し支えなさそうに思える。だが、蓋井の人々は、私の考えを決して首肯しなかった。サイダーは、結の加勢に対する単なる感謝の印であるという。実は、蓋井の人々のこの素朴な考え方には、われわれ人類学徒がともすれば陥り兼ねない迷妄を払ってくれる洞察が潜んでいる。

結とは、典型的な互酬に基く労働交換の関係である。労働の提供は、他の財やサービスの贈与と同様に、負債を作り出し、その負債を償うべき義理が対抗的な労働の提供を誘導することによって、連鎖的に社会関係を持続させて行く。結は、はっきり固定される一定数の家の間で明確に期間を限って実施されるので、その閉じられた円環はだれの目にも明らかである。

ところで、同じカテゴリーの財またはサービスを贈り返すことによって初めて義理を返し得るのが、結のような互酬の原則である。労働の提供に対しては、同じ労働の提供で報いなければならない。

蓋井島の結の興味深い特徴は、労働の返済に先立って、サイダーが提供されるところにある。このサイダーを反対給付と考える時、サイダーが貨幣の相を帯びることになるだろう。しかしながら、サイダーは、蓋井の人々には、貨幣《オカネ》とは異質なものとして受けとめられている。このように言明されることは、蓋井の人々が、生活者としての直観と合理的判断とによって、互酬と市場交換との差異を鋭敏に見抜いていることを示している。

蓋井では、結による労働の負担は、サイダーの贈与によって決して帳消しにはならない。必ずいつかは労働力を提供して償わなければならないのだ。さもなければ、負債に対する負い目は払拭されないので義理を欠くことになり、その内に社会的な制裁を受け兼ねない。もちろん、労働の負債を結仲間のだれかに返した時に、相手からはサイダーが届く。しかし、サイダーが反対給付でない以上、サイダーの贈与は、提供された労働サービスとの間に一時的にせよ均衡を生じさせることはないのである。

あえて繰り返せば、互酬では、同じ財またはサービスの贈与の応酬によってのみ均衡が達成されるのだ。労働の提供は、労働の提供それ自体として家々の間を一定方向に循環し終えた時に、初めて一応の均衡を得る。一方、サイダーの贈与は、サイダーの贈与それ自体として逆方向に家々を一巡して、やがて均衡を得る。

蓋井の人々は、結の加勢労働とサイダーとが交換され、その一つ一つの局面で均衡が達成されるとは考えていない。サイダーは人一人の一日の労働の五〇分の一の価値もあるまいよ、と人々は笑った。蓋井の結では、参加戸数が少なく、またサイダーが安価なことから、結の互酬を市場交換と混同する愚は避けやすいだろう。しかし、AとB二つの重要な財貨、たとえば婚入する女性と彼女に対する花嫁代償（結納）とが循環する大規模な互酬システムを自分のフィールドに見いだす時、人類学徒は、その一場面に贈与と反対給付による同時的な均衡を読み取る混乱を導き入れることはなかっただろうか。

このような思い違いは、なにも人類学徒一人のものではない。今日の資本主義社会で長らく繁栄を謳歌してきた日本の国のすみずみにまで、実は互酬と市場交換の意識的・非意識的な混同が行き渡っていはすまいか。その意識されざる矛盾が、はしなくも自ら露呈して、巨大な政治ドラマにまで自己運動を遂げたのが、かつてのリクルート疑獄ではなかっただろうか。

疑惑を抱かれた政治家、官僚、事業家の全員が、等しく、リクルート社関連株の譲渡を純粋な経済行為であると主張して恥じなかった。だが、リクルートの互酬ゲームでは、その表面的形態がなんであるにせよ、貨幣（＝株券）の贈与（譲渡）は、究極的には貨幣の反対給付に結実するなにものかの贈与によって償われなければならなかったはずである。互酬と市場交換の区分の組織的攪乱《じょうらん》こそが、リクルート疑獄を生んだ日本経済の構造的な背景だったのである。

蓋井島における、サイダーの交換を伴った労働交換である結のシステムは、互酬と市場交換の本質を見定め、区別するうえで、最小規模の最も明快なモデルとなっていて、われわれが自らの姿を写して省みる鏡の役割を果たしてくれるように思われる。

では、蓋井島の結で、提供された加勢労働に対して等価な加勢労働を返せない事態が生じた場合には、不均衡は一体どう処理されるのだろうか。一度もそのようなことが起きていないというのが、私のこの問いになり切れなかった問いに対する、人々の答えにならない答えだった。

なるほど、そうであるに違いない。蓋井島の社会は規模がごく小さく、島の人々が「引きずり、引っ張り」とよく言うように、親類関係が幾重にも輻輳している。こうした閉鎖的な社会では、結関係は、たとえどこかでほころびが生じたとしても、その矛盾が親類関係の中に吸収されてしまい、破綻として認識されにくい。それゆえ、蓋井島には、労働交換の不均衡を金品で補って償おうとする出不足制のような補償制度は存在していない。

3　ニュートンのリンゴと蓋井島のサイダー

とはいえ、前述の私の問いは、理論的には成立可能な問いでもある。われわれは、ここで、ニュートンの逸話に倣えばよいのだ。ニュートンは、彼がその木陰で憩っていたリンゴの木の実が傍らに落下するのを見て、その実が月の高さからも果たして同様に落下するだろうかと自問した。彼は、その結果として、万有引力の法則を発見したのだと伝えられている。

そこで、蓋井島の人々が、およそ一〇キロメートル隔たった対岸部に当たる下関市吉見地区に住む親類や友人や知人と結を形成した場合、果たしてなにが起こり得るかと自問してみよう。地理的な悪条件のゆえ、互酬による義理関係の履行ははるかに困難になり、均衡のほころびはついには出不足制度を要求し、異なるカテゴリーの財やサービスによる代償が求められることになるだろう。

実は、わざわざこんな無理な想定をするまでもない。たとえば、大分県速見地方では、戦後間もないころまで、蓋井島のものよりもずっと大がかりな結のシステムがみられたが、同地方では、大みそかの寄り合いでその年の各家の労働提供の過不足が厳密に考量されて、金銭による精算が行われていた。

では、蓋井島の人々と下関市中心部の商店街の人々との間の結を想定することは可能だろうか。むろん、ますます不可能である。この場合、互いに生業を異にする人々の交渉はその場限りの一回的なものとならざるを得ず、そこで、さまざまなカテゴリーの財やサービスを共約する数量的な等価基準の設定、すなわち貨幣《オカネ》の媒介が不可欠になる。そして、負債はその場で精算される。それゆえ、負債に対する負い目や義理は生じることなく即座に解消され、社会的関係はさらに持続する契機を失ってしまうだろう。

蓋井の人々が確信するとおり、この意味では、蓋井島の結で循環するサイダーは、確かに貨幣《オカネ》ではないといえる。ニュートンの夢想において落下するリンゴの実が宙に浮く月に置き換えられたごとく、閾値を超えたところで一気にサイダーは貨幣《オカネ》へと変身するのである。

■――世界の出合いと貨幣

1 日本人の厚意を苦にする中国人

蓋井島をめぐる仮説に見るとおり、互酬の環が断ち切られるのは、二つの異なる世界が出合う時である。この出合いは、具体的には、異なる世界の中で別々に社会化された個人同士の出会いとして経験されることになる。

私は、大学院時代のほとんどを、大学の院生用の寮で過ごした。その寮は、三〇人余りを収容する小さな、古いけれども尖塔のある洋館風のしゃれた作りの寮で、春秋の二度、定期的に寮生自身が新入寮生を銓衡《せんこう》していた。

どの銓衡時にも、次回の銓衡に余裕を持たせるために満室にすることは避け、必ず二、三室を空室にしておくのがいつの頃からか慣例となっていた。しかし、経済的理由から緊急に入寮したいという希望があった場合に限って、随時、長期滞在者というあいまいな資格で、当面の間居住することを認めていた。その意図は、少しでも経済的負担の軽減に協力しようとすることに尽きる。

長期滞在者は、正規に銓衡された寮生ではないので、寮運営にかかわる煩瑣な義務を何一つ負わされない。寮生は、一般にさまざまな寮務の分担をできることなら免れたい面倒な義務としか感じていなかった。勉学やアルバイトの時間を奪われることが惜しかったのだ。

ところが、中国系の私費留学生は、大抵の場合、この特典に強い違和感を抱いた。香港出身のある留学生（長期滞在者）は、寮務免除の慣行を知らされた時、銓衡委員会の説明を求めることもなく、差別だと一方的に寮長を糾弾して、間もなく民間下宿へ移って行ったほどである。中国系留学生のこのような反発は、寮務免除（という配慮）を思いがけない僥倖《ぎょうこう》として喜ぶ日本人長期滞在者の態度と著しい対照をなして、私に強い印象を与えたのだった。

ところで、一九八八年に一〇カ月を富山県で暮らした機会に、同地のジャーナリズムが、往々類似の話題を提供しているのに気付いた。あるテレビ番組では、大学院で万葉集を研究している中国人留学生が、県下各地の人々がしばしば無料でパーティーに招待してくれることに心苦しさを感じているといい、自分にも応分の負担をさせて欲しいと、柔和に呼びかけていた。また、ある新聞記事に登場した二人の中国人の学部留学生は、同じ要望を、日本人に対する多少の反感を隠さない口調で語っていた。だがその一方で、二人は、同僚の日本人学生や知人からパソコンをただ同然の特別価格で譲り受けたことを誇らし気に語り、そのパソコンとともに写真に納まっているのであった。

これらの事柄は、確かに、日本と中国という二つの異なる世界が出合い、ぶつかり合う文化摩擦という側面を持っているだろう。しかし、それと同時に、日中の文化の差を度外視して、急速に資本主義経済に連接された互酬経済社会一般に生じがちな、互酬と市場交換の接合面の不安定な波立ちとして解釈することもできるのではあるまいか。

最初の不幸な例では、大学院生寮側は、主観的には市場経済場裏での便益を提供しようとする好意的な観点から判断し、中国人私費留学生を長期滞在者として受け入れ、かつ負担の多い寮務を免除したのだった。一方、中国人留学生は、寮務分担という名の互酬的労働交換の環から、自分だけが排除されていると感じていた。彼は、それによって、返済の方途を断たれた負債を背負わされ、永遠の（それゆえに恩と化す）義理を感じ続けなければならなくなると判断し、それを一方的な押しつけと見て反発して、退寮を決意したのだろう。

富山の例では、中国人留学生の互酬に対する違和感と市場交換への親和とが一層対照的に現れている。彼等は、特別の好意からただ同然で買い得たパソコンには、全くこだわりを感じていない。反面、パーティーでは、応分の費用を支払うことによって、互酬が生み出す人間関係の重みから逃げ出したいと望んでいるのである。

もう一度、確認しておこう。互酬とは、贈与によって負債を生み出し、その負債から生じる義理と、義理による返報としての対抗贈与を誘導する「贈与の応酬」をメカニズムとして、社会関係を連瑣的に持続して行くシステムである。これに対して、市場交換とは、貨幣によって数量的な等価基準をあてはめることを通じて、交換当事者の関係を交換の場面限りのものとして、その都度精算して行くシステムである。それゆえ、原則として、市場交換にはいかなる負債も恩義も生じない。たとえば、われわれは安価な物財を提供する営業努力を常日頃怠ら

郵便はがき

料金受取人払

麹町局承認

6248

差出有効期間
平成15年1月
31日まで

1028790

東京都千代田区富士見
二―六―九

雄山閣出版
愛読者カード係行

購読申込書

このはがきを小社刊行図書のご注文にご利用下さい。
より早く、確実にご入手できることと存じます。

書名	(　　)部
書名	(　　)部

ご氏名　　☎

〒
ご住所

ご指定書店名（書店名を必ずご記入ください）	取次	(この欄は小社で記入します)

ご購読ありがとうございました。今後の出版のご案内をさせていただきますので本カードはぜひご投函ください。

書名

⊙本書のご感想および小社の刊行物についてご意見をお寄せください。

ふりがな
お名前

ご住所（〒　　　）　　☎（　　　）　－

E-mail：

ご職業・勤務先（学生の方は学校名・学年）　所属研究団体名　年齢

本書の出版を何でお知りになりましたか
書店で　新聞・雑誌（　　　）の広告で　人にすすめられて　書評・紹介記事をみて　図書目録（内容見本）をみて　その他（　　）

お買上げ書店名（学校・職場の場合は出入りの書店名）　購読新聞　購読雑誌

本書をすすめたい友人・知己の住所・氏名

図書目録
請求します　いりません

ない量販店に対して少しでも恩や義理を感じて、他店の大安売りにでかけることに後ろめたい思い（負い目）を片時でも抱くであろうか。

富山の中国人留学生が、伝えられる局面で求めていたのは、義理の陰が少しも差すことのないあくまでも自由な付き合いであり、その付き合いからなおかつ生まれ得る人間関係であると考えなければならない。彼等は、ともすると互酬に流れがちな日本人との関係に、いつも窮屈さを感じ取っていたのである。

一方、私が一時期を過ごした大学院生寮では、中国人留学生は、日本人学生による互酬の環から不当に排斥されていると思い込んで、疎外感を抱いたと考えられるのである。つまり、両例では中国の人々が相手に求めたものが異なっているのだ。ここには、類似の状況における、事の両面へのこだわりがある。

両方の出来事を合わせて考える時、私たちがそこに見いだすのは、日中の経済観の違いに基づく文化摩擦という以上に、互酬的伝統を持ちながら、急速に資本主義的発展を遂げつつある社会に生きる個々人に等しくかかわる微妙な心理的葛藤である。つまり、そのような状況で、個人が、互酬原理と市場交換原理とをいかに矛盾なく連接し、調整する術を見付け出し得るのかという、より普遍的な問題なのである。

2　互酬を無償と見なす日本人

富山の人々は、純粋な厚意から中国人留学生を親切に取り扱おうと努めていたのであり、何か見返りを期待していたわけではあるまい。しかしながら、それは、あくまでも主観的な判断でしかあり得ない。互酬は、必ず相手に負債を生み出し、義理の感情を誘導せずにはおかないからだ。

富山の人々が、日ごろ、義理や恩を感じることの多い平均的な日本人であるならば、彼等の主観的な無償の行為もまた、必然的に中国人留学生の心の内に義理を作り出してしまう。もっと率直にいえば、果たして、富山の人々は中国人留学生たちにいかなる期待も一切抱いていなかったのであろうか。そうではあるまい。人と付き合うとは、それがどのような形態であるにせよ、何かを相手に期待していることにほかならないからである。日本では、それを期待する心理が抑圧されて、行為者の意識から隠されていることが少なくない。連瑣的な互酬行為の一環である自己の行為だけに狭く目路を限って、それを無償の行為と観念し、そこに徳や愛を発見するというのは、中国を経由して日本に根付き、やがて独自の変成を見た文化のあり方ではなかったか。

人間は、社会的な動物であるという。それは、種としてのヒトが社会なしでは具体としての人間（〇〇人）になれず、それゆえに人間は社会なしでは生きられないということだ。言い換えれば、ヒトならぬ社会存在としての人間とは、生きようとする限りは、共同体や親子関係を初めとする、何がしかの互酬や集中＝再配分の制度と慣行に依存することを免れえない存在であるということでもある。日本人同士が、あるいは外国人が日本人と付き合ううえで覚えざるをえない厄介さとは、日本が互酬に強く依存した社会であることにではなく、むしろ何がしかの互酬に生きる人間存在の不可避的な条件と現実をたじろがずに見据えるまなざしが、日本人の意識から抑圧され、排除されていることにあるだろう。このような心的態度を相互に許し合う日本社会は、甘えを構造化した文化を生み出した。この文化は、厄介であると同時に、一方では、甘美な情緒的機微に彩られた、陰影に富んだ人間関係を導き出したのである。

3　無心できない日本人

欧米の文化は、日本文化とは異なって互酬と市場交換とを厳密に区別して倫理綱領を立て、その綱領を厳格に履行することに徳を見いだそうとする。

互酬性の抑圧を意識の次元で行うか、それとも行為の次元で行うかという点で、日本と欧米の文化は対照的であるけれども、何らかの意味で互酬性を否定的に見る側面をもつことにおいては、両者には、一脈通じ合うところがある。

アフリカの文化、特にその民族文化は、互酬性とのかかわり方について、日本や欧米と際立った対照を示している。アフリカでは、贈与の絶えざる応酬である互酬こそが人間の不可避的な生存条件であると観念され、一切の甘さを排した、いわば命がけのまなざしが透徹しているといってよい。

ところで、北米インディアンの人々の間には、ポトラッチと呼ばれる慣行があったことが知られている。ポトラッチとは、より価値の大きな物財を贈与することを通じて、より大きな負債と負い目を相手に刻印して打ち負かし、社会的な威信をわが手に収めようとする贈与合戦である。互酬による交換とは、ポトラッチの慣行に端的に見られるとおり、同じカテゴリーの財貨またはサービスの贈与の応酬であり、それを巡る闘争関係を絶えず再生産し続けるゲームでもある。

アフリカの諸文化は、人生が結局は互酬による熱い闘争ゲームであることを、少しも人々の意識から隠そうとしていない。人間のこの基本的な条件を熟知し、人生というゲームを仮借なく勝ち抜くことこそが、アフリカでは徳として観念される。勝利は、勝利者の生き方がまっとうであるがゆえに神が与えた恩寵《おんちょう》として、広く社会の承認を受けるのである。

アフリカの社会で、掛け値なしに正式のメンバーとして受け入れられて暮らす第一歩は、なによりも自分自身がその社会の互酬の連鎖にしっかりと組み込まれることである。だが、観察者として、いわば価値中立的であることを旨としている人類学者にとっても、相手を尊重してそれを実行することは必ずしも容易ではない。なかでも、互酬の事実を意識から抑圧し、排除しようとする文化の中で人格形成をした日本人は、他人に物を乞いねだることを不徳と観念しているので、無心することに特に著しい心理的抵抗を感じてしまうのである。

北ケニアの牧畜民であるトゥルカナの人々の間で長年フィールドワークを続けている人類学者、太田至の報告は興味深い。ある日太田は、トゥルカナ人の知人と、別のあるトゥルカナ人の家を訪ねた。やがて、知人に伴われて姿を現したその家の主人は、あいさつ抜きで、いきなり太田に、「お前は一体何が欲しいのかね」と尋ねた。別段何が欲しくて訪れたわけでもない旨返答すると、主人はしばらく怪し気に太田の顔を見入っていたが、そのうちにくるりときびすを返すと、黙って奥に引き込んでしまった。

太田のこの奇妙な経験について、後ほどあるトゥルカナ人の青年が与えた説明は、次のようなものであった。何が欲しいかと尋ねられた時に、何も欲しくないと答えることは、トゥルカナ社会ではとても考えられない。牛でも、山羊でも、牛乳でも、水でもなんでもいいから、ともかく何かを欲しいと答えておくべきだったのだ、と。別に何が欲しいわけでもないという太田の答えは、太田がその相手となんらかの社会関係を作る用意が少しもないことのあからさまな表明として受けとめられてしまったのである（太田至「ニペ（ギブ・ミー）」、米山俊直編『アフリカ人間読本』）。

4　与え合い奪い合う互酬の闘争

アフリカでは、私たち人類学徒は、だれかと友達に、いや知り合いになった瞬間から、間断ない無心に悩まされ続けることになる。友人とは、実は与え合うばかりでなく、奪い合う者でもある。アフリカでは、その事実が少しも人々の意識から隠されてはいない。

アフリカのある民族社会で互酬の関係に入ることは、その社会の成員全員による、与え合い奪い合う、仮借ない互酬のゲームに参加することである。それが闘争ゲームである以上、手練手管を尽くした攻撃に時として非情な戦略が加わることもある。たとえそうだとしても、闘争一般の基準に照らしてみれば、それは必ずしも一方的に非難を受けるべきものではあるまい。

一九八〇年代のある年のことだ。ある晩、私のキプシギス人の調査助手の一人であるキピイェゴンが、彼の兄弟姉妹からオトギ話を採録するために、テープレコーダーを自宅に持ち帰った。ところが、翌朝、そのテープレコーダーは昨晩たまたま彼の家に泊まることになった一人の青年とともに姿を消してしまっていた。

数日後、隣村に住む見るからに温和そうな一人の中年男が私を訪ねて来た。彼は、チェルイヨットと名のり、テープレコーダーを盗んだ青年の親族筋に当たること、また彼の居所を突きとめて、テープレコーダーを取り戻す用意があることを告げた。私の三人の助手たちが、チェルイヨットの社会的信用を私に請け合い、彼の申し出が純粋な好意から出ていると判断すべきだと言った。そこで、私は、チェルイヨットの求めどおりに、かなりの額を路銀として手渡した。その金額は、ンダナイのマーケットの店員の月給を超えていた。

数日を経たころ、チェルイヨットがあちこちの村で土地のトウモロコシビールを飲み回っているという噂を助手たちが耳にした。それからさらに数日後、チェルイヨットが再び私を訪ねて来て、路銀の不足を嘆き、同額ほどの追加を申し入れた。

火事場泥棒まがいのチェルイヨットの図々しい所業は、私ばかりでなく、助手たちにも衝撃であった。ただ、その一方で、ずる賢い老人たちがチェルイヨットのような奸計《かんけい》を用いることがままあると、助手たちが私に説明した。助手のテグートゥォは、慰めるようなまなざしでこう語った。「トオル、お前は、もうどんな物知りの老人にも負けないほど、われわれキプシギスの文化に通暁している。それで、このごろでは、老人たちがトオルを一人前に扱ってやろうかと話し合っているのを往々耳にするんだよ」。

一人前に扱うとはなんの意味だと反問する私の言葉を引き取って、もう一人の助手ルートが、次のような民話を物語ってくれた。

5　真の友情の条件

昔、ある所に、マキゲンとマキンガルという二人の狩人が住んでいた。彼等は共にずる賢く、機智に富んでいた。ある時、マキゲンは剣を、マキンガルは蜂蜜を手に入れたいと思った。

マキゲンは、手元にあった少量の蜂蜜を乾いた土の塊の上に薄く塗りつけ、一方、マキンガルは重い木を削って剣の形にこしらえて革の鞘に収めた。道でバッタリ出合った二人は、すぐに品物を交換して、大喜びで家路についた。

マキンガルは、家に帰り着くと、早速好物の蜂蜜を食べようと家族を呼び集めた。まず彼が蜂蜜の一塊をつかみ取ってみると、それは乾いた土の塊だった。マキンガルは、大声をあげて「マキゲンのやつめ、ワシが木造りの剣で蜂蜜を巻き上げようとしておったことに気付いていやがったんだな」と笑った。

一方、マキゲンが家に帰って、満足気に剣を鞘から引き抜くと、剣は重い木で出来ているではないか。マキゲンは、呵々《かか》大笑して言った。「マキンガルのやつめ、オレがにせの蜂蜜で剣をくすねようとしていたのに気付いて居おったわい」。

翌日、マキゲンとマキンガルは、藪で狩りをしている時にでバッタリ出くわした。二人は、親しくあいさつを交わして、一緒に狩りをすることにした。マキゲンが先頭に立って、とある藪に入って行った。マキゲンは、一頭の野牛を見付けると、マキンガルを手で招き寄せた。マキンガルは、性急に走り寄る前に、「あいつは、こっちに狙いを付けているのかい？　それとも、あっちかい？」と鷹揚に尋ねた。マキゲンがマキンガルを野牛の角に架けてやろうとしていることを見抜いていたのである。

今度は、マキンガルが先頭に立って進んで行った。マキンガルは、木のウロに蜂たちが群れているのを見付けると、その木によじ登って、そのウロに徐《おもむろ》に手を滑り込ませた。彼は、手が蛇のひんやりと冷たい肌に触れるのを感じた瞬間、静かに手を引き抜いた。それから、彼を見上げているマキゲンに向かって、大量の蜂蜜を発見したから急いで登って来いと命じた。するとマキゲンは、「その蜂蜜は、真っ直ぐかね？　それとももとぐろを巻いているのかね？」と尋ねた。

この時以来、二人は、無二の親友として生涯を送った。

マキゲンの名も、マキンガルの名も、共に「だまされない者」を意味する。そして二つの名は韻を踏んでいて、いわば、似た者同士の意であろうか。

この物語は、人生とは詰まるところ似た者同士による互酬の闘争ゲームである、といっているのだ。真の友情は、与え合い、かつ奪い合わなければ生きて行けないという、人間の生存条件を直視してたじろがず、生涯を闘達に生き抜いた好敵手同士の間でこそ築き得るものだ。人生は、往々過酷なものだが、命がけの知的ゲームを通じて形づくられた男同士の共感と友情があればこそ、この世界がそこに生きるに足る人生の舞台たり得ているのだ。この物語は、そのようなキプシギスの男たちの人生観を我々に語りかけているように思われる。
今や、われわれは、本稿の冒頭に登場したキプシギス人の老人のエピソードを、はるかに深く理解できる地点に立っているはずだ。彼は、一枚の一シリング硬貨を、まだ生き残っている同年齢組員に手渡してすぐまた帰って行くためだけに、生命のわずかな残り火をかき立てるかのごとく、延々と炎暑のサバンナの道を一日歩き続けたのだった。この場面が、生涯をかけた互酬交換による闘争ゲームの一場面であったことは、今や、われわれの目には明らかなことであろう。何かを与えることは、次には相手から何かを引き出すことでもあるのだから。しかしながら、それはまた、そのまま、まがうことのない真の友情をめぐるゲームでもあるのだ。

6　オトギ話の世界

チェルイヨット事件以来、私の心は随分軽くなった。助手たちが教えてくれたキプシギスの知恵によって、私もそれなりに互酬のゲームを楽しめるようになっていたからである。それは、たとえば、こうである。

ある日、「ヤア、トオル君今日は。君の友達のマイクルだよ」と、携帯ラジオを小わきにかかえた青年が訪ねて来ました。マイクルは、昨日トオル君が市場で買い物をしている時に話しかけて挨拶を求めたばかりの青年でした。

マイクルは、念入りに挨拶をしてから、ふと気付いたように彼のラジオのスイッチを入れました。マイクルは、「ところで、トオル君。君の友達のラジオは電池が切れかかっているらしいんだ。ひょっとして、その机の上の乾電池は余っていないだろうね」と尋ねました。トオル君は、日本からはるばる携えて来た大切な高性能乾電池を四本も、友達のマイクルにあげたのでした。

その翌日、「ヤア、トオル君今日は。君の親友のマイクルのイトコのサミュエルだよ」と、マイクルのものにそっくりな携帯ラジオを小わきにかかえた、見知らぬ青年が訪ねて来ました。

サミュエルは、念入りに挨拶をしてから、ふと気付いたようにラジオのスイッチを入れました。サミュエルは、「ところでトオル君。君の親友のイトコのラジオは、電池が切れかかっているらしいんだ。ひょっとして、その机の上の乾電池は余っていないだろうね」と尋ねました。トオル君は、日本からはるばる携えて来た大切な高性能乾電池を四本もサミュエルにあげたのでした。でもトオル君は、今日はほほえんでいました。昨日から、机の上には使用済みの乾電池だけを並べておくことにしたからなのです。

それはまるで、トリックスターのウサギやクモやハイエナが大活躍をする、アフリカのオトギ話の世界であった。

■——貨幣との出合い

異なる二つの世界が出合う時ばかりでなく、一人の人物が二つの世界の狭間に生きなければならない時にも、互酬（ないしは再配分）と市場交換という異なるゲームをいかに巧みに連接するかという難問が、同様に振りかかってくる。

1 自動車か花嫁代償（結納）の牛か

アフリカの大衆誌『ドラム』のケニア版のある号に、次のような趣旨のエピソードが紹介されていた。

東アフリカの大都会ナイロビに住む働き者のジェームズは、爪に火をともすようにして蓄えた小金と、知人や親族を拝み倒した借金とをはたいて、中古の小型乗用車を手にいれた。この街では、車さえあれば、ジェームズのようにもてない男でも恋人ができるからだ。案にたがわず、ジェームズも同郷の娘エレンと恋に落ちた。二人がいよいよ結婚を決意した時、ジェームズは、エレンの父親に九頭の牛を花嫁代償（結納）として支払わなければならなかった。これ以上借金できるあてもないジェームズは、仕方なく車を売り払って九頭の牛を買った。ところが、あろうことか、それを知ったエレンは、車を持つ他の男のもとへと走ったのである。

かつて、キッシンジャーが、アフリカの大地に咲いたヨーロッパの花とたたえた近代都市に生きる若者たちもまた、女性と牛とを同時的に逆方向に循環させながらつむぎ上げられている、民族の互酬の世界にしっかりと繋ぎ止められているのである。

2 貨幣の魅力と貨幣の恐怖

互酬の世界に生きる人々にとっても、市場交換によってもたらされる新たな財貨とサービスは、途方もなく魅力的なものだ。貨幣は、彼らを魅了する。数年前、ケニアでは、タンザニアからの出稼ぎバンドであるシンバ・ワ・ニカ（「荒野のライオン」）が歌う『シリンギ』が大ヒットした。東アフリカ三国の基幹通貨シリングを表すスワヒリ語を表題とするこの歌は、こう歌われている。

今は恋愛もお金がかかる。生まれたばっかりの赤ん坊もシリンギ・コインの落ちる音は初めから知っている。シリンギは心を洗う石鹸《せっけん》のようなものだ。シリンギはあなたの心をきれいにしてくれる。あー、昔はそうじゃなかったのに。……シリンギというものはすごく甘い、良いものだ。だからお前もシリンギ（硬貨）を馬鹿《ばか》にしちゃいけないよ。……シリンギは人を殺すことができる。しかし、花と一緒で人を喜ばせることもできる。

（八木繁実訳、『ミュージック・マガジン』一九八五年四月号）

『シリンギ』は、一シリング硬貨をたたえる歌だ。だが一方では、一シリング硬貨はいわれない疑念と恐怖の対象ともなり得る。

東アフリカでは、時々、見知らぬ老人に「ワシは老人であるぞ」と呼びとめられて、一シリングを無心されることがある。伝統的に、祖霊を信仰の中心とし、老人政治《ジェロントクラシー》を行ってきた民族社会では、人は年を取れば取るだけ祖霊に近い存在になり、呪いの力もそれに連れて強くなると信じられてきた。体力の衰えを神秘力の増加で償うことで晩年の尊厳を維持する、民族の知恵でもあるだろう。いずれにせよ、老人は、自ら老人であることをことさらに告げる。こうして、もし自分の要求に同意しない不敬な者がいれば呪ってやるぞと脅しをかけて、無心しているのである。

ところが、私が一九八六年から一九八七年にかけて、フィールドワークを行った西ケニアのテリック人とティリキの人の間では、老人たちによる一シリングの無心を拒む若者たちが次第に多くなっていた。若者たちは、老人が無心した一シリング硬貨を使って、その持ち主だった者に邪術をかけるのだと主張した。私はさらに、私の身近な幾人かの人々がこの邪術をかけられたがゆえに実際に失職したのだと説明された。

テリック人やティリキ人にとって、シリング硬貨は必ずしも「甘い良い物」とは限らない。このごろでは、だから、道ばたに落ちている一シリング硬貨を拾うことをためらう若者が多い。というのは、そんな硬貨には必ずや邪術が仕かけられていると信じているからである。

この現象は、若者たちが邪術の観念を援用することで、呪いの神秘力に代表される老人政治に対抗しようとしているのだと解釈できる。それと同時に、互酬の伝統に生きて来た人々が、貨幣という「甘い良い物」と一緒に、密かに不実が人間関係に忍び込もうとしていることを直観し、告発しようとしているのである。

ここで、蓋井島の結の仮説をもう一度思い出してみよう。最寄りの対岸の人々との間の結を仮定すれば、出不足という不実（つまり負債）は、やがて現金で計量されて精算されよう。しかし一方、さらに遠く、且つ生業がまったく異なる下関の商店街の人々との間には結は成立しえず、彼らとの交渉はすべてが市場交換、即ちその場でのカネによる負債の精算へと解消されることになるだろう。

いわばこれと同様に、テリックやティリキの人々は、不実が貨幣《カネ》に姿をやつして忍び入ろうとしているのを感じ取っている。そして彼等は、その不実の侵入を一シリング硬貨を用いた邪術のイメージでとらえたのだ。この邪術は、ちっぽけな一シリング硬貨で人を釣って、その人の仕事、即ち生計の資を奪い去る恐ろしいものなのである。

3 初めて拾った十円玉

それは、数え年で五つになった頃だったろうか。家の近くの路上で、私は生まれて初めて一枚の十円玉を拾った。差し出された十円玉を見て、父は、何か不意討ちを食ったように見えた。父は、一応私の届け出を褒めた後、念入りに拾った状況を説明させ、その十円玉を交番に届けて落とし主を探索してもらうので、しばらく預かっておくと言い渡した。

翌日、父は私を自転車にのせて、長い坂の見付けにある高岡大仏へ連れて行った。大仏さまと市民に呼び親しまれているのは、地上から約一三メートルも高さのある露座の阿弥陀仏坐像であり、それは鋳物と商業に生きる高岡市民が心血を注いで作り上げたものであった。生まれてはじめて温顔の優しい大仏さまの前に連れて来られた時、私は、すでに度肝を抜かれてすくみ上がっていた。父は、まるで私の様子に気付かぬふうで、私の手を引いて巨像の胎内に入っていった。

コンクリート製の台座は、天井の低いドーナツ型の回廊になっていて、回廊両側の壁面には、仏教の戒めを説く日本画がかけ連ねられていた。父は、幾葉かの地獄絵の前に来る度に、だれもがいずれは死を免れないこと、うそつきは地獄へ落ちて閻魔大王に舌を抜き取られること、罪人は地獄では再び死ぬことがなく、永久に責めさいなまれることを説いた。私は、心も大地も底が抜けてしまったごとき恐怖に圧倒され、泣くことさえ思い付かずに縮み上がっていた。耳の深い奥底で、かすかにジーンと鳴っているなにかの振動。それが、その時の私の全存在であった。

高岡は、一九八九年にまっ先に市制施行百周年を迎えた三八都市のなかでも、発足当時は最小規模の都市であり、また町人がいわば独力で繁栄を築いた唯一の都市であるという特異な存在である。ちなみに、他の三一都市は城下町、残る六都市は開港場であった。父は、小なりといえども高岡商人のはしくれだった。後に知ったのだが、わが家の奇妙な姓も、この町の開町当時の町立にちなむ屋号が変ったものである。そして、今の青銅の鋳造仏以前にも、江戸中期から木造の大仏があり、高岡大仏は長く高岡の人々の精神的支柱であり続けたのである。

父は、私がどこかで初めて十円玉を拾ったと知った時、私と父との間に、何かしら不実なものが忍び込もうとしているのを感じ取っていたに違いない。それだからこそ、高岡商人の長男として、やがては店を手伝いながら成長して行くであろう私に、いち早く商人のモラルを骨の髄までたたき込んでおかなければならないと悟ったのだと思う。

私が拾った十円玉は、経緯がなんであれ、いわば私が生まれて初めて自力で稼ぎ出した収入であった。その十円玉を差し出されるまで、父は私に私が必要とする一切の財貨とサービスを提供し続けて来た。私ばかりではない、母も弟も祖母も、家族のだれしもが、必要とする財貨とサービスのすべてを父に依存していた。もちろん、母は家事や育児の傍ら、忙しく家業を手伝っていたけれども、市場経済においては、母の働きのすべては、剰余を生み出さない非生産的労働、ないしはシャドー・ワークでしかないのである。これは、父の世帯において、すべての財貨とサービスが父という頂点に一旦集約されてから、やがて家族各員に分け与えられる集中＝再配分システムである。私は、このシステムの中では、永遠に返しようのない恩を父に負い続けることになっていた。

だが、私が一枚の十円玉を路上で拾って父の世界にもたらしたその時に、このシステムには、ごくごくかすかだけれども、間違いなく一つの亀裂が初めて走り、父と私との関係にも確かに変化が兆したのである。父は、商人の独特の嗅覚で、正体を知らぬまま、この変化を漠然とではあるがかぎつけたのだ。

ロックフェラー家では、子弟には、小遣いやプレゼントとして手に入れた金額はその半分を自分自身の将来に備えて、残る半分を慈善の資金として貯金しておく教育を施すと伝え聞く。この教育はロックフェラー家の集中＝再配分システムの中で育まれて来た同家の子弟の心に、市場交換システムを適切に連接するべく、同家が代々受け継いで来た知恵であるに違いない。

北陸の小さな町の一介の商人であった父は、私が初めて十円玉を拾って来た時に、家庭の集中＝再配分システムに生きて来た息子の心の中で、いかに市場交換のシステムとの接合を望ましい形にし得るか、突然、自らの知恵をひねり出さなければならなくなったのである。

■――それぞれの連接を求めて

互酬の世界が、市場交換の世界に連接される時、その連接の平面には、絶えず風濤《ふうとう》が立ち騒ぐものである。だが、一人一人の人々は、身を挺《てい》してその風濤を鎮め、心の平静を求めずにはいられない。この時、その連接の平面には、優しい波がたゆたうことになるのである。

文化人類学者である故原子令三は、かつてコンゴのイトゥリの森を調査した時に、一人のムブティ・ピグミーの独身の老人アポロを荷物運搬人として雇ったことがあると、私に語った。とある小さなマーケットにたどり着いて、原子はそれまでの給金を老人に支払った。すると老人は、そのマーケットで手に入るあらゆる種類の食品を一通り買い集め、時間をかけてとうとう皆平らげてしまった。老人は、その夜、平らげた食べ物を間断無く吐き戻しつつ下痢を繰り返した。原子は、アポロの介抱を続けながら、つくづく、こんなにも素晴らしい金の使い方もあるのだと感心していた。

だが、それ以来、原子は、金の使い道もない不便な所でだけ給金を支払ってやった。老人は、給金を親族や知人にプレゼントとして分け与えるしかなかった。それでも老人は、ずっと原子の仕事をやめようとしなかった。民族社会では、独身者の地位は極めて低い。しかし、その老人は、原子の支払う賃金を人々に分け与えることで

田舎の道端でわずかな野菜を売る女性たち（キプシギス）

何がしかの威信を獲得した。原子の仕事を続けたのはそのせいだったろう、と原子は言った。だがその老人は、原子という、人を引きつけてやまない文化人類学者と行を共にできることに無上の喜びを見いだしていたのだと、私は信じている。後年、原子が老人を訪ねた時、彼はもうこの世の人ではなかったという。

私は、毎週金曜日、市が立つ日に、ンダナイへ買い出しに行くのが楽しみだった。ただ、その日に何かの約束があって気ぜわしく買い物をした時など、しばしばキプシギス人やグシイ人のマーケット・ママたちにとがめられたものだ。少しは値切ってみるものだよ、ときまって彼女たちは言う。せっかちな私は、ママたちにおまけをさせてあげる優しさを、ついつい忘れがちになる。まけることで、ママたちは私に小さな貸しを作る。さすれば、次の出会いの折には、堂々と売り込めようというものだ。そこに、売り手と買い手の間で話の弾むきっかけが生まれる。マーケットは、こうしてにぎやかな「談興の時」の楽しみと喜びを生み出すのだ。

ティリキのカイモシの並木道の木陰では、毎日一〇人ほどのママたちが、一列に足を投げ出して、皆申し合わせたように、二〜三房のバナナと何個かのアボカドを売っていた。アボカドは、私の好物である。なかでも、ナイロビのレストランで出されるアボカドのスープは、たとえようもなくおいしい。いつか、日本に帰って、果物屋で手に入る皮の黒いアボカドでスープを作ってみたら、苦さが舌にひどく絡みついてきたことがあった。

カイモシのアボカドには、皮が緑色のものと黒色のものとがある。大きさは変わらないから、皮の色の違いは、成熟度の差によるのではないらしいと思った。では、私の失敗は、日本で買える表皮の黒い種類を用いたゆえであったろうか。

私は、ある日ふとその事を思い出して、なじみのママに両者の違いは何かと尋ねてみた。答えは、私の意表をついて見事なものだった。「ハハハ、どこにも違いなんてないんだよ。皮の色が、ほんのちょっと違うだけ。私とあんたのようにね」。

ところで、消費税が施行された時に小売価格に転嫁し切れなかったのは、決まって、横町の商店街の小さな店のオヤジさんやオカミさんたちだった。彼等の心の中では、一時、経済システムの連接を巡って激しい波浪が荒れ、そして今、その連接面には優しい小波が静かに打ち寄せていることだろう。

資本主義の功を挙げるとすれば、それは世界を一つにしたことであり、その罪を語れば、それは世界を一つにしてしまったことである。この世界の中で、なお人々がそれぞれの顔をもって生きているとすれば、それはその一人一人が、互酬交換（ないしは集中＝再配分）と市場交換をそれぞれの仕方で丹念に連接する営みを今も手放さないでいるからだ。

3 「不純にして健全な……」
タイ仏教徒社会におけるカネと功徳

林　行夫

■——市場経済社会での「隠遁」

「愛こそすべて」(All you need is love) と夢想しながら、「カネがほしい」(Money, that what I want) とうめくのが現代の人と社会である。わたしたちは、働いて得たカネで腹を満たし、衣服を求め、家賃を払う。世界を広げるというインターネットでカネを消費する。カネは、モノ、情報そして人をも消費財とする。カネという人類の発明品は、地球上にあった多様な暮らしをのみこみ、どこでも似たような消費行動や考え方をうんでいる。複雑な金融システムをしらなくても、わたしたちは欲しいものの大半がカネで入手できること、いざという時に備えて貯めておくべきものであることを心得るし、保蔵するカネの多寡を人の価値を計る尺度にもしている。つまり、交換、支払、保蔵の手段を担うカネに全面依存して、今日の市場経済社会を第二の自然環境のようにして生きている。このような世界の住人にとって、カネと縁のない暮らしや人生を想像することはむずかしい。狩猟採集民や自給自足の生活を維持してきた人びとも、グローバルな市場経済というシステムに抗うことは困難である。

しかし、典型的な市場経済社会にありながら、隠遁の生活を送る制度を維持する国がある。たとえば、国民の九割が仏教徒であるタイ国である。

タイ国には、華人社会やヴェトナム系の大乗仏教もあるが、都市および地方農村のすみずみにまでおよんでいる仏教はパーリ聖典を伝えるスリランカ系の上座仏教（小乗仏教）である。隣接国のミャンマー、ラオス、カンボジアと同様、この仏教は戒律と出家を特徴とする。戒律を得て出家すれば、戸籍は抜かれて選挙権を失う。同時に納税や徴兵などの社会的義務も免れる。働かず、托鉢などの乞食《こつじき》に頼る修行生活を送る。タイ人は、国王から農民まで、男子なら生涯に一度は出家生活を送ることを暮らしと人生の慣習としてきた。信仰の自由を認める現行憲法も「タイ国王は仏教徒でなければならない」と明記し、出家主義の仏教を擁護する。仏教徒の証とは、自ら出家することのほかに、出家者の活動を支える布施行にある。女性には出家が許されていないが、息子を出家させ、僧侶の日々の托鉢に応じるほか、在家戒の実践は在家男性以上に熱心である。すなわち、僧俗、老若男女が、それぞれの人生、暮らしの一部として仏教を生きている。

では、自ら労働しないことを認める仏教に帰依する僧侶と俗人信徒は、今日のタイ国にあってどのようにカネと折り合いをつけて暮らすのであろうか。この問題を考えるには、システムとしての制度理念と、人の判断が紡でいる実践とを区別する必要がある。

頭髪を剃り黄衣をまとう上座仏教の僧侶は、流浪の世捨人にみえるが、戒を授ける先輩僧（授戒師）との関係をもち、長老をおくサンガという僧侶集団の一員である。タイにはかつて各地に地方ごとのサンガがあったが、二十世紀初頭以来、国家が法制度的に一元化している。ただし、制度上サンガを管轄する教育省宗務局は、サンガにたいして法的拘束力をもたない。出家者は、サンガの掟ともいうべき戒と律を自らに課しているので、建前上、世俗権力から自律している。他方で、寺院の造営、僧侶の日々の糧は、在家者の支援に頼る。僧侶は、自身と組織の「身体」を維持するため、国王をはじめとする王室や一般在家者からの経済的援助を得てきた。自律した出家仏教の存続は、逆説的ながら、世俗社会に依存する。施主への全面依存というこの側面が、サンガの世俗社会への対応を方向づける。サンガは、健全な成年男子なら誰でも受け入れるのみならず、個人の意志でいつでも還《げん》俗《ぞく》を許す集団であり、一つの寺院に多様な経歴を持つ僧侶が暮らしている。したがってこの制度は、世俗秩序の周縁にあって、世俗に寄生する格好の隠れ蓑ともなる。過去、クーデターに失敗した軍人や、官憲の取り調べを避ける政財界の大物が出家して寺に籠もったのもその例である。こうした行動は、懺悔、悔い改めのパフォーマンスである以上に、サンガと僧侶という身分が世俗権力の追及の手を逃れる方便としても常用されてきたことをものがたる。

■―――僧侶と醜聞

時代を超えて、問題児ならぬ問題僧は存在する。タイのサンガは、世俗最大の仏教擁護者である王権による「清浄」化を何度も経験した。十七世紀にタイ(当時はアユタヤ)へのフランス大使派遣使節団に参加したイエズス会士ギー・タシャールは、ルイ一四世に捧げた報告のなかで次のように記している。

「[タイ国の]国王が昨今、仏教の僧侶たちに下される御命令を拝見していますと、陛下はそれほど仏教を尊重されておらず、従ってそのお心は真の信仰［キリスト教のこと］に遠からぬところにおありと存じます。何故なら、この一年間、パゴダ［寺院のこと］から無知な輩を追放されたのみならず、現在は兵役に適した者共をそこから徴用する方針を定められたからです。この法の適用を免れるのは、今のところパゴダの高僧たちだけなのです。」（ショワジ・タシャール『シャム旅行記』〔鈴木康司ほか訳〕岩波書店）

タシャールが訪れた当時、アユタヤ王朝は政変やナライ王の病没で混乱していたが、このような記述は、出家者の今日まで変わらぬ現実を映している。さらに、修行に励まない堕落した僧侶を兵役にとるという荒療治は、生々しい現実を前に、法灯を正しく継承させるために「正法王」が果たすべき模範的な行動であり、このような王権による示威的な介入は次十八世紀末に現バンコク王朝が創始されて後も継続する（石井米雄「ラタナコーシン朝初頭における王権とサンガ」〔『東南アジア研究』一二巻三号〕）。

現代では、マス＝メディアが僧侶の醜聞を糾弾する。忘れた頃に必ずといってよいほど話題になる醜聞は、いずれもサンガ追放の大罪となるセックスとカネが絡んでいる。メディアは、あるべき修行者の姿と「汚れた」現実との落差を興味本位で描いてきたのであるが、一九九四年から九五年にかけての、二人の高僧の相次ぐ事件は、その論調に新しい方向を加えた。事件のなかみは、従来同様姦淫ないし強姦容疑であった。一方は流麗な説法で海外でも知られていた僧侶、他方は、社会福祉活動に貢献していた僧侶で、いずれも特定の熱狂的な在家信徒をもっていた。前者は米国に亡命、後者は強制還俗という結果になったが、おりしもタイはバブル経済の最盛期にあったことから、メディア上の論説は、信徒から多額の布施を得て金満家となりがちな個人僧への批判一色となった。

つまり、説法や呪具で多数の信徒を抱える僧侶は、布施もまた莫大であり、さらにそのことがカリスマ性を増幅させる。メディアは、こうした僧侶は「商業仏教」に帰依する「黄衣のビジネス」の実践者であると痛罵した。

さらに、僧俗を含めてこのような仏教実践を「無知蒙昧な民衆仏教」と総称し、仏教理解の程度が低い呪物崇拝と変わらないと揶揄した。「俗人が特定の僧侶に帰依するのは誤りで、仏法が帰依の対象とされるべきだ」「清浄なる僧侶の不在」そして「タイにおける真正なる仏教のあり方」を説く知識人の議論が連日掲載されるようになった。

興味本位の醜聞事件を除けば、一九六〇年代から八〇年代にかけても、僧侶の政治との関わりや既存のサンガを逸脱する原理主義的、カルト的な仏教運動の是非をめぐる知識人の議論はあった。しかし、それらはいずれも政治やイデオロギーに関わるものであった。バブル経済下のメディアによる仏教批判は、人びとが自明のものとしてきた実践そのものを客体化した点で、従来のものとは異なっている（林行夫「現代タイ国における仏教の諸相——制度と実践の狭間で」〔総合研究開発機構〈NIRA〉中牧弘允共編『現代世界と宗教』国際書院〕）。

メディアは、著名な知識人がとる論法に倣って、僧侶の堕落をグローバルな社会変化に対応できないサンガ、無知な実践を続ける民衆、というわかりやすい批判の対象をたてて、望ましい仏教実践を説いた。しかし、巧みにカネを運用して私利私欲を肥やす「商業仏教」僧の事件は、その後もたて続けにあばかれる。そして、実現はしなかったが、一九九七年の憲法改正時、今世紀最後のサンガの浄化とばかりに、僧侶の「乱れ」を解決する方法として仏教を国教とすることを明記せよという議論がでた。最近では、宗務局が僧侶の日常行動を監視するシステムを提出している。これは、バンコクとチェンマイの都市寺院を対象に、僧侶から二〇〇人の志願者を募って戒と律が正しく遵守されているかどうか監視するというもので、監視団には、在家信徒を欺いたり、布施を着服する僧侶の身柄を拘束する権限などを与える。宗務局長は「律を犯す者がいても法的措置が執られることは希であり、破戒僧が罪を問われないケースが少なくない」として、戒律を破った僧侶に厳格な措置をとるよう、寺院の監督僧（住職）に呼びかけている。

実践仏教の現実の前では、こうした臭い物に蓋式の制度論的解決は、ある意味で展望がない。世俗権力はサンガの粛正をとおして、清浄な伝統的仏教という理想化された虚構を掲げるが、そのことは逆に、世俗社会を秩序づける力が仏教を多様化させるという現実をこそ示している。事実、ブッダ入滅後一〇〇年を経た時期に、金銀を布施として受けることは戒律に反しない等の十事を契機に、世にいう「根本分裂」、すなわち厳格に古来の戒律を遵守しようとする上座部と世俗社会の変化にたいして寛容に対応しようとする大衆部との二派分裂がおこった。タイ仏教は前者の系譜をひくが、世俗とどう折り合いをつけるかという「判断」は、それぞれの風土と暮らしのなかで、多種多様な実践を育んできている。たとえば、修行者の財物に関する禁戒がある。上座仏教の僧侶は、法衣や鉄鉢などの八つ道具以外は、財物の所有、蓄財や財物交換は厳禁であった。しかし、タイ仏教においては事実上、容認されている。すなわち、施主が特別に特定の個人僧に布施をする場合、僧侶は還俗後それを自分の財とすることができる。そして還俗前にも、そのカネはさまざまに運用されている。これは戒律違反とはみなされていない。右の禁戒は、タイ仏教においては事実上容認されている。

現代の僧侶が獲得できるものには、教理教学的な知識、教員採用資格試験の条件のほか、人間関係（人脈）もある。とくに在家者との関係においては、思わぬ大金が還俗後にまいこむことがある。僧侶を八年間経験したわたしの友人は、出家中にそのようなパトロンとなるような人物を得て、還俗後豪奢な高層マンションの一室を無料で貸与された。そして、こうしたことはやましいことであるどころか、人徳としてたたえられている。もちろん、寺院を支える施主の寄進を拠り所に、多彩な経済活動に手を染める契機がそこにも生じる。表向きの制度的規範と日々の実践は、そこで大きな落差を示している。

また、多くの俗人は、サンガそのものにたいする帰依よりも、目の前の生身の僧侶を選ぶ。書かれたものよりも、声色や語り方をはじめとする所作などから、清廉で霊験あらたかなる僧侶だという判断をする。あるいは、そういう資質をもつと評判になっている僧侶にたいして帰依する。これは、持戒の態度が基本的に個人の意志に委ねられている上座仏教徒の一般信徒にとっては当然のことでもある。

ところで、メディア上でタイ仏教批判を繰り返した論客は、いずれも「あるべき」タイ仏教の姿を説く知識人であった。その多くが華人社会出身者で、自ら出家経験をもたない。現実の実践についての彼らの認識の欠如には、驚くべきものがある。しかし、望ましい仏教徒の姿をうたいながら、仏教と世俗の癒着、拝金主義の関係を論理的に批判するのである。学生ならまだしも、地方農村で自ら出家経験をもつ住民の多くは、その論調にほとんど無関心である。それは、無知によるのではなく、批判の土俵が、人びとが経験する現実とはかけはなれているからである。知的エリートと正反対の立場をとれば、制度の隙間にあるサンガは、現在進行形の社会を相対化するという意味で、健全でさえある宗教的空間をなしており、知識人が啓蒙したがる「非都会人《いなかもの》（コン・バーンノーク）」の「無知」は、表象を弄び幾重にも罠をしかける権力者にたいする安全弁ともなっている。

僧侶やカネというモノは、一方で市場経済システムにのりながらも、その一元的な論理とは異質な根をもつローカルな実践を展開させている。タイの知識人がとる善し悪しの評価規準をいったん捨てて、生きている現実に眼をむけることにしよう。

■──仏教徒社会とカネの位相

タイ人仏教徒にとってのカネとはなんであろうか。このことを、カネそれ自体をめぐる本質論的な議論ではなく、これを記述するわたしとの関係のなかで浮き彫りにしてみたい。

海外での臨地調査環境では、カネの存在を思わぬかたちで経験する。わたしにはタイ国は第二の故郷のようになっているが、宗教儀礼でカネが果たす役割に驚いた。中部タイ・パトゥンタニー県のモーン人の集落に泊めてもらい、得度式に参加したときのことである。前日に、出家する直前の若者の身体に宿るとされる魂を強化する儀礼がおこなわれる。民間バラモンの祝詞につづき、参会者が僧侶になるその若者の手首に次々と木綿糸をまきつけるのだが、彼の右の手には、うで卵一つとモンキーバナナ一本にまじって何枚かのコインや紙幣が握られていた。カネと食べ物という異様なとりあわせだが、いあわせた人は、そのどれもが生命力を強めるものと教えてくれた。この儀礼は、得度式のほかに結婚式、快気祝いにもつきもので、他地方でも広くおこなわれている。モチ米を主食とする東北タイでは、掌のなかに一口大に丸められたこわ飯とともに、やはりバナナとカネが握られていた。

また、同じ東北タイでは、臨終直後の遺体の両手に握らせるばかりではなく、詰め込められるだけの大量のコインを口のなかに入れる。三途の川をわたるときの料金という、日本の落語にあるような説明を耳にする。また、紙幣に限られるものに、銀花樹とよばれる「カネ・ツリー」がある。木の葉にみたてて小枝に紙幣をはめこんでゆくと、カネが鈴なりになった樹のようになる。これを寺院に奉納する。さらにまた、紙幣をびっしり並べた供養のための旗もつくる。これは、寺院の仏堂や講堂の天井からぶらさげられる。

つまり、タイのどの地方でも生と死の儀礼にはカネがつきまとう。財産相続の際に、老親を扶養した子供世帯には、「火葬代」とよばれる田圃や不動産を他の子供世帯より余分に与える。儀礼道具としてのカネが定着した時期はわからないが、いずれも、汚れたものではなく、逆に福徳のシンボルのように使われている。したがって、儀礼はカネ抜きには考えられない。年中行事化した仏教儀礼では、布施といえばカネをさしだす。組織的な活動をするところでは、「わが村の寺院の修復資金が不足している、どうか功徳を積んでいただきたい」と記したチラシを作り、寄金を入れてもらう封筒を大量に配布する。バンコクや首都近郊の沿道を飾る看板には、かなりの距離にわたって儀礼への参加と布施を懇請するメッセージを儀礼の開催日時とともに伝えるものが並ぶ。同様のことが、地方農村でもみられる。また、都市で働く同郷出身者や知人のネットワークをたよって、でかけたこともない集落の寺院の修復や建設に寄付することを請け負う人びとも数多くいる。

僧侶を支える側の俗人の暮らしでは、カネの存在感はますます大きなものになっている。タイ経済がバブル期にあった頃、東北タイの一農村のわたしのおやじさんは教え諭すようにいった。「息子よ、人が安楽にくらすのも、貧困にあえぐのも、カネという『精霊』次第だ。精霊と同様、カネは時に人を狂わせもする」。タイでは、正しく供物を与えれば精霊はきちんと人びとの暮らしを守ってくれ、そうでなければ人にとりついて病を引き起こすと語られる。しかし、おやじさんの村では精霊を守護者と崇める儀礼を放棄して半世紀近くたっていた。すでに六〇代になっていたおやじさんにすれば、暮らしを便利にしてくれたカネは、かつての精霊のように、人びとを攪乱するやっかいな存在になっている。

■――互酬的関係と「ケチ」

ところで、他者が生きている日常的な文化を研究しようとする者は、そこに住み込んで、子供のように育てられてゆく経験をする。他者は、論文では観察対象として描かれるが、現場ではその逆のことがおこる。すなわち、招かれざる研究者は、よそ者として人びとの観察対象となる。そのまなざしに慣れるまで、研究者の心身の何かが機能不全をおこす。その苦痛は、身体に埋め込まれていた自文化が首をもたげることによるものだ。このような経験は文化衝撃《カルチャーショック》というが、よそ者は人びとのまなざしに焼かれて自分を解体しながら、同時にその関係のなかで癒されながら、他者のふところの中で生きる。言葉が通じるようになると、尋ねるより、逆に質問責めにあう。ではおまえのところは、どんなふうだい、という具合である。研究者は、そのようなやりとりのなかで一見平凡な「暮らし」というものの複雑さ、圧倒的な比重の重さを経験し、同じ仲間として「値踏み」もされながら人びととの相互関係を築いていく。相手を理解しようと苦しみ、こちらを理解してもらうことに悩む。

初めて一年を過ごした東北タイの一農村で、わたしは村の住民とカネについて、理解と誤解そして曲解が混じったような態度をとり、苦い経験をくりかえした。

病身の老婆に風邪薬をあげたことがきっかけで、その甥がカネを無心しにきた。わたしは、モノで余裕があるものなら、と答えると、では薬をくれという。どこが悪いのかときくと、それを売ってカネにするから何でもいいという。薬はそのためにおいているのではない、必要な時に困るではないかと断った。すると、数日もしないうちに「あいつはもっているくせに与えようとしない『ケチ』だ」という風評が村全体に広まってしまった。教科書どおり、人びととの良好な関係を築こうとしていた矢先、自分の立場をどのようにすればよいのかおおいに悩むことになった。

当時も今日もそうであるが、タイ人には「経済大国日本」というステレオタイプの理解が根強い。村の当初の会話では、カネの話題が必ずでた。飽きるほど聞かれたことが、日本の俸給生活者の月額給与額である。タイの通貨に換算して伝えると、必ず感嘆の声があがる。タイの十数倍ももらえるのか、と眼を輝かせる。わたしが、バス代やラーメン一杯の物価も十倍はするので、と付け加えても無駄である。また、バブル経済崩壊前の九〇年代初め頃までは、日本政府にはカネがあるらしいが、国民の多くはウサギ小屋のような家に住んでいる、と繰返しても「日本人＝カネもち」観は揺るがない。そして、この問答の最後にくる台詞もまた、常に同じであった。話の輪にいた人びとは、自分の「貧乏な」国に住む貧しい運命を嘆き、その貧困は功徳少なき者の結果なのだ、と自嘲気味に語り終える。この国にジェット機で飛来するカネをもち、大学院まで進学できるのは、おまえの生前の行いの結果、功徳がたくさんあるからだというのである。

わたしは、ともかく普通の日本人の姿を伝えるように振る舞おうとした。

当時の村には、ばら売りの煙草やローソクなど、日用品を並べる「よろずや」が二軒あった。村内に数台しかない冷蔵庫をおき、コーラのような清涼飲料水もおいていた。ただし売れないせいか、普段は冷蔵庫のコンセントは外されていた。二月を過ぎると水甕《みずがめ》にためた雨水も尽きて、季節は寒季から一転して暑季にむかう。田圃のわき水を沸騰させて飲料水にしていたが、日中の気温が四〇度を越えて夜も寝苦しくなると、猛烈な渇水感にとらわれる。わたしは、コンセントに繋がれてかすかにふるえる冷蔵庫できんきんに冷えたコーラを飲み干す光景を悩ましく夢想した。当時の村人は、コーラや瓶詰め飲料は、祭りや祝い事でもないと飲まないものだったので、こっそり買って一人で飲むことはもちろん、そのよろずやの前にたつことさえカネもちとみられるようで自重していた。だが、このような思いは間抜けていた。わたしは、人びとが集まる儀礼や行事で一眼レフカメラやカセットレコーダーをぶらさげ、その村の金銭感覚からすると眼も眩むような高価なフィルムやテープを惜しみなく使いまくっていたからである。カネもちに見えないないはずがない。

また、わたしは常にシガレットを携帯していた。近年の政府による「吸えば死ぬ」式の禁煙広報が功を奏したのか、都市部のみならずどの地方農村でもこの十年ほどで喫煙人口は激減している。しかし、かつて東北タイの成人男性は、ほとんどが自家製の刻み煙草をたしなんでいた。わたしの胸ポケットにあるタイ国産紙煙草は、村人には珍しいものではないがカネがかかっている。未だ顔見知りでない村人にそれをすすめると、場がなごむことを知って当初は都合がよかった。しかし、そのうちわたしの胸ポケットから箱ごととりあげてみんなにまわすおやじがでてきた。

空箱だけをもどして平然とするおやじの態度に当初は閉口し、数本でもわたしの分を残してくれる人にであうと、救われたような思いになった。顔を合わせるたびに、煙草はないかと右手人差し指と中指をそろえて唇に数回あてる仕草をみせ、気前よくわたしの煙草を他の人びとに勧める何人かのおやじがいた。だが、彼らは自分も喫煙したかったのは事実だろうが、あとになって気づいたのは、顔見知りでない人とわたしとの人間関係に配慮してくれた人でもあった。

こういうことである。「自己」と他者の対立を統合させるもっとも直接的な形式」を互酬性というが（C・レヴィ＝ストロース）、持つ者が持たざる者を助けるという行為は、村の相互扶助のありかたであった。しかし、返済をほとんど期待しない「一般的互酬性（M・サーリンズ）」を実践することは、当時、奨学金を調査資金としていたわたしには勇気のいることだった。調査のことしか考えていない本当の「ケチ」だったといえる。

だが、カネもちの日本人とみられたくないわたしが、煙草をまわしのみする村人に頼らず、堂々とその「一般的互酬性」を演じる場があった。仏教寺院での布施、年中行事化した儀礼での寄進である。タイのみならず、上座仏教文化圏では、人びとは自ら寺院を造営し、僧侶の糧を用意する。人びとは、日々の食施のほかに、一年に十数回ある年中行事化した仏教儀礼の際に、一世帯あたり最低額一〇バーツを寺院に布施した。当時のレートで約一二〇円である。特定人物にではなく、公共施設への寄金となるので、普段「ケチ」といわれているのを払拭する絶好機と考え、その数倍を払うようにした。公共のためなら「ケチ」じゃないぞ、と手前勝手に考えた行動だった。しかし、人びとに根強い「カネもち＝日本人」観を増幅する結果となったことはいうまでもない。

前述したように、寺院という公共施設に住む僧侶は、選挙権、兵役や納税義務をもたない。奇妙な言い方になるが、世俗との断絶を法的に保証されている。そして、托鉢風景にみるように、食事をさしだすほうが僧侶を拝んでいて、もらった僧侶は礼を述べることなくその場を立ち去る。つまり、世俗社会の基本的ルールである互酬的関係を無視することを許された存在だ。僧侶を前に、俗人は一方的な贈与者となる。その動機が現世での見返りを期待してのことであっても、進んで利他的行為をなす。報奨への期待を断念するところから、上座仏教徒の喜捨という実践は始まる。よその国からずかずかと人の日常生活に足を踏み入れる人類学徒と僧侶は、もちろん別の存在である。おまえは功徳が多いから、といわれたわけではないが、しかし、わたしはどこかで、絵に描いた僧侶のように、カネがからむ住民との互酬性を断とうとしていたのである。

■——功徳という救済財

にもかかわらず、人びとは、現世ではもちろんのこと、精霊の世界や仏教的来世にも互酬的な交換関係をもちこんでいた。

理屈でいうと、僧侶は現世にいながら世俗社会から離れている。しかも、殺生をはじめ悪行の一切を避ける。すなわち、僧侶は常人より清浄な存在であるがゆえに、布施をする者には喜捨の対象となり、功徳の源泉となる。

布施してもらった時点で僧侶は何をも返さない。その報果としての功徳は、早ければその日のうちに、遅ければ死後にあらわれる。僧侶にも俗人にも目にみえない功徳を媒介として、僧侶と在家信徒のあいだに互酬的交換が成立している。生きているうちに結果がでなくても、それは必ず来世に再生するときに境遇を向上させるという点で、功徳は救済財である。人は、布施を受けとる僧侶の個人的資質や性格を問題にはしても、この功徳を積む行為そのものを疑うことがない。タイ人仏教徒には、自明の慣習的行為(ハビトゥス)となっている。

海外へ出稼ぎにでた息子が送金したカネを気前よく寄進して功徳を積む人がいる。娘が日本の地方都市の風俗店で働いて送ってきたカネで、自分の村の寺をりっぱに修復する。両親は娘の職業を正確には把握していないことが多い。だが施主者となる両親も、海外で働く娘にもその功徳は届くという。一九九〇年代には、タイ人女性が不法就労者として海外に出稼ぎにでることは珍しくなくなった。しかし、初めて村に住み込んだ八〇年代初頭には、地方都市にあるソープランド嬢たちが大挙して寺院に寄進しにきた。村では村長、委員会役員総出で歓迎し、大枚の布施額を受けとった。村人たちは、文字どおりからだを張って得たカネであるから何にも問題はない、汚れたカネとは、盗んだものだといっていた。

功徳をうみだす行為は、ときに戒と抵触する。たとえば、タイの寺院では、僧院と儀礼の場が分かれていないことが多いので、饗宴にだす肉牛を境内でさばくことがある。多くの場合男性の仕事になっている。殺してはならない、という戒にふれるのだが、そのような悪行は、功徳を得るための「資本」だと聞かされたことがある。また、盗んできたカネで寄進をしても、少しは功徳になる。盗品かどうかは、もらうほうはわからない。だが、一人で私利私欲を満たすことにせず、それを寺院という公共の場にだしているから功徳になるともいう。いずれも、女性ではなく男性の見解である。

このような功徳の考え方と実践は、タイ仏教のみならず、広く上座仏教文化圏にみられる。在家仏教徒の中心的な実践として紹介されているが、その実践は多様である。一九六〇年代にビルマ仏教を調査研究した人類学者は、教義上は「知恵」を得る手段である持戒や瞑想が、民衆の功徳解釈にあっては、寄進と同様功徳につながるものとして実践されていると記した（Spiro, Melford E. *Buddhism and Society: A Great Tradition and Its Burmese Vicissitudes*. New York: Harper & Row.）。これは、教義の観点からみた功徳の解釈である。人びとは、日々のそれぞれの暮らしのなかで、功徳が何であるかを了解している。老若男女にも多様な解釈がある。そして、いずれの解釈の背後にも、功徳にたいする唯物論的見解と社会行為論的な観念がある。すなわち、一方に、財物を含めた自分自身の身体を削りとる行為が功徳を得るための資本となるという本質主義的な見解があり、他方に、眼にみえない功徳の多寡を問題とせず、功徳を積む行為それ自体に実践の意義を認める理念がある。外部者の眼には頑迷にしかみえない功徳主義は、一枚岩的な行為規範ではなく、人びとの身体と観念を結びつける実践に基づいた「生き方」なのである。以下、その一部をみてみよう。

数日におよぶ仏教儀礼のある日、こぞって村人は自宅で親族縁者を迎えて寺院に奉納する食事やお菓子をつくる。助け合ってつくる。そういう場にでくわすと、どんなかたちでも関わりをもつとよい。様子うかがい、手伝い、そして一緒に食事をすることも関わりをつくる行為である。キン・カオ、キン・ブン（食事をするとは功徳を食らうこと）という。功徳は口から身体に入るもの、字義どおりにはコメにたとえられている。先に寄進時のカネでみたように、カネやモノ（ここではコメ）は、功徳の姿をたとえている。目にみえない功徳と金品との関係はあきらかであろう。

では、カネのない人や余剰米がない人はどうするか。理屈をいえば、仏法僧のいずれかに貢献すれば功徳は獲得できる。たとえば、満月と新月の日（仏日）におこなわれる持戒行がある。一昼夜戒律を守ったり、瞑想することは功徳を得る方法である。しかし、モラルを守るという名義ではなく、それに伴う困難や痛苦で人びとは功徳のリアリティを語る。すなわち、修行や苦行がもたらす身体的痛苦が功徳の資本だという。痛みが伴うほど功徳も多くなる。カネ、コメ以外に定番になっている寄進物には、枕や農作物がある。いずれも人びとの労働、すなわち身体を元手に生まれたものである。このような工作物が、それを作ることを放棄している僧侶を介して功徳に変換される。

僧侶は、その人格とは無関係に、人びとがもちよる浄財を、あの世で通用する功徳という「通貨」に変換する両替商のような役割を果たす。功徳は、個人に止まらず、僧侶を介して死者や精霊を含む「他者」へも到達する。すなわち、個人的な救済財である功徳は、身体にねざしつつも、個々の身体そして世界の境界を越えるとともに、カネやコメのように保蔵され、他者と分かち合うことができる社会的通貨としての性格を帯びている。

葬送儀礼は、遺族のみならず会葬者をまじえた公共儀礼として実施されるが、ここには積徳行の全パターンがみられる。死、火葬、骨拾いから供養の儀礼にいたるまで、遺族が中心となって僧侶への喜捨をくりかえしおこなうとともに、その功徳を死者と参集する他者とのあいだでわかちあう。誰もがいずれ経験する死という事態を前に、不可視の救済財である功徳をめぐって、遺族と故人、遺族と同時代人との間で互酬的な交換関係が展開される。すなわち、ここでの積徳行は、故人と遺族間の時空間を超える「保護―供養」関係の実践であると同時に、当事者以外の会葬者と儀礼主催者の間に生じる「援助―もてなし」の関係と対応する（林行夫『ラオ人社会の宗教と文化変容――東北タイの地域・宗教社会誌』京都大学学術出版会）。功徳は、それぞれの身体、その身体を基点とするそれぞれの暮らしの世界の境界を越えて、「あちら」側の身体へ到達する。このように、実践仏教での功徳は、それを積む主体を起点として、近親から匿名の他者にいたる連鎖的関係を築くメディアとなっている。逆に、そのような互酬的関係（あるいはコミュニケーション関係）を築くことができない精霊や人間は、いずれも危険な悪霊や警戒すべき異民族、さらに最近のメタファーではコミュニストとして日常語法で表現されることになる。

このような解釈が、人びとの社会に昔からずっとあったかどうかは別問題である。宗教実践が身体を基点とする個々の暮らしのなかで醸成されるならば、今日の市場経済社会を生きる人びとが功徳をカネにたとえるのは自然なことである。市場経済社会に身をひたすわたしの解釈のように、功徳はかたちをかえたカネの別像になる。あるいは逆に、互酬性を基本とする功徳の論理にのっとって、近代のカネという仕組みが了解されているとみることもできる。どちらがより現実に近いかはさしあたり問題ではない。ただ、人びとの暮らしのなかでカネが可能にする現実というものがあることから、功徳をカネにたとえる語りが市場経済システムとは無縁でないこと、さらに、人びとの宗教的な現実には、個人を超えた近親の霊や他の精霊との関係の現実が含まれていることを確認しておけばよいだろう。

カネと功徳の親和性は、一九八〇年代以降メディアや知識人が言及するようになった地方農村部の「開発僧」の活動にも認められる。「開発僧」とは、当事者の僧侶がそのように名乗ってきたわけではないが、同じ頃に実効力をもつようになった政府主導の地方農村開発政策とは別の文脈で、住民の生活水準向上を図る活動に熱心な僧侶である（ピッタヤー・ウォンクン『村の衆には借りがある――報徳の開発僧たち』〈野中耕一訳〉燦々社）。自ら労働したり、車を運転したりと戒を犯してまで在家者の社会状況を改善しようとする「開発僧」には、一種の資金還流のようにして布施された物品で金融システムをつくる者もあり、資本主義に組み込まれた形で独自の自助機構をうみだしている。タイ仏教における功徳は、市場経済につかる現代人にとってのカネ同様、部分的身体なのである。

■――寺院とカネ

僧侶の止住域となる寺院も、俗人の手によって建立される。寺院は人びとの互酬的交換を成立させる空間であり、その結果でもある。タイの多くの寺院はカネで彩られている。寺院を自分の村内にもつ住民や村外の不特定多数の人びとからの布施を得ている。信徒にとって寺院は、財物を吸いこんで集落でもっとも堅固な建物をもつ施設である。タイの仏教寺院は、人びとが儀礼時に参集する「講堂」、僧侶が起居する「僧坊」、僧侶の沐浴場を基本とし、礼拝用の仏像を別置する「仏堂」、戒律の授受を行う「布薩堂」、「鐘楼」そして演舞台や火葬場、境内に設置される墓群、僧侶の沐浴用の池で構成される。とりわけ、重要な建物は得度式の場となる「布薩堂」で、教育省宗務局の許可があって初めて造成できる。布薩堂がない寺院は、法制度的には「寺院（ワット）」ではなく「小寺（サムナックソン）」である。布薩堂がある寺院で得度式を挙行した後は、小寺にもどって止住してもかまわない。

いずれの場合でも、それぞれの建物に一歩足を踏み入れると、寄進者とその金額を明記するパネルや看板が目に入る。寺院の外壁、建物内の壁、扇風機や食器など、どこかに文字が記されている。亡くなった誰々にたいする供養のために、という記載もみることができる。そして、それ以上に目を奪うのが、カネ（紙幣）そのものを飾って寺院施設への寄進とした献上物である。前述した「銀花樹」とよばれる寄進用のカネ飾りもそのひとつである。年中仏教行事や供養儀礼での集合的な布施行なら、この銀花樹を先頭にして村中を練り歩いてから寺院に入る。銀花樹は中央集権化以前のタイ国では王への貢納品でもあった。こうした寄進物としてのカネの飾りつけは、寺院を問わず、銀行やその他のチャリティー会場でも、寄金を募って表示する方法にもなっている。地方農村では、集められた財物は、仏像をはじめとして、カネ目のものが寺に集まっている。

ここで、市場経済の影響をより強く受けていると考えられる都市の寺院の場合をみておこう。首都や地方都市の寺院をたずねると、境内の一部を駐車場のような借地としたり、さらには借家まで造営しているところがある。これまでみたように、寺院は、在家者の喜捨で支えられるので、寺院はそのまま経済社会の状況を映す。このような視点から、最近の経済社会変化が寺院の運営にどのような影響を与えているかを調べようとする研究があってもおかしくない。ただし、日本と同様、都市部とりわけバンコク都内の寺院の支出入に関わる調査は、農村部の寺院ほど容易なことではない。

この問題に取り組んだ調査が一九九六年に実施され、翌年にその報告が公刊された（「バンコク都内寺院の支出入調査」〈『チュラーロンコーン大学仏教論集』四巻二号〉）。首都バンコクには三五〇ほどの寺院がある。報告は、七五カ寺を対象として調査しようとしたが、大きな寺からは質問票の配布も拒否されたと記している。王室からの援助をうける王立寺院がとくにそうだったらしい。チュラーロンコーン大学仏教研究センターからの調査資金を得たタイ人による研究でありながら、規模が大きく有名な寺院ほど回答を拒否されたと呻くようなあとがきがある。しかも、学術論文では異例なことに、冒頭の「編集者付記」では、適切な表現のために報告内容を校閲した、とある。結局、私寺二七、および王立寺二六の計五三寺が調査対象となった。著名な寺院は対象外となったが、逆に平均的な首都寺院の支出入について、それなりのイメージを与えてくれる。

さて、調査対象となった寺院の「収入」のほとんどは布施によるものである（八四・九パーセント）。寺院整備のための積徳行、火葬、年中儀礼時の寄進が主である。五三寺のうち、年中儀礼での収入が皆無としたのは八寺のみで、四五寺が収入ありとしている。その収入額について回答を寄せたのは三八寺にとどまり、最高百万バーツ（調査当時一バーツ＝約三・五〜四円）から一五〇〇バーツの開きがある。火葬代は三三寺が徴収するとしており、年間通しての最高額七〇万バーツから最低五〇〇〇バーツを得ている。

さらに、寺院内の仏像や儀礼祭具の貸出料による収入がある。七〇万バーツから一万バーツのひらきがある。また、一六寺が寺院内の駐車料で収入を得ている。これは全体の三割を占める。さらに寺院内に宅地用家屋、事務所などを建造させて貸しているケースが一三寺ある。長屋式住宅を建てて貸している寺院が一七寺ある。土地と長屋式住宅の（使用料による収入について回答をよせた寺院は二七で、そのうち一寺は年間七〇万バーツ＝約二一〇万円）の使用料金を得ている。もっとも低い額でも七千バーツ（約二一万円）で二寺ある。平均値をみると、一〇万〜七〇万バーツを得ている寺院が約半数、一万バーツ〜八万五〇〇〇バーツが約四割、最少額七〇〇〇〜九六〇〇バーツがおよそ一割である。

境内を駐車場として利用している寺院のうち、一四寺が収入額を公開している。年間最高額五四万バーツ（約一六二万円）を得ている寺院が一寺、二〇万バーツと回答するのが二寺、最低で一万バーツとした一寺がある。一万バーツから九万六〇〇〇バーツの収入を得ている寺院は七寺、一〇万バーツから五四万バーツを得るのが七寺ある。さらに、境内での天秤棒を使った担ぎ売りや移動式露店商に借地をして収入を得る八寺がある。収入額は年間五〇〇〇バーツが二寺、最高で一五〇万バーツを得る寺院が一寺である。

特に寺院修復整備を布施の目的とする積徳行というものもあって、三五寺が収入を公開している。最低三万バーツ（二寺）、続いて五万バーツ（五寺）、最高六三〇万バーツ（約一八九〇万円）で一寺である。報告書は、一〇万バーツから五〇万バーツが四五・五パーセント、百万から六三〇万バーツが三一・四パーセント、三万から六万バーツが二二・七パーセントとしている。いくつかの寺院は、僧侶の学習を促進援助するための「基金」をもっている。最低二〇万バーツから最高一一〇〇万バーツの基金をもつ寺があり、一万バーツから五〇〇万バーツの基金収益をえている。

政府からの支援金を得ている寺院は調査対象寺院の半数に満たない（二二寺）。額は最低三千バーツから最高一五八〇万バーツまでの幅がある。政府からの支援金が十分と回答した寺院は三寺のみである。ほとんど（四八寺）が不足としている。

寺院の支出のほとんどは寺院整備、建築費用にあてられている。内訳は布薩堂、仏堂、仏像、鐘塔などである。その支出額は年間三一〇〇万から一〇万バーツの幅がある。僧侶の食事代を支出項目にあげる寺は皆無である。食は托鉢で足りているということであろうか。

首都の寺院経営にまつわる状況はこれでおよそ検討がつく。カリスマ僧が個人の施主からの莫大な財を得る例は周知となっているが、一般の寺院にも、収入が多い「儲かる」寺とそうではない寺がある。知り合いを頼ってこうした「名刹」に身をおくことを望む出家者もある。誰を知っているかはやはりだいじになる。そのような寺院では、お布施もそれなりに高くつくことになろう。

借地や駐車場の使用料が、収入として寺院に渡されているかどうかは不明であるが、おそらく寄進費として渡されているであろう。筆者の知る地方農村の寺院境内は、よく移動映画の開催場となったが、その映画上映用の電源を寺院からひく場合、およその額を決めておいたうえで使用料をお布施として渡されていた。

タイ経済は、九〇年代にいたる数年間でＧＤＰの成長率が一〇パーセントを超え、ＧＮＰ（国民総生産）も一〇〇〇ドルを突破するなど著しい発展を遂げ、右の調査が実施された翌九七年七月にバブル経済が崩壊した。一九九七年から九八年にかけて、タイ国のメディアに「IMFの時代を迎えたタイ経済は『火葬』された、次の年、誰が『骨拾い』するのか」といった悲観論が渦巻くなか、経済不況下の仏教の様子もとりあげられている。

バンコクの西北ナコンパトム県のプッタモントンにあるいくつかの有名な寺院では、寄金が減少して建築物の修理や増改築が遅れていた。いずれの寺院の住職も、カネがなければないでよい、装飾も安普請で仕上げればよいと淡々と語る。その模様をとりあげた報道は、経済状況には厳しいものがあるが、タイ人の仏教への信仰心は薄れてはいないと伝えていた。さらに、対照的にも、バーツ危機はどこ吹く風とばかりに信者の寄金で作られた一四トンもの大仏を、ヘリコプターで奉納する寺院（タマカーイ）が話題となった。独自の瞑想法のみならず、受け付ける寄金の最低額を決めるなど、注目されることが多かったタマカーイは、あたかもタイ人的ナショナリズムの根幹である仏教の「砦」のように扱われた。その財力に不審をもたれ、土地転がしで財力を蓄えてきたという批判を受けてきていたのに、経済不況の時代にも屈しないタイ人の仏教の姿として、ポジティブな光を浴びた。

以前も今日も、タマカーイはカネの亡者、欲望の亡者として非難する論調がある。タイ仏教に純粋な姿を求める欧米人の論調は、不思議なことに、地方農村部の語りとほぼ一致した。金権を象徴するようなタマカーイのあり方にたいして、異なる陣営に同じ語りがあった。すなわち、もてる者による示威的な功徳をあらわす汚れとしてのカネ、同時にそれはもたざる者に手の届かないカネであった。

しかし、内外の研究者が都市部中間層による新しい仏教運動として描いてきたタマカーイは、現代の市場経済社会に適した仏教の適応形態として喧伝されることが多くなったようにみえる。国民的歌手がタマカーイ信者として一時出家をし、現代の都市にくらす人びとが即席に求める信仰心を持続させる場として、タマカーイは人気を得ている。現代生活と「伝統的」な宗教。経済不況のなかで、この両者を抱き合わせるにはタマカーイは都合のよい立場にある。逆に、正統なる仏教僧を語る国民的学僧パユットー師は『タマカーイの場合』という自著で、上座仏教の伝統、独自性を守るべきだと論を張る。パーリ三蔵は、ブッダそのもの（憲法と違って永遠に変わらないという）として、タマカーイにたいして教学批判をおこなっている。功徳を積んで何が悪い、と語る「カネ肯定派」の実践にたいする警鐘ともいえるが、宗教離れが進むタイで、タマカーイはとにかくにも若い人々を仏教にひきつけているからよいではないか、とする議論さえでている。

■――「不純にして健全な」媒介物

二〇〇〇年八月のある日、わたしは東北タイのマハーサーラカム県で市内の一寺院の境内のベンチに腰をおろして煙草を吸っていた。度の強い眼鏡をかけた一人の老僧が煙草をふかしながら近づいてきた。陽射しに焼かれた赤銅色の顔には、まるで「古代人」のような表情があった。タイ社会でも「少数民族」となりつつある喫煙者どうしで、煙草は古来より薬だと話し合っていると、老僧は肩掛け用の布製頭陀袋から一枚の紙片をとりだしてみせた。番号がかかれている。並んだ数値は三桁（政府発行毎月一七日当選番号発表のものは六桁）で、いわゆる「闇くじ」（胴元がそれぞれ仲間をつくって政府の当選番号下三桁を使う）である。老僧いわく、「この番号は、つい先日三〇万バーツ（約一〇〇万円）の当選くじ番号をあてた僧侶から直々に無料で教わったものだ。ヨーム（俗人）よ、お前にも教えてあげよう」。ちなみに、老僧は五〇代になってから二度目の出家をして一二年目を迎えていた。若い頃出家して還俗したあと、隣国ラオスと往来し、タイ製品をラオス側で売り歩いていた。戦争になってからは傭兵となり、ラオスのヴィエンチャンとタイ側にそれぞれ奥さんをもった。

さらに、老僧は授戒師（得度志願者に戒律を授ける資格をもつ僧侶）のことを話した。僧侶として十年以上の経験をもつ現役僧なら、誰でもバンコクの宗務局に赴いて申請して口述試験を受けられる。ただし、任命されるかどうかは行政区ごとの事情によるので、資格を得る人数は限定される。ところが、老僧がいうには二〇〇〇バーツから三〇〇〇バーツも使えばその資格を得ることができるという。賄賂を使ってまでなぜ資格を買うのですか、と聞くと、授戒師は俗人一人を出家させれば一〇〇から二〇〇バーツ、一〇人となれば一〇倍の金（布施）を得ることができるだろう、と屈託なくいう。僧侶という立場をどのように利用するかということを教えてくれながら、同じ頭陀袋から二種類の預金通帳をとりだす。ひとつは寺院や俗人管理の名による寺委員会のもので、もう一冊は僧侶個人のものであった。そして、いわく大金を得てベンツを何台も「所有する」僧侶もいるが、自身には裕福な俗人サポターがいるわけではない。仏陀の教えに反しませんか、というベタな問いになると、老僧はどこかで聞いたような説明をくれた。宝くじ番号を当てる僧侶や病気やマッサージ治療に長じた僧侶がいれば、在家者はこぞってそれを求める。求められるから、僧侶もまたそれに応じる。そして、僧侶は謝礼を要求することはできないが、タイ人は僧侶にたいする個人的な布施として金品を納める。タイ語に「ケーボン（御礼参り）」という言い方があるように、実際にそうしなければあとで悪いことになると気持ちがおさまらない。そうしてお互いがお互いを必要としている、というものであった。

このような出会いを述べたのは、こうした僧侶が特別だからではなく、ごく普通の僧侶の見識を示しているからである。現実には、カネと出家者の関係に違和感を挟む社会的素地というものはほとんどない。すなわち、出家主義のタイ仏教は、戒律に照らしてみれば僧侶が世俗社会との関わりにおいて犯す「過ち」を、事実上寛大なまでに容認してきている。制度の一貫性という点では脆弱であるが、多様な実践を許す結果、タイのサンガは矛盾を抱きこみながらも、形式として社会的に持続する。サンガは、外界の世俗の秩序に挑まれているというより、むしろ矛盾を媒介する制度となっている。

こういうことである。俗人も含め、仏教徒は師弟関係のなかに僧侶が存在するように、町、寺院の連鎖において存在する。国を超えてもそうである。仏教徒は人間と地域の関わりの連鎖のなかに生まれて活動している。その社会関係は二者関係が基本である。したがって、仏教徒はふたつの現実を生きる。ひとつは位階的な構造をもつ師弟関係および寺院関係という地域を超える制度的な関係の連鎖において、もうひとつは、個人の経験が紡がれる地域の連鎖においてである。前者は「仏教徒になる」制度的な過程に関与し、後者は「仏教徒である」ことを表明する場となる。サンガはこの結び目になる。

ところで、キリスト教世界には、人生の所業を清算する免罪符という考え方があった。人びとは、ペストと百年戦争の時代を経て、喜捨や勤行などの善行を積み重ねれば天国へ行けると考えた。功徳というイデオロギーもこれに似ている。そして、現代のタイ仏教の功徳についての観念は、貨幣経済と信仰生活とのコラボレーションの結果として現れているともいえる。同時に、やや婉曲的ながら、功徳をふりむけるような相互扶助関係のあり方に、利他主義的な積徳行のありかたを捉えることができる。

この村では予算不足で村内の路地が直せない、みなさんの慈悲による援助をお願いする、といった情報がテレビ、ラジオを通じて流されている。不特定多数の他者に援助を望むことは、日本でもみられるチャリティの形と同じであるが、それに応じることを善とする利他主義や利他愛が、布施の実践と同じ語法で表現され肯定される点で、タイのそれはひと味異なる。端的にいうと、おおっぴらに一般的互酬性を是とする実践が地方にゆくほど根を張っている。これは小さな活動であるが、タイ仏教の土壌を考えると、今日の市場経済社会に特徴的な拝金主義をうまく回避しつつ生き延びるポジティブな実践かもしれない。

実際に、布施と利他主義は分かちがたく繋がっている。タイ仏教には、他者を敵とするよりは、自らを生かす人びととみるような実践の哲学がある。出家主義の上座仏教を支えるのは、そのような俗世の存在と、布施をすることが善であるとする社会的合意である。わたしたちの常識やタイ知識人の見解とは裏腹に、タイ社会において、カネは、ふたつの世界を繋ぐ不純にして健全な媒介物ということになる。

同時に、カネを精霊に譬える語りにみるように、文化を「風土」とすれば、この精霊(カネ)は集落や生産の場としての農地といった特定の土＝場にねざす伝統的な精霊ではない。特定の土を超えてゆくモノである。モノとしてのカネは、特定の土には染めあげられない風のような存在である。土の切れ目すなわち、場の境界を超えてゆく風である。そして、仏教の功徳もまたこの精霊に譬えられたカネ同様、多様に区切られる土の境界を超えてゆく風のような存在として親和性をもつ。土着の精霊祭祀と仏教功徳とのこうした親和性ゆえに、両者は違和感なく人びとの宗教実践のなかで現実を築く。風土の具体的・歴史的空間は地域である。地域は、土にねざす物質としてのモノだけではなく、カネや精霊、そしてさらに功徳のような不可視のモノともからんでできあがっている。それを、欧米流の知で観念といってしまうより、風がそうであるように、作用としての力とみたほうが適切かもしれない。ふたつは風と土としてそこに生きている人間によって合一化している。

そして、身体を忘れたカネと功徳の断絶に、「分かち合い」というモメントが抜け落ちることも事実である。自らの身体をやしなうものを人間がつくっているという論点が、現代の知識産業としてのエコロジーに生かされないとすれば、カネは、その生みの親を知らずに徘徊する悪霊のごとく、身体を孤立させ、人の心身にとりついて蝕むことは必至である。それは、自律したシステムとして暴走し、混沌としてはいるがそれぞれに豊かな暮らしの現実を矮小化し、勝ち組か負け組かと二者択一を迫り、その問いかけ自体を正義とする。その意味で、わたしは最近のタイの知識人の語りが胡散臭くてしようがない。

社会は人類が生み出したモノであるという観点と同様に、カネは人間が生み出した発明品であるという認識に人類がもどれる日はこないのであろうか。わたしは、希望をつなぎたい。カネをくれとさけぶ人生は、まるでカネに魂を売りわたしたような響きをあたえるが、これは、愛こそすべてというあまりにも対照的な名辞と矛盾するものではない。ともに権勢をはる一元的システムに蹂躙されまいとする、それぞれの身体へ回帰するメッセージなのである。

4 パニックの四〇年
ザイール―コンゴのもう一つの「戦争」

澤田昌人

■――天文学的なハイパーインフレーション

1 灯油売りの少年

一九九二年九月のある夜、私は当時のザイール共和国の首都キンシャサの下町にいた（この国は現在コンゴ民主共和国と名前を変えている。以下「ザイール」は、モブツの統治時代のうち一九七一年から九七年までを指し、それ以外の時代を「コンゴ」とよぶことにする）。夜八時過ぎであったと記憶する。友人の車の助手席に座って、朝食の食パンを買いに行った彼を待っていた。車の周囲は、家路を急ぐ人びとなのであろう、ラッシュアワーの駅のように人びとがせわしなく右に左に川のように流れていた。捨てられた生ゴミがすえたにおいを発しているでこぼこの未舗装路からは、暗いのでわかりにくいが、群衆の往来でおそらくもうもうたる土煙がたっているのであろう。キンシャサにしては過ごしやすい季節のはずだが、日が暮れても蒸し暑く、止まった車の中にいると汗が噴き出してきた。その汗が、砂ぼこりや、エンジンのいかれた車からの排ガスや、もう何年も詰まったままになっていそうな道ばたの溝からの悪臭や、腐ったゴミの臭気を吸いとっているような気がした。

車の窓を開けて外をぼんやりとながめていた私は、見慣れていたはずの光景を目にした。土と同じ色の汚れたランニングを着たやせた裸足の少年が、雑踏の砂ぼこりのなか、薄暗い路傍の地べたにちょこんと座っていたのである。彼の前には、小さな透明のファンタのビンが置いてあった。そのビンの中には液体が入っていて、そのビンを少年は長い釘のようなものでたたきチン、チン、チンと音をたてた。その音は雑踏の足音や、行きかう車のけたたましい騒音に紛れて、都会の片隅で鳴く虫の声のようにかぼそく聞こえてきた。彼は灯油ランプ用の灯油をビンに入れて売っていたのである。やせていたので幼く見えたが、おそらく七、八歳にはなっていただろう。灯油は売れる気配がなかった。このころのキンシャサの町は、政情不安もあり治安が悪くなっていた。いつ売れるともわからぬ灯油のビンをたたきながら、彼に目もくれぬ人びとのなかでこの少年は、深更までびくびくしながらすわりつづけるのだろう。貧しい人びとは、このビンの灯油をさらに二〇〜三〇ミリリットルずつ計り売りしてもらうのである。そんなことはまずないだろうが、一ビン全部がこの日売りきれたとしても、売り上げは一〇円か二〇円くらいのものだろう。私はしばらくこの子から目をはなすことができなかった。この子はこの国でいつまで生きのびていくことができるのだろうか。

友人がやっともどってきた。朝食用のパンを二つ、後部座席にぽんと投げこんだ。私は、これから彼の家に帰り、そこで水浴して着替え、ベランダで彼と一緒に冷えたビールを飲むだろう。夜のキンシャサを郊外に向かって走ると風が心地よく、周囲はしだいに閑静な住宅街になっていった。私は静かな闇を見やりながら、この子のことを忘れることはできないだろうと思った。

2　紙屑になったお札

一九九二年九月は、この国はじまって以来のハイパーインフレーションが猖獗《しょうけつ》を極めている時期であった。『データブックオブザワールド』(二宮書店)をそれぞれの年ごとに調べてみると、一九八八年のインフレ率は八五パーセント、八九年は、五六パーセント、九〇年、二五六パーセント、九一年、五七〇〇パーセント、九二年、三〇〇〇パーセント、九三年八月に前年同月比で実に、七万四〇〇〇パーセントを記録したという。国連開発計画の『ヒューマン・デベロップメント・レポート』では、一九八五から九六年にかけての平均インフレ率は六三六パーセントであって、毎年物価が平均七倍以上になっていたことになる。この状態が八五年から九六年の一二年間続くと、物価は当初の二五二億倍以上になる。日本の国、地方自治体の借金は計六百数十兆というが、ザイールのインフレの前では、この天文学的な債務は一二年間で現在の二万六〇〇〇円程度の値打ちしかもたなくなるわけである。同時期に、これほどの平均インフレ率を記録した国はこのレポートでは見あたらない。アフリカ諸国のなかで、この間、断続的に激しい内戦を続けてきたアンゴラでさえ、同時期の平均インフレ率は二九七パーセントであり、この間、内戦を経験しなかったザイールが異常な経済状況にあったことがわかる。

同様にザイールの通貨「ザイール」の為替レートも急落した。国連が出版している『世界統計年鑑』と先ほどの『データブックオブザワールド』をあわせみると、一九八五年から九六年の三月までにザイール貨は対ドルレートで、実に一二億分の一に下落している。九七年三月にはそれからさらに七分の一以下に下落している。インフレ率と大きな差があるが、インフレ率の算出方法に問題があるのかもしれない。しかしいずれにせよ、この時期にザイール貨の価値は数十億から数百億分の一に減少したのである。九二、九三年頃は前代未聞のインフレで、二カ月で物価が三倍になっているということもあった。私は森林の奥へ調査に入る前にドルからザイール貨に換金し、そのお金で石けんや塩などを調査地で購入していたが、物価のあまりの高騰に手持ちの現金が底をついた。九二年七月二六日にひとつ四〇万ザイールであった石けんは、翌月一二日には六五万ザイール、さらに三日後の一五日には八〇万ザイールになっているという具合である。九二年七月二四日の私のノートには、一ドル＝五四万ザイールで換金したと書いてある。八五年には一ドル＝約五〇ザイールであったので、この間、為替レートは一万分の一に下落したことになる。さらに調査を終えて首都にでてくると、一九九二年九月七日に一ドル＝八〇万ザイール、一一日に一ドル＝一二五万ザイールになっていて、さらに一三日には一七五万ザイールになっていた。

当時の最高額紙幣は一〇〇万ザイール札であったが、地方では五〇万ザイール札か一〇万ザイール札がよく見られた。一〇〇ドルを換金すると同年九月のレートで総額が一億ザイール以上になる。これを五〇万ザイール札で受け取ると、二〇〇枚以上の紙幣を手にすることになる。実際はもっと小額の紙幣も混じるので、数百ドル分のザイール貨を持っているとリュックサック一杯になることがふつうだった。当時は外に食事に行くときは、手提げ袋一杯の札を持って出かける必要があったし、市場にまとまった買い物に出かけるときには、ナップサック一杯、一〇キロほどの重さの紙幣を持って出かけた。市場に行くと大きな鞄を重そうに持ち歩いている人を見かけたが、みなザイール貨を運んでいたのである。もちろん泥棒などをおそれる必要はない。こんな重いものを持って走って逃げられる者など、そうそういるはずがないからである。むしろ紙幣が商品になったあとのほうが軽くて、奪うのには好都合なはずである。

九三年の私のノートには、七月二三日に一ドル＝四七〇万ザイール、九月一四日に六八〇万ザイール、二九日に七八〇万ザイールと書いてある。この年は一〇月に一新ザイール＝三〇〇万旧ザイールというデノミをおこない、新札を発行した。一ドル＝三新ザイールというから、これまでの一旧ザイールは一ドルの一〇〇〇万分の一近くになっていたのであった。デノミはさらなるインフレをよび、前出の『データブックオブザワールド』によれば、九四年三月には一ドル＝一二〇・五一新ザイール、九五年三月に三三一・四九新ザイール、九六年三月、一万九九〇〇新ザイール、九七年三月にはなんと一四万四五〇〇新ザイールとなり、デノミ後早くも三年半で紙幣にゼロがふたたび五、六個ならぶ事態となったのであった。

九三年に話をもどそう。九三年は、九二年以上にお金を運ぶのに苦労する事態となった。五〇〇万ザイール札が最高額紙幣であったが、人びとはこのお札をモブツの勝手な紙幣増刷として反発し、受け取りを拒否する運動が展開された。このお札は、モブツ体制を是認するか否かという政治的な問題の象徴とまでなった。実際に持っているところを見つかると袋叩きにあいかねない状況だった。私自身も目にした記憶がない。つまり実質的な最高額紙幣は一〇〇万ザイール札で、一ドルの約一〇分の一しか価値のないものだった。一ドル＝一〇〇〇万ザイールになんなんとする状況で一〇〇ドル換金すると、全部が一〇〇万ザイール札でも一〇〇〇枚の札を受け取ることになる。実際は小額紙幣も混ざるので、多くの読者はその札束を想像もできないのではないかと思う。私も不幸にして、日本円でそれほどの札束を目にしたことはない。三〇〇〇ドルを換金して調査に向かった私のスーツケースには、ザイール札がぎっしりとつまっていてたいへん重かった。運ぶのを手伝ってくれた人はその重みで、すぐそれがお金であるとわかったものである。

このような通貨の下落が日常化すると、通貨が信用されなくなるのは当然のことである。そしてついに、米ドルを換金しなくとも直接使用できるようにもなってきた。地方都市でも少しずつ米ドル札が浸透し、さまざまな支払いに使用できるようになった。品物を隣国などから輸入している商人たちは、ドルの札束をポケットに詰めて忙しそうに走りまわっていたものだ。通貨の下落に影響されないいい方法であるが、貨幣経済そのものが国家や銀行から離脱をはじめていたのである。政治的にも民主化の波のなかで混乱が深まり、以前ならば閉め切った部屋の片隅でこそこそと行われていた、このような明らかな違法行為も、公然と行われるようになっていたのである。当然のことだが、にせドルらしい札も紛れこんでくる。とくに地方都市では、にせドル札をチェックする機械がほとんどなかったので、九五年に両替を頼まれて断った五〇ドル札は、明らかに私の持っていたものとは異なっていた。こんな状態であってもにせものの混じっているドルのほうが、ザイール札よりも信用されていたのだ。

九三年になると国内線の飛行機運賃は、航空会社のオフィスでザイールだてとドルだての二つの価格が示されるようになった。毎日変動する為替レートによって、ザイール貨で支払うほうが得な場合と、ドルで支払うほうが得な場合とがあった。九三年九月、地方都市から首都への飛行機切符を二枚買ったときの騒動は忘れられない。ザイール東部の地方都市から首都への二人分の切符を買おうとすると、ザイール貨で四一億八六〇〇万ザイールかかり、ドルで六四四ドルかかると言われた。つまり一ドル＝六五〇万ザイールで計算しているのであるが、その日の実勢為替レートは一ドル＝六八〇万ザイールだったので、ザイール貨で支払ったほうが得だということがわかった。そこでザイール人の友人二人に頼んで、約六二〇ドル分をザイール貨に換金してもらうことになった。私が日本から持ってきたビニール製の大型のゴミ袋や、スーパーの袋を何枚も持ち、彼らはオートバイに乗ってあちこち走りまわり、商店主たちに換金をもちかけた。換金された莫大な量のザイール札はとても一度では運びきれず、四、五回に分けて持ち込み、航空会社の支配人の一畳ばかりもある大きな机の上にどさどさと積み重ねられた。当時その地方では一〇〇万ザイール札を見ることはめったになく、五〇万ザイール札が実質的な最高額紙幣（＝一ドルの一三分の一以下の価値）であったが、それとても数に限りがあり、一〇万ザイール札、五万ザイール札も多く混じっていた。山と積まれたお金は少なく見積もっても数万枚はあったろう。新札ではないのでかさばり、信じられないかもしれないが、机の向こうに座る支配人がほんとうに見えなくなってしまった。うんざりした表情の支配人はお金をまったく数えることなく（数えていたら少なくとも夜中までかかったことだろう）、机の横に置いてあった大きな金属製の箱の南京錠を開けると、その中に札束を無造作にどんどん放りこんだ。お金を一枚一枚数えることは実質上不可能になり、数えたとしてもふつう一〇〇枚ずつの札束の数しか数えないようになっていた。細かく見ると何枚かがその中から抜きとられていることもあったが、札束自体がほとんど通貨単位となっていたので、もうそれでも通用していたのだ。苦境にあってもユーモアを忘れないザイール人たち（あるいは苦境にあるからこそ、かもしれない）は、日常的に天文学的な数字をあつかうことを自嘲して、「（モブツ）大統領が私たちに算数を教えてくださっている」と言っていた。これを聞いて私は腹を抱えて笑うと同時に、底知れない絶望と、やりきれない情けなさを感じたものだ。

このようなほとんどシュールレアリスティックな経済状況のなかでも、人はなんとか生きなければならない。しかし、生きるための状況はますます悪くなり、栄養不良のため病気にかかりやすくなったり、かかったときの症状が重くなったり、あるいは母乳が出なくなったりと、人びとの生活は甚大な影響をこうむった。人びとの生活状況にふれる前に、まずいかなる経緯でこの国がこのように崩壊していったのかをご紹介しよう。この悪夢のような状況は、夢ではなくあくまでも現実であり、それが生み出されてきた歴史をもっているのである。

■——暴政の歴史——コンゴ自由国からコンゴ動乱へ

1 植民地時代から独立までの搾取

ベルギー国王レオポルド二世は、一八七八年、有名なアフリカ「探検」家スタンレーをこの地域に派遣し、自らの領土にするためのさまざまな準備をさせた。スタンレーは道路や「開発」基地を設営し、各地の首長たちと彼らの主権を剥奪するような詐欺的な条約をとりかわした。一八八四年から翌年にかけて行われたベルリン会議で、この条約をふまえて、コンゴはレオポルド二世の私的な領地となることが承認された。レオポルド二世のこの私領は、その後コンゴ自由国と名を変え、その住民や資源は、ベルギー国民やその議会でさえもコントロールできない、実質的に国王個人の所有となったのである。

このような形式の植民地は、アフリカ分割の歴史のなかでも他に例を見ない。そして彼の統治も類例をみない暴虐なものであったといわれている。とりわけ天然ゴム採集のノルマは莫大で、達成できないものは手や足を切り落とされた。この暴政はやがて欧米諸国の非難を招き、一九〇八年コンゴ自由国はベルギー政府に移管され、ベルギー領コンゴとなったのであった。コンゴ自由国時代の二三年間に、数百万から一〇〇〇万を超えるコンゴ人が当局による迫害で命を落としたとする研究者もいる。一九二〇年代まではコンゴの人口がおそらく一〇〇〇万人を超えていなかった点を考えると、年平均三〇万人から五〇万人の死者が出るということは、年間二〇人から三〇人に一人の割合で殺されていたことになる。この数字が正しいならば、この時期コンゴの人口は確実に減少していたにちがいない。この圧政を支えていた暴力装置は公安軍とよばれ、おもにヨーロッパ人からなる将校とアフリカ人兵士からなっていた。公安軍は国土防衛を目的とせず、国家の方針を強制し、それに対する人びとの反抗を根絶するためのものであった。現代のコンゴでの軍隊の行状をのちに紹介するが、人びとの敵としての軍隊と国家はこのとき形づくられたのであった。

一九〇八年から六〇年まで、この国はベルギー領コンゴとして統治されることになった。一九五〇年代の後半、独立間近であったこの国は全人口の約一パーセントが非アフリカ人であったが、彼らは、全資産の九五パーセント、大規模な生産単位の八二パーセント、貯蓄の八八パーセントを独占していた。彼らの富の蓄積はコンゴ人の過酷な労働によるところが大きかった。彼らを労働にかりたてるため、税金を現金でおさめさせたり、強制的に特定の換金作物を耕作させたりした。ベルギーは植民地時代後期になって初等教育、保健衛生施設の充実を図り、かなりの成果をおさめたため、独立後の統治よりも植民地統治のほうがよかったという俗説があるが、これはあきらかに誤っている。植民地時代の大部分はこれらの施設もほとんどなく、公租公課の過重な負担だけが課せられていたからである。人びとの敵としての国家と軍隊は、資源としての労働を利用するための道具であった。

一九五九年一月、首都のレオポルドヴィル（現在のキンシャサ）で暴動がおこり、ベルギーは統治の将来に不安を抱きはじめた。結局一年後の一九六〇年一月にベルギーはコンゴの即時独立を認めたが、経済や資源まで手放すことは考えていなかったのだろう。それが独立直後のコンゴ動乱と、絶え間ない政治的混乱を生みだすことになる。

2　独立直後の大動乱

一九六〇年六月三〇日の独立直後にはじまったコンゴの混乱は「コンゴ動乱」として有名で、すでに多くのことが書かれている。以下、コンゴへの西側諸国の介入を、おもにその政治的側面から素描しよう。

コンゴの独立直後の七月六日から軍隊の反乱が首都をはじめとして各地で起こった。その主な理由は、コンゴ政府軍の将校がおもにベルギー人ばかりであったために、コンゴ人兵士の不満が爆発したことにある、といわれている。ベルギーは邦人保護を理由に七月一〇日ベルギー軍を、コンゴ政府の承諾なしに一方的にコンゴに派遣し、各地でコンゴ政府軍兵士と衝突した。独立後二週間もたたない七月一一日に、鉱山資源の豊富なカタンガ州の政治家チョンベが、カタンガ州の分離独立を宣言し、それをベルギーをはじめとする西側諸国の一部が支援した。たとえばベルギー軍はカタンガのコンゴ政府軍をつぎつぎと攻撃、武装解除して組織を解体し、新たにつくった軍隊や警察の主要ポストにベルギー軍将校を送りこんでいたのである。

それに対してコンゴの初代首相パトリス・ルムンバは、当時の国連事務総長ハマーショルドに国連軍の派遣を要請し、さらに分離独立状態の続くカタンガ州への攻撃を要請した。ハマーショルドの決断が遅いのに業を煮やしたルムンバは、自力でのカタンガ州攻撃を計画したが、これを性急な冒険とみたカサヴブ大統領は、九月五日ルムンバ首相を解任した。これに対してルムンバもカサヴブを解任すると表明した。激昂し、ますます先鋭化していく首相と、カサヴブや西側諸国との対立は深まる一方であったが、九月一四日、コンゴ陸軍参謀総長モブツ大佐のクーデターが起こることになる。

その後のコンゴでの首相、内閣の変遷は枚挙にいとまがないので省略するが、初代首相ルムンバの暗殺とその影響についてふれておこう。モブツのクーデター以後、ルムンバはカサヴブ、モブツらとの権力闘争に敗れたため、自らの地元であるスタンレーヴィル（現在のキサンガニ）に脱出し、そこで体勢を立て直すことにした。一一月二七日に首都を隠密裡に脱出したルムンバらは、しかし一二月一日、脱出途上で逮捕されることになる。翌年一月一七日、彼らはカタンガ州の州都エリザベートヴィル（現在のルブンバシ）に移送され、同夜殺害されたという。

ルムンバの脱出から殺害までは不明な点が多かった。彼は逃亡中に地元住民に殺害された、と二月一三日になってから発表されたが、信じる者はほとんどなかった。一九九九年になって、『ルムンバの暗殺』という本が出版され、この本とその他のさまざまな証言などをつなぎあわせると、彼の暗殺はベルギーとアメリカ両政府によるものであったという疑いが濃厚になってきた。

ルムンバ暗殺の政治的影響はきわめて大きかった。ルムンバの逮捕直後に、スタンレーヴィルでは、ルムンバ派が新政府の樹立を宣言しコンゴ東部を急速に制圧していった。また、ルムンバ暗殺後四年以上にわたって、コンゴの各地で旧ルムンバ派の反政府武装闘争があいつぎ、一九六五年一一月のモブツの第二回めのクーデターまで、コンゴは政治的に不安定な時期がつづくのである。

このような体制と反体制の対立よりさらに甚大だと思われる影響は、コンゴの政治的指導層への影響である。ベルギーやアメリカといった外国勢力の指示により、コンゴ人自身が自国の首相を逮捕し、暗殺するという経験は、コンゴ人の政治家たちに以下のようなメッセージを明瞭に伝えたと思われる。すなわち、反西側的な傾向をもつ政治家を欧米は手段を選ばず排除するというメッセージである。たとえば、コンゴの独立以前からコンゴ動乱期にかけてＣＩＡ（アメリカ中央情報局）は何人かのコンゴ人政治家を援助していたが、最終的にモブツを選択し、それ以降モブツはＣＩＡとの協力関係を頼りにして政権を維持していくことになる。これはルムンバがＣＩＡに嫌悪されたのと対極的なあつかいである。そもそもルムンバ暗殺に関わったモブツにとって、ＣＩＡと対立することなど選択肢にも入っていなかったに違いない。

コンゴは植民地時代から国家や軍隊が人びとの敵であった。独立を契機に人びとと国家の関係は新しい局面を迎えるかに思えたが、ルムンバの暗殺はその期待をうち砕くことになった。政治家たちは人びとに向きあうのではなく、外部勢力にうかがいをたてることを重んじ、一般国民のことは彼らにとって第二義的な意味しかもたなくなったのである。

■――専制国家の誕生と滅亡

1 西側に優遇された冷戦期

旧ルムンバ派の組織だった武装闘争は、一九六四年一一月に彼らの本拠地スタンレーヴィルが制圧されたことによって終結した。この作戦は、隣国ルワンダの飛行場を飛びたったアメリカの軍用機がベルギーの降下部隊を輸送し、彼らがスタンレーヴィルに降下したのである。その後コンゴ政府軍、傭兵の地上部隊が突入した。ルムンバの暗殺からルムンバ派の掃討まで、アメリカとベルギーがいかに深く関わっていたのかおわかりいただけるだろう。

その後コンゴの政局は混乱がつづき、ついに一九六五年一一月、モブツが二回めのクーデターを起こして大統領に就任することになる。この章では一九九七年までつづくモブツ政権をごく簡単に回顧し、次章でその経済史を素描することにする。モブツ政権前半期では、モブツ個人への権力の集中が着々と進められた。チョンベやカサヴブは引退したり、亡命したが、その他の反対勢力は容赦なく弾圧された。反体制政治家やジャーナリストへの弾圧は、モブツ時代の全期間にわたって程度の差こそあれ、暴力的なものであった。ずっとのちの一九九二年のこと、私はある野党政治家の自宅にロケット弾が撃ちこまれた跡を見た。それは自宅前の大きな通りの向かい側から、夜撃ちこまれたのだという。それがモブツの命令によるものか否か証拠はないが、この事件のメッセージは、暴力的な支配を長期間経験してきたザイール人にとって自明のものであった。

一九七一年一〇月、モブツは国名をザイールに変え、その後まもなく植民地時代の記念碑をとりのぞき、ヨーロッパの名前をもつ街路や公共の場所を現地名に変更することを打ち出した。翌年初めには、ヨーロッパ風の名前をもつ者はザイール風の名前に変更することを義務づけられた。それにともなってジョセフ・モブツと名のっていた大統領は、モブツ・セセ・セコとなった。

一九七七、七八年は、鉱山資源の豊富な南部のシャバ州（現在のカタンガ州）に、隣国アンゴラから反モブツ武装勢力が侵入した。この勢力は独立直後にチョンベがつくった軍隊、カタンガ憲兵隊の流れをくみ、モブツに強い恨みを抱いていた。二度の侵入に対してザイール軍はほとんどまったく抵抗できず、二度めの侵攻に際しては鉱山の中心都市をやすやすと明けわたしてしまうほどであった。モブツはこれらの侵入を東側が支援していると して西側の支援を呼びかけ、一度めはフランスがモロッコ軍を空輸し、二度めはフランス軍とベルギー軍が直接介入し、侵入勢力をアンゴラに追い払っている。その後、ザイール軍による容赦のない平定作戦が行われ、一般市民への迫害がつづいたため多くの人びとがアンゴラへ難民として脱出した。

激動の六〇年代、七〇年代にくらべて一九八〇年代は政治的、軍事的にはザイールが安定した時代であった。一九七九年に世界銀行や国際通貨基金（ＩＭＦ）の経済再建策を受け入れ、八〇年代には経済改革が試みられた。しかし、大統領とその周辺の権益にふれるような改革は強い抵抗を受け、また民間資金もザイールから流出して、人びとの暮らしは苦しくなる一方であった。

2　冷戦後必要とされなくなったモブツ体制

一九八九年一二月、米ソ首脳によるマルタ会談で冷戦の終結が宣言され、アフリカ大陸において各国を西側、東側と分けて考える必要がなくなった。これまでアメリカにとって地政学的に重要な位置を占めてきた中部アフリカの大国ザイールは、その政治的な価値を突然失うことになった。さっそく九〇年三月にはベイカー米国務長官がザイールを訪問し、民主化を要求した。翌四月、モブツ大統領は一党制を廃止し、野党の存在を認め複数政党制に移行すると発表した。このあと野党指導者の台頭や憲法制定をめぐってのかけひきなどのため、一九九四年半ばまでモブツ政権の不安定な時期がつづく。

とくに一九九二年頃は、今にもモブツ政権が終わり、民主主義国家が誕生するのではないかという期待が国中にみなぎっていた。新時代への期待と、政治を批判できること自体の新鮮さとで、人びとは多幸症とでもいえるような心理状態にあったと思う。実際「民主主義の熱病」という言葉が人口に膾炙していた。「民主主義の熱病」のさなかでも、基本的な支配の構造はまったく変わっていなかった。首都キンシャサでの野党勢力のデモに対してはほぼ毎回治安部隊が発砲し、そのたびごとに死者が出ていたのである。前述の野党指導者の家へのロケット弾攻撃も、九二年八月のことである。ザイール銀行の総裁もモブツの手の者で、モブツは金と暴力をけっして手放そうとはしなかった。結局、九三年の夏までに「民主主義の熱病」はすっかりさめた。九一年九月と九三年一月に、軍が暴動を起こし、これに一般市民も加わって各地で大規模な略奪が行われた。このため経済は悪化の一途をたどったが、治安維持の方策を持たない野党にこのようなカオスに対処する力がないことは明らかだった。モブツしか選択肢は残っていなかった。九三年も私はザイール東部とキンシャサを訪問したが、一年前との空気の違いに驚いたものである。前年は、革命前夜を思わせたが、この年は敗戦直後の虚脱感に満ちていた。デモを何度やっても、人が死ぬばかり、政治体制はびくともしない、「もう絶望的だ」と、実際にデモに参加し人びとが殺されるのを目にした市民運動家はこう語った。一年前彼は「もうモブツはおしまいだ」と意気盛んであったのに。

一九九四年四月のルワンダ大虐殺につづき、七月にはルワンダから大量の難民がザイール東部に流入し、ザイールは世界の人道援助活動のメッカとなった。そして九〇年以来国際的に孤立し、世界銀行などから見放されていたザイールは、モブツ体制のまま徐々に国際社会に復帰していくことになる。難民援助の窓口として、協力者として、モブツ政権を認めざるをえなかったというのがその理由である。九〇年四月からのモブツ政権の動揺は、ここにほぼ終結したのである。

一九九六年八月、モブツはスイスの病院に前立腺ガンで入院した。その直後の九月頃から東部ザイールで、ザイール軍とバニャムレンゲとよばれる民族の武装組織とが頻繁に衝突をはじめた。一〇月になってついにAFDL(コンゴ―ザイール解放民主勢力連合)が結成され、モブツ体制打倒を目的とした内戦を開始した。彼らは、ルワンダ、ウガンダ、ブルンジ、そしてのちには、アンゴラの直接的な支援を受けながらキンシャサをめざし、翌九七年五月に、モブツが脱出した首都に無血入城したのである。AFDLの議長であったローラン―デジレ・カビラが新しい大統領となり、国名をザイール共和国からコンゴ民主共和国に変更した。しかし九八年八月、かつての同盟者であったルワンダ、ウガンダとその支援を受けた反政府勢力が、反カビラの武装闘争を開始する。二〇〇一年一月のカビラ暗殺にいたるまでの経緯とその後の情勢については、未だ明らかではない部分も多くここでは触れない。終章で、その間の経済状況についてだけ若干紹介することになるだろう。次章では時を少しさかのぼって、モブツ時代の経済的破局と人びとの苦しい生活を素描することにしよう。

■——ザイール経済の破綻と生存をかけた人びとの闘い

1　経済的破局への道

一九七三年一一月、モブツ大統領は農業、商業部門における外国人所有の中小資本を、ザイール人に分配する政策を開始した。これは「ザイール化」政策とよばれ、ザイールの経済的自立を達成するための政策と発表された。しかし、分配をうけたザイール人は主として大統領に近い政治エリートたちであり、企業経営に経験のない者が多かった。そのため多くの企業がたちまち経営に行きづまり、ザイール人労働者が解雇されたり給与の支払いが滞ったりした。「ザイール化」政策は、経済的独立をめざしたものに違いなかったが、それは政治エリートたちの経済的基盤を強化する目的のもと実行されたのであって、けっしてザイール人一般の利益には結びつかなかった。同時期に、主要輸出産品である銅の国際価格が暴落し、石油ショックがおこり、ザイールの経済は急速に悪化し対外債務は膨張した。

経済の悪化をうけてザイールは世界銀行やＩＭＦに要求され、経済改革を実施したが、一九八〇年代後半にはその失敗がはっきりしてきた。大統領と政治エリートの既得権に関わる改革が強い抵抗をうけたこと、債務支払いが多額に上り資金の流入量を上回ったことなどが原因として指摘されている。結果として庶民の生活はますます苦しくなり、好転の兆しがないまま、上述した九〇年代初頭の民主化をめぐる政治的混乱期を迎えることになる。九一年と九三年に、軍が二回暴動を起こし、それに市民も加わって商店、企業、はては一般市民の住宅までもが略奪の対象となった。いずれの暴動も、軍に対する給料未払いなど経済的な要因が引き金となっていた。商店は商品のみならず陳列棚や壁紙、扉までも盗まれたのである。

ザイールの経済危機は政策の失敗がもたらしたものであるとともに、その政治経済体制のゆがみから招来されたものでもある。国家予算の一五パーセントから三〇パーセントが大統領を介して支出され、チェックのきかないお金であったという。一九七一年の予算のうち、約六〇パーセントが失われたり、当初の目的以外の用途に転用されたりしたという推定もある。病院、学校などの公共機関および道路などのインフラは、国家による支援が得られず着実に崩壊していった。たとえば、独立時に使用可能な道路は国全体で約一四万キロメートルあったが、八五年には約二万キロメートルに減少している。舗装されていない道は整備作業を怠ると、すぐでこぼこ道になり、低いところに水がたまりぬかるんで通行不能になってしまうのである。一部のエリートだけが富み、大多数が貧困にあえぐという構図は、白人が富を独占し、コンゴ人が搾取されるという植民地時代の構図と相同のものである。つまりザイール－コンゴの人びととその支配層との政治経済的な関係は、独立前後で変わっていないのである。

2　生存のための苦闘

ザイール国民にとって、多くの公共機関や公務員はサービスを期待できる相手ではなく、へたをすると逆にお金をむしり取られかねない、できれば敬遠しておくに越したことはない対象であった。七〇年代から当たり前のようになった、検問での兵隊たちによるワイロの要求、出入国管理、税関でのワイロの要求は、一部の例外をのぞいて現在までも連綿とつづいている。ほとんどすべての公務員、そして一部の私企業従業員に見られる汚職は、モラルの低下だけが原因ではない。国家を動かす政治エリート層が経済的資源を独占していくにつれて、エリートでない中級から下級の公務員は急速に貧しくなっていった。七六年の実質賃金の平均は六〇年の独立前後のそれにくらべて四分の一であり、七八年にはさらに四〇パーセント減少して一九一〇年のレベルを下回った。その後も収入が急速に減少していくようすは、一人あたりの国内総生産（GDP）の推移から見てとれよう。七五年から九七年までに一人あたりのGDPは三分の一以下に減少し、年間九七ドルになっている。この間の減少率は年五・一パーセントという高率である。八〇年には、副大臣の給料でさえも六人家族を食べさせていけないことが明らかになっている。一日二回砂糖入りの紅茶とパンの軽食を食べ、一日一回のキャッサバとおかずの食事で、六人家族で当時一カ月九二三ザイール必要だったが、副大臣の月給でも八五六ザイール、事務員の月給にいたってはわずかに一一〇ザイールであった。必然的にザイール人の栄養摂取量は減少しつづけてきた。一日一人あたりの摂取カロリーは、七〇年から九六年までの間に三〇〇キロカロリー以上減少し、同時期にタンパク質摂取量は二〇パーセント、脂肪の摂取量も一三パーセント減少している。多くのザイール人にとって、マクロ経済の破綻は生命の維持に直接関わる問題となっていたのである。

それでは、人びとはどうやって生きのびていたのだろうか。さまざまな生存のための方策が試みられてきた。地方の大都市キサンガニのある労働者は、休みをとって郊外の自分の畑に出かけ、多くのキャッサバを植えている。彼の奥さんが町から出かけていっては収穫してくる。この一家はほとんどこの畑の収穫物だけを食べており、それ以外には塩漬けの魚をときおり買うくらいである。首都でも地方都市でも、庭先、道ばたにキャッサバが植わっているのは日常的な光景であるが、それは都市のなかの自然というのどかな風景なのではなく、とりもなおさず食糧危機が日常化していることを意味しているのである。

零細な仕事を行う人びとも多い。自分の畑でとれた食物を市場に売りに出かけたり、あるいは食料や荷物を運んだりしてわずかな金を稼ぐのである。都市の市場に出かけると、一軒の店を構えている商人、〇・八〜一・六平方メートルほどの売り台に品物をならべているおばさんたちのほかに、頭に大きなたらいをのせ、そこにスナック、お菓子、たばこなどを満載して売りあるく少年少女がたくさんいる。また中年の男がズボン一本、あるいはおもちゃを数個抱え、必死の形相で売りあるくさまは、私と年齢が近いこともあり胸を突かれる光景である。

そのほかの生きのびる手段として、換金作物や金やダイアモンドの密輸も盛んになった。コーヒーや象牙の密輸では、バーター取引きが一般的であったという。車、トラック、オートバイ、それらの部品などと交換されるといわれている。前述のような激しいインフレのなか、現金での取引きはリスクが大きいので、物々交換が好まれるのであろう。個人による密輸の多くは法外な利潤をあげるためにではなく、理不尽な低収入のなかで食べていくためのものなのである。

次章ではザイールの政治的、経済的崩壊が、私の調査地である辺境のある村に与えた影響を、ややくわしく紹介しよう。

■——ハイパーインフレーションと辺境の生活

1　壊れていく道

一九八五年、私が人口二〇〇〇人ほどのドゥーイ村をはじめて訪れたときには、六〜七平方メートルくらいの小さな雑貨店があり、そこでは塩、石けんはもとより、砂糖、紅茶、粉ミルク、布、灯油ランプ、懐中電灯などかなり多くの種類の品物が売られていた。もっとも、七〇年代の前半にここを訪れた研究者によれば、当時の村

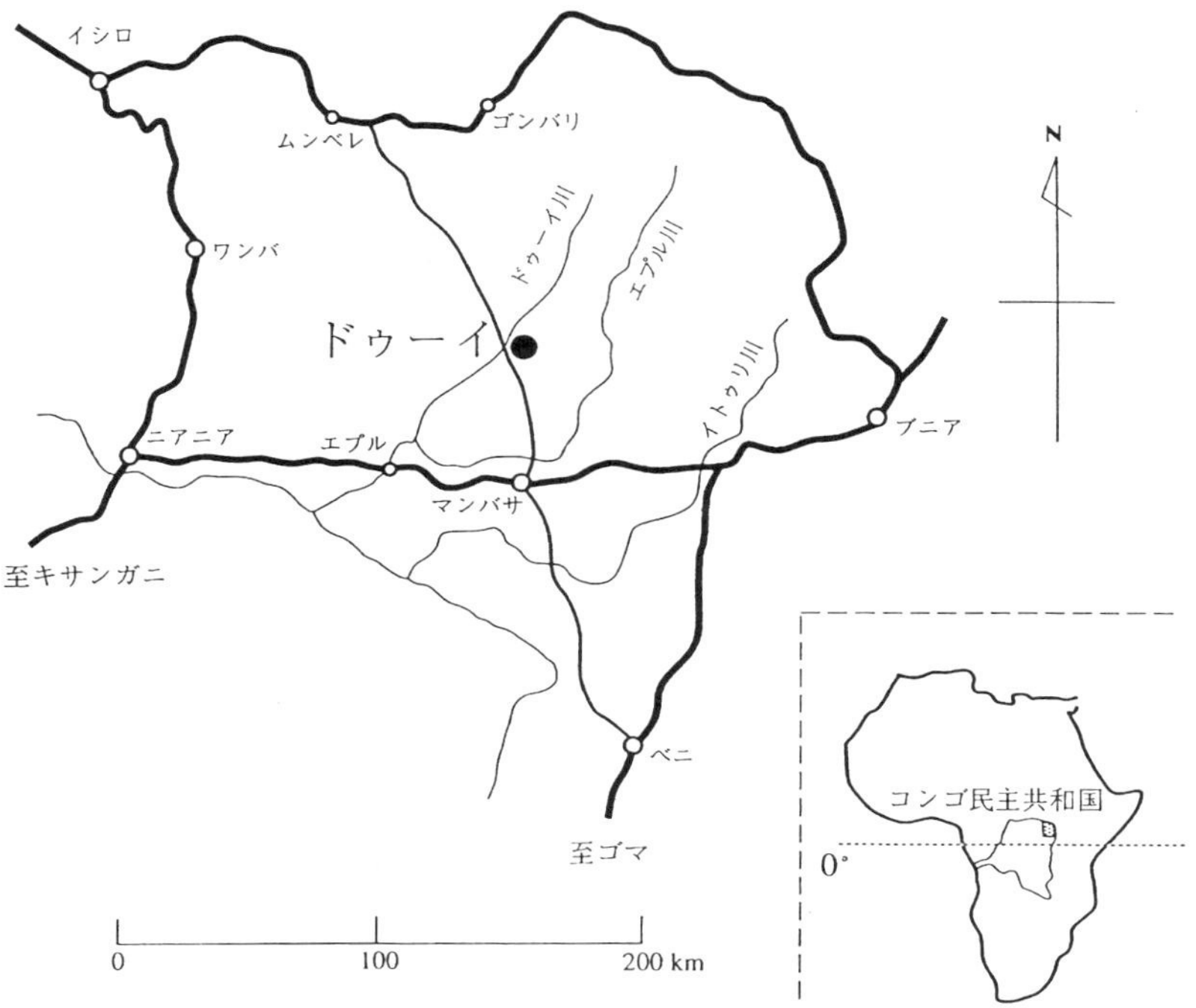

図1　コンゴ東部ドゥーイ村の周辺

には雑貨店が二軒のほか、小さなホテルやバーまであったという（図1）。

七〇年代半ばにはこの村を南北に通る道を路線バスが走っていたというが、八五年には小型トラックか、四輪駆動車くらいしか通れなくなっていた。九五年にはほかの幹線道がすべて通行不能になり、この道しか残っていなかったので、大型トラックが通りはじめた。やっとのことでトラックは通行していたが、九八年に私が行ったときにはトラックだけでなく、四輪駆動車も通れなくなってしまった。道が悪くなるのと同時に、荷物輸送の自転車が数多くこの村を通るようになった。この零細商人たちはザイール―コンゴの共通語のひとつであるリンガラ語で「クンバクンバ」と呼ばれている。「クンバ」とは「運ぶ」の意である。内陸部のイシロ方面からの自転車は、二〇リットル入りのプラスティック製灯油缶二、三缶のヤシ油を積んで、二〇〇

写真１　マンバサの中心街。数年前までは物資輸送のトラックでにぎやかだったが、周辺の道路が通行不能になりトラックは一台も見あたらない。代わりに自転車が目立つ。写真中央に「クンバクンバ」の自転車が数台見える。1998年７月撮影。

キロメートル、しばしば三〇〇〜四〇〇キロメートルもの長旅をし、東部国境沿いのブニアやベニといった地方都市をめざすのである（写真1）。それらの都市ではヤシ油七〇〇ミリリットルくらいが、一・一ドル相当の値段で売れる。一缶あたり約三〇ドルの収入となり、三缶運べば約九〇ドル相当の収入になる。そのお金で品物を仕入れ、自分の町にもどっていくわけである。

「クンバクンバ」のように重い荷物を積んでの長旅は、肉体に非常な負担を強いる。熱帯林のなかは涼しいが、一般に道路上は直射日光に照らされかなり暑い。しかも道は起伏に富んでいて小さな丘がつぎつぎとつづく。つまり上り坂では必ず自転車を降りて押す必要があるので、自転車に乗っているのは下り坂か平坦地だけだということになる。しかも道には大穴が開いていたりぬかるんでいたりするので、そういうところでは自転車を降りてぬかるみのなかを押して歩かねばならない（写真2）。つまり自転車に乗って楽をしている時間はほとんどないのである。多くの「クンバクンバ」は憔悴しきった顔をしていて、体だけがまるで幽霊のように動いているの

写真２　トラックも頻繁に立ち往生するぬかるんだ道。歩行者は道の端を歩くことができるが、重い荷物を積んだ「クンバクンバ」は、ぬかるみのなかを押し進まなければならない。1995年９月撮影。

であった。

ある日の午後、小さな丘を登りきった木陰に重い荷物を積んだ自転車に寄りかかって、ひとりの男がサドルに顔を埋めていた。私は自転車を押しながら下からのぼっていき、彼を見ていたが微動だにしないのであいさつの声をかけた。ところが返事もなく体もぴくっともしないので、さては立ったまま死んでいるのではないかとおそれはじめたとき、彼はようやく顔を上げ深い安らかな眠りから覚めた。不機嫌なその顔は、起こしてしまった私にむけられていたのであるが、夢のなかで彼のいた場所と境遇が、現実のそれといかに大きく隔たっていたのかをも示していた。夢のなかで、もしかしたら彼は妻子の待つ町にもう着いていたのかもしれない。実際、「クンバクンバ」が路上で斃死《へいし》することはよくあることらしく、ドゥーイ近くでも休憩中にすわりこんだまま、眠るように死んだ男が何人かいると聞いた。立って眠っていた彼にしても、すわって休むともう起きあがれなくなるのを知っていたにちがいない。

2　森へ逃げる人びと

一九八五年、はじめてドゥーイ村を訪れたとき、辺境にしては華やいだ大きな村だなあと感じたことを思い出す。五〇年代にこのあたりで初めてできたカトリックミッションと、それが作った技術専門学校が道の西側の丘の上にあった。道をはさんだその向かいの丘にはコンボーニ派のカトリックミッションがあり、常時少なくとも二、三人のシスターが暮らしていた。そのすぐ横にはドゥーイ村の小学校、この丘のふもとには彼女らが運営する裁縫学校と診療所があった。診療所の前を通りすぎ、ドゥーイ川に向かって少し行くと左手にK氏の小さな店があった。店が開いているときはいつもそこに村人が群がっていて、タバコ、塩、砂糖、灯油、服、マッチ、石けん、ボールペン、サンダル、乾電池など、何百という種類の商品がならべられている店内をまぶしそうに見ている子どもたちもいた。K氏は当時おんぼろのランドローバーをもっていて、これを運転しては町に品物を仕入れに出かけていたのである。店をすぎていくと右手にこのあたりの行政区の首長の家がある。そこから二〇〇〜三〇〇メートルの間には、彼の家を含めてすべて煉瓦造りの大小の建物がつづき、それらはすべて役人の住居であったり、役所であったり、牢屋であったりした。これらの建物以外にも道の両側にはこぎれいに掃除された前庭と、手入れされた住居がつづいており、この地方の行政の中心地として几帳面で威厳のあるたたずまいを見せていた。私が森の奥での調査からときたまドゥーイにでてくると、いつもうきうきするような快い緊張を感じたものである。

ところが八五年以降、八七年、九〇年、九二年、九三年、九五年、九八年とこの村を訪ねるたびに、村はどんどんさびれていったし、人びとの着物もだんだんみすぼらしくなっていった。道路沿いの家々は無人となるものも多く、朽ち果ててあっという間に熱帯の草木におおわれた。技術専門学校は規模が縮小され、診療所は九六〜

九七年の反モブツ戦争の際に略奪されてしまった。役所もその際に略奪され、過去の書類などいっさいがっさいが燃やされてしまったという。K氏はしばらく前から大きな町へと引っ越しし、ドゥーイの店を親戚の若い者にまかせていたが、結局九八年にはその店も閉めてしまった。仕入れに行く町への道が悪く、商品を仕入れることができないほかに、ドゥーイ付近の住民の購買力が落ちてしまったからである。

ドゥーイ村の人びとは道沿いの家から、森の奥に作った畑の出づくり小屋に生活の場を移していった。道沿いに住んでいていちばん困るのは、腹を空かせた兵隊や役人たちがときおりやってきては、村人のニワトリや、ヤギや、鍋、自転車など、とにかく貴重なものをとりあげることである。しかもそれを彼らの自宅まで運搬する仕事にまでかり出されることもある。そのため、おおくの村人が、「強盗」や「泥棒」たちの目のとどかない森のなかの畑へと逃げだしたのである。そもそも植民地時代に、森のなかに散在して暮らしていた人びとは、課税や強制労働を実施しやすくするために道沿いに住むことを命じられ、村が道沿いに作られるようになったのである。今、人びとは国家の「強盗」たちから逃れるためにふたたび森のなかに散らばっていき、自給自足の度を高めているのであった。

3　物々交換へ移行する村の経済

すでに述べたように、ザイールーコンゴにおける政治的経済的状況の悪化、そして道路の悪化とともに、村人は植民地時代以前の生活パターンに避難しつつあった。通貨の流通は少なくなり、商店が姿を消した。頻繁に村を訪れていた行商人も見られなくなった。華やかとまで思われた道路沿いの風景を記憶している者にとって、現在のドゥーイ村は荒野にもどりつつあるように思われ、寂寥感を禁じえない。しかし、お金がないので身につける物や、日常用品などは確かに手に入れにくくなったが、畑を耕し魚や獣を獲っているかぎり、都市住民とは違って飢える心配はほとんどないのである。国家の統制が弱まり森のなかへ散在できるようになって、ほっとしている人びとも少なくないのが現実だ。また乾電池やラジオを買うお金がないので、森のなかに入ってしまうと、国の情勢がどうなっているのかを知ることもない。九八年に私が滞在していたとき内戦が勃発し、ラジオではその話題でもちきりだったが、開戦の数日後に森のなかからでてきた若者は、戦争のことを私から聞いてはじめて知ったほどである。

九三年頃から、ドゥーイ村の周辺で物々交換での商品のやりとりがおこなわれはじめたと記憶する。また学校の教員に、国からの給与が数カ月から一年ほどの間こなくなったのもこの頃だ。そのため、ドゥーイ村の小学校では児童の親たちが先生たちに、一年分の授業料としてヤシ油や現金を払うことになった。先生たちは自分たちの畑を耕して食物を得るほか、親たちからの寄進で生活を維持することになった。教育は国家の事業ではなく、児童の親と先生たちの共同事業となったのである。

九五年になると、ドゥーイ村の小学校の校長や教員は、もう二年以上も給与の支払いを受けていなかった。この年の授業料は、児童一人あたりビールビン一七本分のヤシ油であった。ほとんどの親たちはアブラヤシの実を切って、せっせとヤシ油づくりにはげんだ。そのおかげでドゥーイ村でヤシ油を買おうとしても、売ってくれる人を見つけるのに苦労するようになった。ヤシ油を持っている人を見つけても、それは自分の子どもや親戚の子どもの授業料用であることが多いからである。そもそも現金を受けとってもすぐ価値が下がるし、それを使う店もないので、現金を受け取りたがらないのである。そのため一部の人は何カ月も何年も現金を見たことがなかった。九八年に私が持ってきた現金をしげしげとながめ、「久しぶりだなあ。お金を見たのは」と、感慨深げに言う村人もいたのである。

ドゥーイ村の商店は、九八年にはなくなっていた。しかし、町から子供服や、婦人服、魚の塩漬けなどをどうにか運んできた人が、家の前庭に椅子をおきその上にそれらの商品をのせて売っていることがあった。私は家人から頼まれ魚の塩漬けを買いに行って、それが現金では買えないことを知った。魚の塩漬けはヤシ油でしか売らない、というのである。彼も学校用のヤシ油を集めるのに四苦八苦しているのであろう。魚の塩漬けを手に入れるために、私はヤシ油を現金で売ってくれる人をまず探しだし、ヤシ油を買ってからそれを持って魚の塩漬けを買いに出かけた。以前は現金を手に入れるおもな方法のひとつであった自家製蒸留酒の販売も、ヤシ油や塩などとの物々交換になっているとのことであった。ドゥーイ村におけるほとんどすべての取引が物々交換になっている、というのが村人たちの意見である。

ザイールの経済破綻とハイパーインフレは、都市での取引のドル化と、田舎での物々交換化をもたらした。いずれも国家がコントロールできる通貨から離脱して、国家による破壊から自分たちの経済、すなわち生存を守ろうとする動きであったと考えてよいだろう。

■――「戦争」はさらにつづく

一九九七年五月にモブツ大統領が国外に逃亡し、反乱軍のリーダーだったカビラが大統領になった。国名もザイール共和国からコンゴ民主共和国となった。しかし、国軍と反乱軍との間の戦争以前に、しかも植民地時代から、この国と人びととの間はずっと「戦争」状態であったのであり、人びとにとって国家とは生活の場所から遠ざけるべき対象、すなわち敵であったのだ。内戦はモブツとその側近たちの支配を終わらせたが、それはすでに長年戦われた「戦争」にひとつの休止符をうったにすぎない。この反モブツ戦争の終わり近く、九七年四月に、ある通信社の記者がキンシャサで通りかかった初老の男に「最近のザイール情勢をどう思うか」と尋ねたところ、その男はこう答えたという。「二、三日前にある新聞で『カビラの進撃は国をパニックに陥れている』と書いてあったが、この記事は嘘だ。なぜなら、私たちはこの三〇年間ずっとパニックの状態だったからだ」。ザイール―コンゴの人びとのユーモアは、シュールなまでの現実を自虐的に表現する。多くの者がこの「戦争」のパニックのなかで斃れた。診療所で払う金のなかった者、難産の妊婦を車で運ぶ運賃が払えなかった者、兵隊に少し反抗したため殴られて死んだ者、なんの咎もないのに逮捕され投獄されて飢えた者（ザイール―コンゴの囚人の多くは親戚の差し入れしか食べるものがない）、兵隊に強姦されて流産した妊婦……。

カビラ政権の誕生から一年ほど後の九八年八月、反カビラ武装勢力が隣国ウガンダ、ルワンダの政府軍の支援を受けて蜂起し、コンゴは再び内戦に突入した。カビラ政権誕生後小康をえていたインフレもふたたび猛威をふるいはじめ、為替レートも急落しはじめた。モブツ政権末期の九七年三月にはすでに、一ドル＝一四万四五〇〇新ザイールに達していたが、その後為替相場は安定し、九八年五月上旬でも一ドル＝一三万～一五万新ザイールであった。九八年六月末日、つまり内戦の勃発直前にコンゴ・フランが導入され、一コンゴ・フラン＝一〇万新ザイールとされた。したがって、この頃一ドルは約一・四コンゴ・フランに相当した。二〇〇〇年一〇月頃、コンゴ東部では、一ドル＝六〇～一〇〇コンゴ・フランに達し、二〇〇一年三月には、一八〇コンゴ・フランにまで達した。一九九九年のインフレ率は、一三七パーセントにまで落ち着いていた(!?)が、二〇〇〇年はふたたび上昇し、四〇〇～五〇〇パーセントに達した。またザイール時代から蓄積された対外債務も膨張し、二〇〇〇年には、一三五億ドル〜一六〇億ドルに達していると推定されている。国内総生産の二〜三倍に達する数字である。経済成長率は内戦勃発後、一九九八年にマイナス三パーセント、九九年にはマイナス一四パーセントに下落した。

モブツ時代の首都キンシャサにおいて都市住民のほとんどは、朝、砂糖（もしあれば）をいれたお茶を飲んで、仕事（もしあれば）に出かけ、昼はなにも食べないか、ピーナツを二〇〜三〇粒買って食い、夜になってやっと質素な食事をとるといった食生活をしていたと思う。夕食を欠かさないのは、空腹では眠ることができないからである。それが今日では、一日一回の食事もままならず、子どもたちに食べさせるためにしばしば二、三日の断食をする人が多いという。世界食糧農業機関による二〇〇〇年一一月のレポートによれば、二〇〇〇年のキンシャサにおける食糧の必要量は、各種農作物、肉類などあわせて約一五〇万トンと推定されたが、供給量は四五万トンにすぎなかったと推定されている。人口を七〇〇万人とすれば、一人あたり一年間の供給量の平均は約六四キログラムであり、一人一日あたり一八〇グラム弱となる。キンシャサ住民の食生活はすでに難民や国内避難民のレベルに低下しているといってよい。これはほんとうに「戦争」なのである。

本稿の冒頭で、パンを買いに出かけていた私の友人は、大学生に経済学を講義していた。彼の大学の図書館は、九一年の大略奪の際一切の蔵書を奪われ、学生たちは勉学の手段を失った。彼は自分のアルバイトで金を稼ぎ（大学の給料は月額五〇ドルほどで、しかも長い間支払われていなかった）、家族を養うとともに、自分の書いた教科書を出版して、学生に安くわけていた。ザイール経済の問題点を指摘した教科書だった。私の友人は外国で学位をとったので、そんなザイールにもどらなくてもいい勤め先があったはずなのである。外国の企業や、国際機関に勤めることもできたはずだ。しかし、「学生を教育することで、ザイールの未来に責任を果たそう」と決意して彼は帰国したのであろう。九九年四月訃報が届き、彼がキンシャサで死んだことを知った。この「戦争」の犠牲者がまた一人増えた。今回の内戦がよしんば終わったとしても、この国の「戦争」は悲しいことに容易には終わらないのである。


〈参考文献〉

小田英郎『アフリカ現代史Ⅲ　中部アフリカ』山川出版社、一九八六年。

栗本英世、井野瀬久美恵（編）『植民地経験――人類学と歴史学からのアプローチ』人文書院、一九九九年。

サルトル、J・P『植民地の問題』（鈴木道彦訳）人文書院、二〇〇〇年。

末原達郎（編）『アフリカ経済』世界思想社、一九九八年。

武内進一（編）『現代アフリカの紛争――歴史と主体』アジア経済研究所、二〇〇〇年。

ホスキンズ、C『コンゴ独立史』（土屋哲訳）みすず書房、一九六六年。

Ⅲ　市場経済のただ中で

1 走りそびれたランナーたち

牛牧民キプシギスの一世紀

小馬 徹

■――世界記録を追う牛追い人たち

ケニアは、日本人に最もなじみのあるアフリカの国の一つだろう。これといった天然資源もないが、かえってそれが幸いして、一九六三年末の独立以来危機的な内部紛争を経験しなかった。アフリカでは稀な平和と安定が国際的な信用という「資源」となり、ケニアは西側諸国や世界銀行、ＩＭＦ（国際通貨基金）などの援助や融資に長らく恵まれた。そして、他国の自然公園に比べて必ずしも規模が大きいわけでも、動物が多いわけでもないマサイ・マラなどの「野性の王国」が世界に名を馳せたのも、この新たな資源のおかげだった。

実はケニアには、隠れた、だが世界に冠たるもう一つの「資源」がある。続々と輩出し続ける陸上長距離走者たち（人的資源）である。ケニアの男子陸上走者たちは、一九七〇年代以来長距離走で、世界最高記録とオリンピック、世界陸上選手権、英連邦陸上競技会などの栄冠を総なめにし、半ば独占してきた。昨今は、傑出した女子選手も次々に生まれている。二〇〇一年一〇月のベルリン・マラソンで、高橋尚子がT・ロルーペの世界最高記録を破って二時間一九分台に突入する大記録を樹立したのは、まだ記憶に新しい。ところが、その僅か一週間後のシカゴ・マラソンで、C・ンデレバがさらに五九秒も記録を短縮してしまった。しかもケニアは、M・オカヨなどの二人を脅かす逸材にも事欠かない。

世界の陸上長距離界にケニア時代を切り開いて長年リードしてきたのは、カレンジンと呼ばれる民族群の人たちだった。彼らの活躍は他民族の選手をも鼓舞し、近年層の厚みを増したケニアの選手たちは、世界各地の競技会で圧倒的な存在感を誇っている。先進諸国に本拠地を移した者も少なくない。彼らの力は折々に激しく炸裂して、世界を震撼させる。最近の例では、ケニア人選手が二〇〇二年二月のロサンゼルス・マラソンの男子一〜五位、四月のボストン・マラソンの男子一〜四位、同女子一、二位を独占した。ケニアの主要紙『ネイション』は、二〇〇一年の特集記事で、陸上長距離選手が間もなくケニア第一の「輸出品」になるだろうと、半ば真顔で報じていた。彼らの稼ぎが年々増え続け、世界第五位の生産高を誇る第一の輸出品、茶の輸出額に迫りつつあるというのだ。

現代のスポーツは、変貌する世界の今を端的に写し出す鋭敏な鏡でもある。十六世紀以来世界システムとなった資本主義では、わずかな時間の差異が莫大な富を生む決定的な要因だ。だから、競争競技で百分の一秒という僅差を競い合う才能が単純明快に礼賛され、選手たちは今ややすやすと国境を越えて行く。長年その潮流の最先端を走り続ける、ケニアの長距離走者たち。彼らは、まさにグローバリゼーションの申し子というにふさわしい。

カレンジンの人々は、誰もが自分の走力をひそかに自負していて、有名選手はたまたまデビューする幸運に恵まれただけだとうそぶく。自惚れや誇張はあっても、半面の真実を言い当てていよう。だが、誰もがロルーペやンデレバになれるわけではない。そして、躍動する走者たちへの熱い注視をよそに、ケニアの田舎の人々の姿は遠景に没して、ほとんど知られることがない。進行するグローバリゼーションの渦中を、彼らは一体どう生きているのか。本稿の目的は、カレンジン諸民族中最大のキプシギスの人々を例として、カネとの格闘たることを免れない暮らしの機微を描くことだ。その背景を理解するために、まずキプシギスの近代史を素描してみよう。

■植民地化からケニア独立へ――まったなしの近代化

キプシギスの人々は、赤道のわずかに南、ヴィクトリア湖の東北隅に接するアフリカ大地溝帯の急峻な断崖や、その上に広がる標高二〇〇〇メートルに近い高原地帯に住んでいる。

アフリカ大陸でも、地中海世界の一角を占める北海岸やダウ船の遠洋交易で知られる環インド洋世界に開けた東海岸は、古来、文明の波に洗われてきた。西海岸もヨーロッパやイスラム世界との長い交渉の歴史をもっている。一四九七年には、ヴァスコ・ダ・ガマがさらに南下し、喜望峰を越えてインドに達した。一方海岸部とは対照的に、内陸部中央はごく最近、つまり探検家たちがナイルの源流探しに鎬《しのぎ》を削る十九世紀半ばまでは外部世界から完全に遮断され、(欧米には「暗黒大陸」に見えた)独自の広大な宇宙を形成していた。人々は無数の小さな群に分かれ、農地や放牧地や水場を求めて不断の遊動を続け、到る所で自在に入り混じり合った。その恰好の回廊となったのがアフリカ大地溝帯である。ことにヴィクトリア湖周辺は、形質や言語・文化の系統が違う雑多な集団が離合集散を繰り返す「沸点」となった。

今日キプシギス人と呼ばれるのは、数百年をかけてこの回廊から「沸点」へと入り込んだ南ナイル語系の人々が、すでに大陸南東部に広く進出していたバントゥ語系の農耕民や、小柄で肌色の明るい先住狩猟採集民を吸収して形成した民族集団である。この過程で、エチオピアから南下したクシュ語系の人々からは割礼や社会構造の核となる年齢組織を、東ナイル語系のマサイ人からは牛牧、戦闘法、衣装と装身具などの文化要素を受容した。キプシギス人らは強力な軍団組織を誇り、（雄ライオンを一人で槍で仕留めなければ成人できないほど）勇猛なマサイ人を徐々に駆逐した。海岸地方からやって来る奴隷商人さえ寄せつけなかった彼らも、二十世紀初頭には、ついに英国植民地政府の銃火器の威力の前にねじ伏せられてしまった。

植民地政府は、まず部族という西欧の概念による自他区分を強要したうえで、キプシギス人の領土と行政区画を決め、彼らを統治する彼ら自身の行政首長とその上に立つ英国人行政官を任命した。しかも、懲罰遠征を敢行して人々を山地へ追い込み、手当たり次第に牛や山羊・羊を略奪する。そして、人影の絶えたサヴァンナを焼き払った跡地に、英国や南アなどから大量のヨーロッパ人を入植させたのだった。

その後、服従の誓約書に指紋押捺した者には、「不法占拠人」（squatter）として白人入植地内に住むことを認め、その代わりに小屋税と人頭税を取り立て、一定の日数の強制労働を課した。さらに、（それが伝統的な経済と文化の柱であり、男性にとっては戦士時代こそが人生の華だったのだが）マサイ人などとの部族間の家畜略奪戦を犯罪視して軍団組織を骨抜きにし、母村を離れて牛群を放牧する戦士と年長の若者たちが住む牛牧村を廃絶に追い込んだ。こうして牛牧の民キプシギス人は「部族」の枠にはめこまれて定住化（農牧民化）し、植民地の現金経済に急速に絡め取られていった。

植民地経済は人々の価値観を根底から洗い直した。ミッションの学校で土地の私有観念に目覚めた若者が一九二八年に始めた土地の囲い込みは、野火のごとく全土を覆い尽くす。栽培しやすいトウモロコシは、シコクビエやモロコシに代わって飢饉を救ったばかりか、農園や町の労働者用の食糧となって現金収入をもたらした。一方、豊かさや男らしさの象徴として無数に飼われていた去勢牛は穀潰《ごくつぶ》しと見なされ、犂耕《りこう》用のわずかな頭数を残して乳牛に置き換えられた。牛がさまざまな価値を体現していたキプシギスの牛文化複合から牛の聖性を奪い取るこうした経済本位の暮らしの合理化こそが、約一世紀足らずの間に人口を十数倍に爆発させた要因だ。この劇的な社会変化を一言で要約すれば、「牛づくし」の暮らしから「カネが全て」の生活への移行であり、それは決して後戻りできない変化だった。

二十一世紀の今、子孫に細分する土地は尽きたが、現金への渇望は際限がない。元々ケニアに自営業の伝統はなく、植民地化以来ほぼ唯一の雇用先は政府機関だった。だから教育後進国の常として、学業が選別の単一の尺度となり、受験競争が日々昂進し続けた。しかし、独立後の急激な教育部門の拡充に見合う産業部門の成長は望むべくもなかった。今や名門国立大学を出ても容易に職にありつけないのだが、他に縋《すが》るべき道がない以上、人々の教育熱と教育投資への傾倒は微塵も緩む気配を見せない。しかも、膨大な教育費や医療費は別にしても、茶、砂糖、衣類などの日用雑貨を買うちょっとしたカネなしには、もう一日も生きてゆけなくなっている。

ただ、こう述べただけでは一般論の域を出ず、キプシギスの人々の暮らしや心理の細《こま》やかな襞が見えてはこない。では、一体どうすれば日常生活の具体的なイメージが浮び上がってくるのか。それには、人々の日常の委細を公の統計や経済指標に還元しないで、直に丸ごと描き出す必要がある。一見簡単そうだが、これが最も困難な仕事なのだ。というのも、田舎の庶民は、その活動の大半を市場経済では捕捉できないインフォーマル・セクターに当たり、彼らの活動は形式化されない相互行為の束からなるからである。それらは大概「暗黙知」となっていて、人々もその論理をことさら意識せず、したがって問われても説明できない場合が多いのだ。また、世間では周知のことであっても、（賄賂など）外部には堅く秘されている事柄も少なくない。

そこで、一九五〇年生まれの長年の友人フランク・ロノ（仮名、以下の人名も同じ）と、彼の長男で一九七五年生まれのルーベン・リモに庶民を代表して貰おう。二人の家計の子細な検討を糸口に、人々のカネとの格闘と、そうした暮らしに纏《まつ》わる心の機微を浮き彫りにしてみたい。

■――フランク・ロノの父祖の歴史と暮らし

キプシギスの土地は一九九〇年代に、北からケリチョ県、ブレット県、ボメット県に三分された。ケリチョ県は、政治経済の拠点であるケリチョの町を擁する、茶の一大産地。ブレット県は、植民地化以来常に近代化の起点となった豊かな土地だ。だが南のボメット県は、標高が低くて降雨量が少なく、地質も茶など換金作物の栽培には向かない。ことにその西部は環境条件が厳しい。県都ボメットからも遠く、中心地カプロイノのマーケットにはまだ電気もない。フランクは、カプロイノから約三キロメートルほどのチェムル村に住む平均的な農牧夫だが、刻苦勉励して、一人の友人と一緒にカプロイノ・マーケットの一角に店を開いた。温厚で廉直な彼は人望が厚く、一九八九年以来、この小さなマーケットの運営委員長を務めてきた。

さてやや遠回りでも、フランクの祖父キプトー（・アラップ・チェラムタニ）がチェムル村に住みついた経緯から話を始めたい。そこから、キプシギスの社会変化の驚くべき急激さが透けて見えるからである。その変化の諸相を日本に照らしてみれば、英国植民地政府の懲罰遠征と白人入植が大正初年、土地の囲い込み開始が昭和初期、そしてケニアの独立が高度成長期の初めに当たる。これらが歴史時代の経験だとすれば、それ以前は直に神話的世界に溶け込んでいて、キプトーの来歴もそのほの明かりの中から説き起こされている。

1　チェプタラム氏族の歴史

（マイナ年齢組が戦士だった頃）トゥゲン人[1]のマイナ・キプソイは、南へ南へと移住して（今日のケリチョ県北部に当たる）ベルグート地方のカプソイット村で妻を得たが、妻は幾度も流産を繰り返した。妻が五度目に身籠もった時、今度も流産を予想したキプソイは妻が屋内で分娩することを許さなかった。彼女は止むなく、（今日のブレット県の）ソスィット村の生家へと向かう。その途次、土砂降りにあって木陰に雨を避けたものの、激しい雨が木の葉を通して身体を打ち続ける中、にわかに産気づいて男児を産み落とした。すると、チェプタラム鳥が次々に飛来して樹冠を覆い尽くし、雨水を遮った。声も出ないほど疲れ切っていた彼女だが、二人の男が傍らを通り過ぎるのを見ると、着ていた皮衣を打ってその音で気づかせ、ソスィット村の母親への通報を懇願した。

駆けつけた母親と兄たちは、鳥たちが赤ん坊を雨から守ったと聞いて、赤ん坊をチェプタラムと名付けた。彼は父親の村へ戻ることを拒み、やがてカプチェプタラメック氏族の鼻祖となった。他方、カプソイット村に住んだ異母兄弟たちが、「新来者」を意味するチェプレル氏族を創った。チェプタラムは後にキプサンガ・タプロロートという新たな名前を貰い、三人の妻（チェボ・マイェカット、チェボ・コウィリット、もう一人の名前は不明）を得た。二番目の妻（チェボ・コウィリット）は息子のチェラムタニとその姉を産んだ。チェラムタニとは、敵から牛を略奪した勇者の意味で、その名をもつ祖霊が彼の誕生時に再来して魂に化したことに因む名前である。

チェラムタニは、生後間もなく生母を失った。当時は僚妻（一人の男性の複数の妻たち）の間の嫉妬が熾烈だった

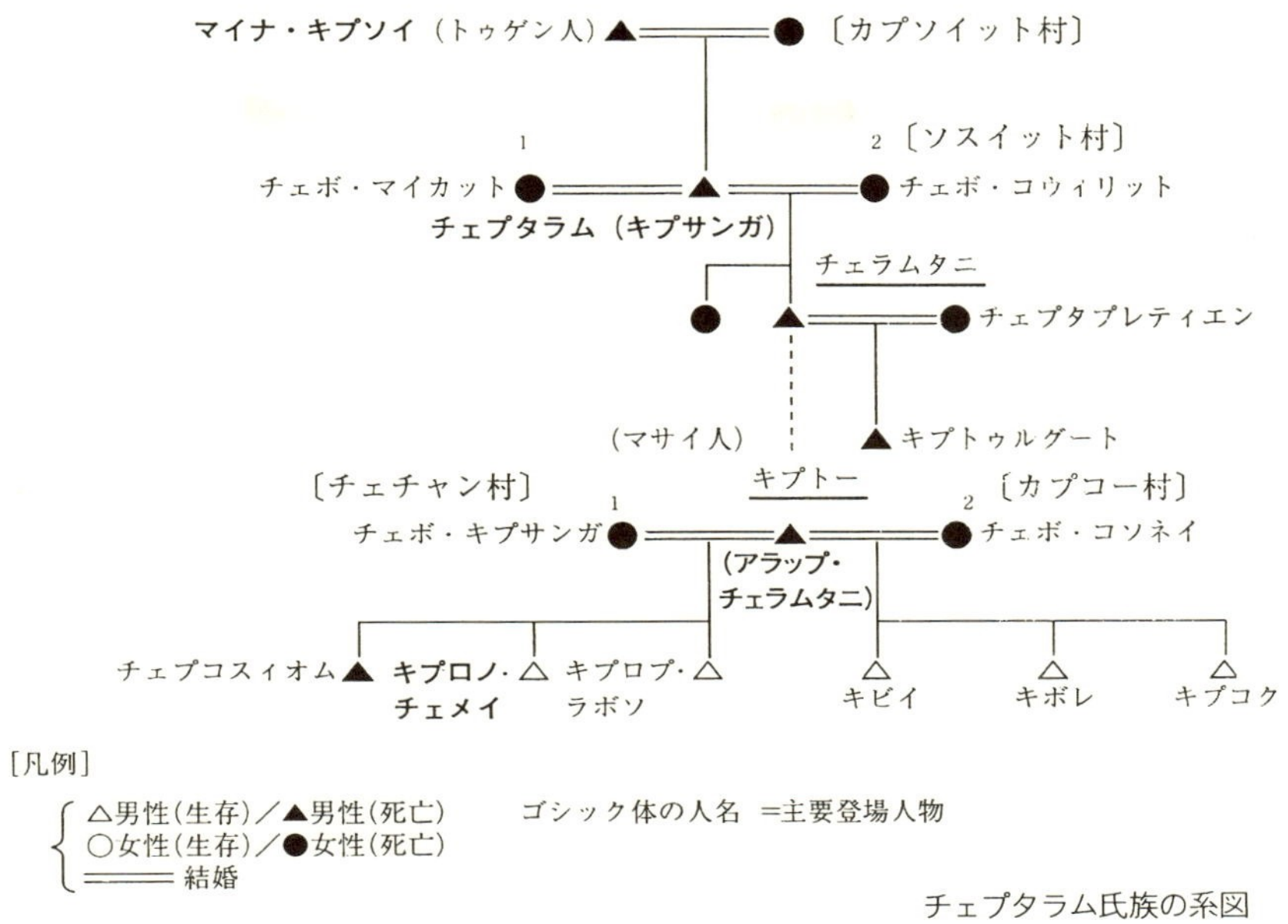

チェプタラム氏族の系図

ので、キプサンガは赤ん坊を他の妻に託さなかった。チェラムタニの姉の将来の夫が支払うはずの牛（花嫁代償）を自分たちで山分けしようとして、妻たちがチェラムタニを邪術で殺すことを恐れたのだ。キプサンガはいつも赤ん坊を連れ歩き、母乳の代わりに牛乳を与え、自分の乳首を吸わせて宥《なだ》めた。チェラムタニは五歳まで「乳離れ」せず、キプサンガが次（四人目）の妻を迎えた時には、彼の胸がまるで女性の乳房のごとく膨らんでいたという。

成人したチェラムタニは六人の妻を得た。ある日彼は、友人たちと共に（ボメット県の南に接する今日のトランス・マラ県のンジビショップへ）マサイ人の牛を略奪に行った。当時、部族間で牛を奪い合うのはこの地域の長い伝統だった。チェラムタニたちが敵を追い払って二頭の牛を連れ帰ろうとした時、一人の女性が甲高い叫び声を挙げたので、仲間の一人が彼女を槍で突き殺した。当時チェラムタニには、まだ息子が一人（チェボ・タプレティエンが産んだキプトゥルグート）しかなかった。彼は、死んだマサイ女性がおぶっていた赤ん坊を養取すると仲間に宣言して、「これで（手に入れた）牛が三頭になった」と喜んだ。戦士たちに代わる代わる背負われてソスィット村に連れ帰られたマサイ人の赤ん坊は、キプトーと名付けられた。彼は、後年養取された事実を知ったが、人々は生家へ舞い戻るのを恐れて真相を明かさず、クリア人やグシイ人の間から連れてきたと偽った。

キプトーには、忘れ難い少年時代の思い出があった。当時、キムグスィ（「殺し尽くす者」）と呼ばれた凄まじい家畜の疫病が蔓延して、養父チェラムタニの牛も若い雌牛一頭だけを残して死に絶えた。ある日、チェラムタニの同意を得ずに、祖父キプサンガが友人と共にこの最後に残った牛を屠殺して皮を剥ぎ、丹念に胃腸を探って吉凶を読んでいた。傍にいたキプトーは、遠くから見咎めたチェラムタニが槍を構えて急襲する気配を察知して、二人に警告を発した。キプサンガが危うくチェラムタニを抱き留めて、牛の内臓を見よと諭し、チェラムタニの将来の繁栄が約束されていると告げて祝福した。こうして後顧の憂いなく、皆で最後の牛も平らげてしまった。当時、貧富の帰趨を決するとひとえに信じられたのは、牛の略奪戦を成功に導く神の恩寵に恵まれるかどうかの一事だったのだ。

2　フランク・ロノの祖父の家族

キプトーは、ニョンギ年齢組の（一九〇六年に開設されたコスィゴ副年齢組の）成員だった。彼は加入礼を終えて、アラップ・チェラムタニ（「チェラムタニの息子」）という型通りの父称（正式名）を貰った。そして、一九〇九年頃に、まだ割礼前の娘、チェボ・キプサンガと駆け落ちし、異例だが、彼女は婚家で割礼と加入礼を受けたのだった。やがてキプトーは、二番目の妻チェボ・コソネイを迎えた。一番目の妻チェボ・キプサンガは、長男チェプコスィオム（加入礼受礼一年後に死亡）、次男キプロノ・チェメイ（フランク・ロノの父親）、三男キプロプ・ラボソと、二人の娘を産んだ。一方二番目の妻（チェボ・コソネイ）は、長男キビイ、次男キボレ、三男キプコク、および娘一人の母となった。

一番目の妻の二人の息子は、一九三九年から一九四五年まで英国アフリカ人小銃隊（King's African Rifles, KAR）に加わって各地を転戦する。キプシギス人は、（カレンジン群第二の人口をもつ）近縁のナンディ人と共に、最も多くの若者をKARに入隊させた部族だった。

彼らがKARに入隊した直後、二番目の妻の息子たちはソスィット村に入植した白人に追い立てを食らい、（イテムベ、キプティルメントを経て）ロティックのコーヒー園にいったん身を落ちつけた。だが、すぐに「不法占拠人」の資格がないことが知れて、罰に雄牛一頭を押収されて追い払われた。そこで、グシイ人の土地マンガの白人入植地へ移る。だが、キビイがグシイ人の牛を略奪し、彼を匿《かくま》ったかどで、ここも家族ごと追い払われた。「英国による平和」（*pax Britannica*）以来、牛の略奪は、国家法によって、誇るべき武勲から重罪へと一変したのだが、大概の人々はまだ忠実に伝統を生きていたのである。

二番目の妻の息子たちの家族は、（現ブレット県東部の）エムブエン地域にしばらく腰を落ちつける——チェラムタニは一九四〇年にここで死没。彼らはその後（さらにカプケソスィオ、キビリルを経て）、一九三七年に新しくキプシギス人に割譲されたばかりの未開地、チェパルング森（現ボメット県西部）に分け入り、カプコー丘の一角を開墾し始めた。

一番目の妻の二人の息子は、一九四五年にKARを除隊すると、両親と二番目の妻の息子たちの消息を追ってカプコー丘に達し、近くのチェムルで森を切り開いて両親をそこに引き取る。キプロノは、一九四七年にフィリピナを妻に迎えた。彼らの父親キプトーは、狷介で自分本位な古い人物だった。彼は、息子たちが略奪してきた牛を皆当然のように自分の牛群に加える一方、「牛の食べ物、聖なる草を殺すな」となじって、すでに盛んになっていた農耕に息子たちが携わることを嫌った。一九七〇年、父親の身勝手な所業に耐えかねたキプロプは自分の土地の全て(七エーカ)を、キプロノは約半分(一三エーカ中の七エーカ)を売り払った。[2] そして、いずれも茶が栽培できるアルダイ(ナンディ人の土地)とブレット地方のイタレに、それぞれ小さな土地を買い求めて移って行った。一方、二番目の妻の三人の息子たちは、一九九〇年二月にキプトーが没するまで現住地に留まった。

二組の異母兄弟たちの選択を分けたのは、KARでの生活経験の有無だったと言う。民族社会の外に出て広い世界を見、茶、砂糖、塩などを常用する新しい暮らしを知った者にとっては、それらを贖う現金収入が得られる茶畑は、たとえ狭くともすでに不可欠の生活手段になっていたのだ。彼らは、両親ばかりか、息子たちとその家族も後に残して、各々の新天地へと旅立って行った。

3 土地相続をめぐる兄弟たちの争い

一九九〇年、キプトーの死と同時に、息子たちの間で遺産争いがもち上がったが、その焦点は、御多分に洩れず土地の相続だった。チェムル村は、郡のアシスタント・チーフの指揮の下で幾度も「村の裁判」を開いて、円満な解決を図ろうと試みた。

「村の裁判」は、キプトーの息子たちがカプコー丘とチェムル森を切り開いた土地を全てキプトーの土地と認定して測量したうえで、慣習(家財産制)に従って、まず故人の二人の妻の家で等分し、各々の取り分を三一・五エーカとした。しかし、一番目の妻の家の権利を強硬に否定する、二番目の妻の家の主張にもいくぶん譲歩した。二〇年間父親の面倒をみた労苦の償いという名目で、一番目の妻の家の取り分から三・五エーカを二番目の妻の家の三男キプコクに割き与えたのだ。さらに、占拠地を死守すると息巻く二番目の妻の家の長男キビイにも、同様の仕方で三・五エーカを追加した。宥和を旨とする「村の裁判」は、粗暴な彼らを宥めて、何よりもまず家族と村の安寧を図ろうとしたのである。

一番目の妻の家の取り分は、予想よりも七エーカ減って二四・五エーカとなった。つまり、次男（キプロノ）と三男（キプロプ）がすでに自家用に使っていた二〇エーカ（その内の一三エーカは既に売却済み）を除くと、遺贈されて増えるのはわずか四・五エーカに過ぎなかった。次男キプロノの三人の息子たち（フランク、ウェスリー、ジェームズ）は、限られた土地に頼って各々の子だくさくの所帯を養わなければならなくなった。こうして「村の裁判」は、キプトーの二人の妻の家族同士の間に修復できない深い溝を刻みこんだのだった。

■――子だくさんの家族を養うカネと才覚

さて本節では、一番目の妻の家の次男キプロノの長男、フランク・ロノの家計を子細に検討してみよう。

1　フランク・ロノの家族と収入

フランク（五一）には、妻フィリシタ（四九）との間に三男六女があり、長女と三女、ならびに長男（ルーベン・リモ）はすでに結婚して独立している。残る六人の子供はまだ就学していて、彼らの教育費が最大の支出となっている。でも、子供たちの将来がひとえに教育にかかっていると信じていて、教育支出を惜しむつもりは毛頭ない。なお、フランク自身は学資が続かずに小学校七年で中退。妻のフィリシタは学校にも行かなかった。それが

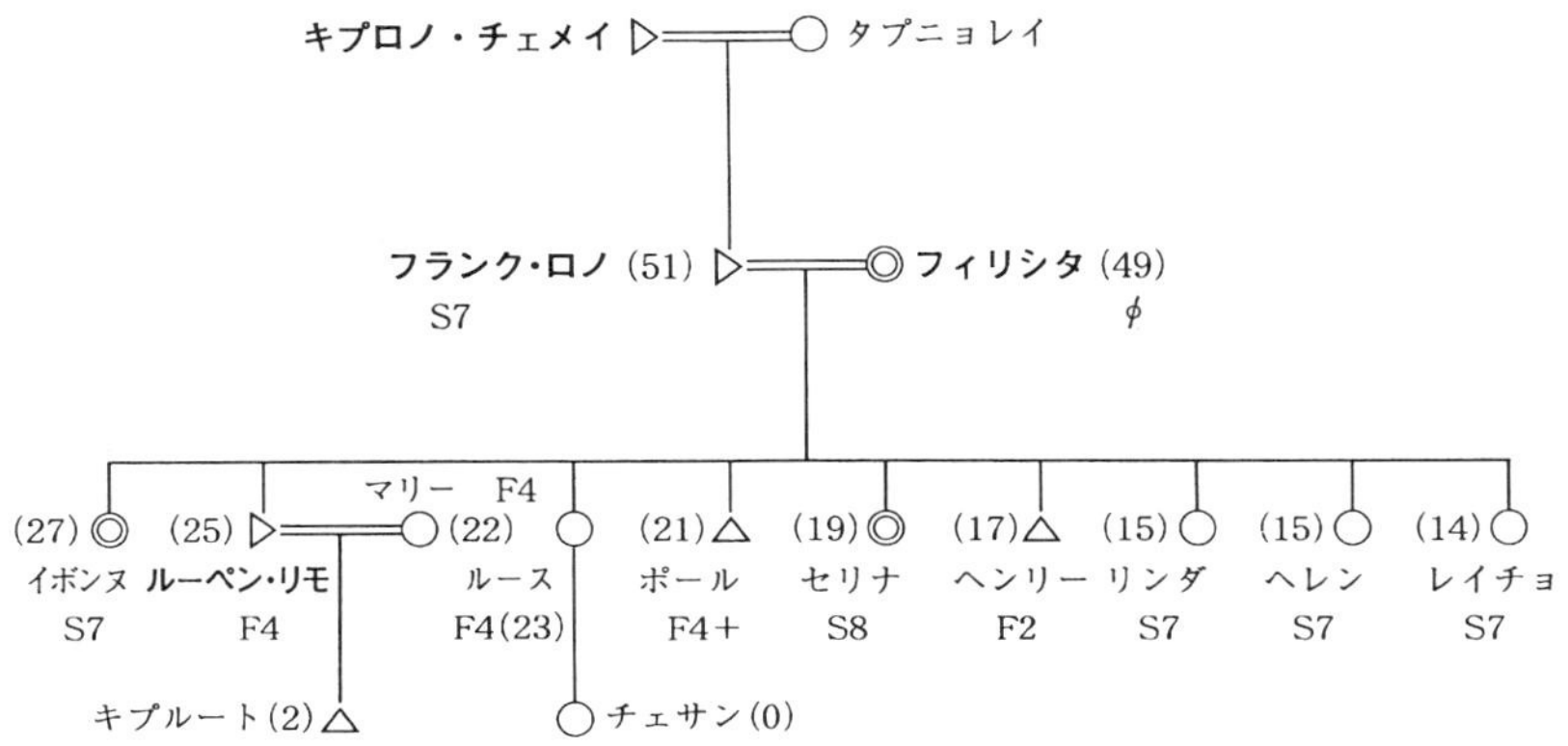

［凡例］

▷ 男性（既婚）／△男性（未婚）
◎ 女性（既婚）／○女性（未婚）
═══ 結婚
ゴシック体の人名＝主要登場人物

最終学歴
- S standard（小学校の学年）
- F form（中学校の学年）
- ϕ 学校教育を受けず

フランク・ロノの家系

当時の娘の常だった。

フランクは、主に自家で飼っている四頭の乳牛から現金収入を得ている。これら四頭はいずれも在来種とエアシャー種の混血で、産乳量は少なくない。ただし、牛はむろん約一年間の授乳期間しか乳を出さないし、牧草が不足する乾季には産乳量がほぼ半減する。また健康で効率よく次々に懐胎したとしても、約九カ月半の妊娠期間は乳を産出しない。だから、収入は絶えず変動して一定せず、家計の確実な予想もつかず、計画も立てられない。

絶えず不足気味の牧草を補うために、彼は外見がサトウキビに似たネピア草を半エーカ栽培している。現在、乳牛の他には、雄牛一頭と子牛三頭を飼う。フランクは、夜明けとともに起き出すと、妻とともに真先に搾乳し、それから牛に与えるネピア草を刈る。働き者の彼は原則として牧童を雇わずに、自分と家族で家畜の世話一切を切り盛りしてきた。

雨季には、彼の四頭の雌牛は平均で朝一五キログラム、夕方五キログラムほどの乳を出す——製乳会社には重さで売る。朝搾りの牛乳全量をキログラム当たり一三シリングで、隣村カイガイのフランシス・ゴスケに売り渡す――一シリングは現在約一・六円。フランシスは、近隣の人々から朝搾り分を買い集めて、二十数キロメートル先のケニア協働製乳会社（KCC）ソティック工場に売り渡し、生産者には代金を一週間後に纏めて支払う。フランクの売り上げは月平均五〇〇〇シリングほどになる。

電気が使えず、保冷庫もないこの地域では、KCCの仲買人は夕方搾りの牛乳を商わないので、フランクは、毎日七二〇ミリリットル壜一本分をカプロイノ中学校の出納係ベンソン・ケテルに、もう一本分を同校の教師サミュエル・キゲンに月末払いで掛け売りしている。値段は一壜当たり一〇シリングで、これで月に六〇〇シリングを稼ぐ。

彼は、牛の他に五頭の山羊と、その子供四頭を飼う。山羊は羊と違って活発なので手が掛かるが、病気に強くて旺盛に繁殖し、牧草がなければ木の葉や毒草を食べて生き延びる。また、一五羽飼っている雌鶏の内六羽が卵を産む。卵は滅多に食べず、金曜日に立つカプロイノの青空市でほぼ全個を一個四シリングで売る。ただし、主食のトウモロコシの製粉代金を（現金代わりに）卵で支払うこともある。約六〇〇シリングが、月平均の卵の売り上げ。ごく大雑把に言えば、牛乳と卵の売り上げを合わせた約六二〇〇シリングがフランクの毎月の基本収入だと考えていい。山羊の成獣は平均一五〇〇シリングで売れ、臨時支出の備えとして重要な家畜だ。さらに、山羊を売るほどでもない小額の臨時支出は、鶏を一羽一五〇シリングほどで売って賄う。

フランシスは、主食のトウモロコシを二エーカ半の畑で自家栽培し、年平均九〇キログラム袋で一〇袋、約九百キログラムを収穫する。彼は、金繰りに困ってもトウモロコシを売り払わない。だから、一九七九年以来、一度も小商人の高価なトウモロコシ粒を買わずに済んだ。1/4エーカの菜園にケール（非結球キャベツ）、サツマイモ、ジャガイモ、サトウキビなどを自家消費用に作っていて、野菜を買ったこともない。旱魃には、子供たちも総動員して、溜め池の水を畑に給水する。

フランシスには、他にもささやかな収入がある。彼は、ある友人と共同でカプロイノ・マーケットで安物のバタの靴店を経営していたが、一九八〇年代の構造調整以来の不況の煽りをまともに受けた。青空市に出回るもっと安い輸入中古靴に押されたのだ。彼らは二〇〇一年三月に靴の商いをやめ、店をささやかなホテリ(飲食店)に衣替えした。二人の男性店員に各々二〇シリングの日当を支払った残りを折半する。その上がりが、週に約一五〇シリングになる。

妻フィリスタが自宅で作る酸乳も重要な収入源だ。(セネトウェット灌木の枝の)軟らかい炭で香り付けした瓢箪の中に、生乳を三日間寝かせて発酵させた酸乳は、人々の大好物。原料の牛乳を七二〇ミリリットル壜一本当り一〇シリングで近所から買い取り、同量の酸乳を一四シリングで隣人に売る。彼女は週平均壜一〇本分の酸乳を作り、週当たり約四〇シリングを稼ぐ。

フィリスタは、他に地ビールの発酵に使う、発芽したシコクビエ粒も商っている。シコクビエ粒を二キログラム当たり六〇シリングで買い入れ、水に浸して発芽させて、同量を八〇シリングで売る。儀礼用以外の地ビールが非合法化されて久しいが、ビールの醸造と、ビールを蒸留したチャンガー酒作りが女性たちの重要な現金収入源になっている。発芽シコクビエ粒の需要はいくらでもあり、彼女はこの仕事でも週に約四〇シリングを稼ぐ。ただし、チーフ付き警官隊の手入れがあると、暫くの間は需要が途絶えてしまうので、この稼ぎには不安定な面がある。

2　フランク・ロノの支出と甲斐性

それでは、フランクの支出はどうか。まず、生活必需品の恒常的な出費がある。朝はミルクティー、昼と夕方はウガリ（トウモロコシ粉を熱湯で固く練ったもの）とケール（非結球キャベツ）の塩煮がお定まりの食事だ。トウモロコシ、牛乳、ケールを自給すれば、大して金はいらない。それでも、砂糖（一キログラム袋五二シリング）、塩（五百グラム袋八シリング）、茶葉（二百グラム袋四〇シリング）、棒石鹸（一本が三五シリング）、他に料理用脂などはどうしても買わざるをえない。

そこで、試しに二〇〇一年九月一七日から二三日までの一週間の収支を見てみよう。この間の売り上げは、以下のように合計一五一八シリングである。

牛乳	986
卵	152
酸乳	40
発芽シコクビエ粒	40
雌鶏1羽	160
飲食店の利益	140
合計	1,518（シリング）

一方、同期間の支出は、次の通り合計四八六シリングだった。

砂糖 2 kg	104
塩 500 g	8
茶葉 200 g	40
棒石鹸 1本	35
トウモロコシ製粉 16kg 2回	80
ボールペン 3本	24
ノート 32頁綴 6冊	30
衣服 1枚	150
搾乳ローション 1壜	15
合計	486（シリング）

搾乳ローションは安価なので、肌の乾燥を防ぐボディ・ローションとしても使う。衣服（二四日購入）は、妻フィリスタが二学期に学校に出掛ける際の晴れ着。この代金一五〇シリングは同日雌鶏を一六〇シリングで売って調達した。この一週間の収支は一〇三二シリングの黒字で、全額貯蓄に回した。ほかに、月額六〇〇シリングの掛け売りの牛乳の稼ぎがある。仮に、一カ月を四・五週、週平均の剰余を一二〇〇シリングとすれば、単純計算では毎月約五四〇〇シリング、一年で約六万四八〇〇シリングの黒字が出る計算になる。しかし次に見るように、ほかに大きな出費が控えていて、実情は絶対的な赤字なのである。

まず、主食のトウモロコシ栽培のための恒常的な支出がある。トウモロコシはたいがい一期作で、順調なら一一月前後に始まる大雨季の訪れとともに種を蒔く。病虫害に強く収量も多いハイブリッドの種の代金が、一エーカ（つまり一〇キログラム）当たり一五〇〇シリング。北ケニアの大農場地帯から賃稼ぎに、この時期にカプロイノに集まって来るトラクターに畑を犁《す》き起こして貰うと、代金が一エーカ当たり一五〇〇シリングかかる。フランクの二エーカ半のトウモロコシ畑では、両方で年に都合七五〇〇シリングの出費。代わりに、去勢牛による犁耕を頼めばエーカ当たり八〇〇シリングで済むが、土の犁き起こしが浅くて、必ず収量に響いてしまう。

なんと言っても大きいのが教育費だ。特に中等・高等教育の出費はまるで桁が違う(3)。

二〇〇一年八月現在、フランクの末娘レイチョ、その上の双子の姉のリンダとヘレンの三人がカイガイ小学校の第七学年に、またフランクの弟ウェスリーの息子ジョンが第三学年にいる。末娘レイチョは一九九四年にできたばかりのこの地方最初の私立校、カプロイノ「町場《タウンシップ》」小学校に入学したものの学資が続かず、一九九八年にカイガイ小学校五年生に転入。少人数教育の効果か姉たちよりも成績優秀で、五年生を落第した二人と同学年になった。だが、二〇〇〇年には三人とも落第して、二〇〇一年は七年生をやり直した。ジョンは、二〇〇〇年一二月、飢饉の頂点に実家を逃れてフランクの家に身を寄せ、それ以来居ついて家畜の世話をしている。

ケニアの小学校教育は建前として無償だが、実情にはほど遠い。カイガイ小学校は、生徒一人当たり年六〇シリングの「活動費」と、同額の夜警費を徴収する。さらにフランクは、三つの学期ごとに、娘一人当たり四五シリングとジョンの一五シリングの模擬試験代を支払う。制服は、毎年娘たちにスカート（一五〇シリング）各一枚、ジョンに半ズボン（一二〇シリング）一本、四人にシャツ（八〇シリング）各々数枚を、最低限買う必要がある。それでもカイガイ小学校は揃いの靴を履かせないので、フランクは大助かりなのだ。また一学期ごとに、娘たちは一人当たりノート（五シリング）九冊とボールペン（八シリング）二本、ジョンはノート五冊と鉛筆（二・五シリング）二本を使う。

次男ポールと三男ヘンリーは共に成績優秀で、小学校卒業後、いずれも全国の上位一〇〇校に入る遠方の全寮制の学校に進学した。ヘンリーは、カソリック教会立で、中学校に相当するナクル県のモロ年少神学校の二年生。二〇〇一年の三つの学期の学費は各一万四五〇〇シリング、一万二〇〇〇シリング、八五〇〇シリングで、他にコンピュータ施設費五〇〇〇シリングが要った。また、各学期初めには、モロまでの乗合自動車代金二二〇シリング、靴代四五〇シリング、文房具代一六〇シリングなどが欠かせない。

ポールは、ブレット県ジャムジの公立カビアンガ高校（現在ケニアには高校はなく、実際は中学校）を二〇〇〇年に卒業した。公立校で政府の援助があり、総学費は年額二万八〇〇〇シリング程度で済んだ。ポールは全国一斉の中等教育資格試験（Kenya Certificate of Secondary Education; KCSE）でB、つまり大学に進める成績を得た。ただし、次の事情で二〇〇一年は一年余の待機期間に当たり、家にいた。ケニアは一九八五年に、学制を七-四-二-三制（小中高校、大学の修業年数）から八-四-四制（小中学校、大学）に切り換えた。高校卒業者に入学優先権を与える移行措置と、大学の収容能力の絶対的な不足が災いして、同年から、中学卒業者全員が大学入学まで一年九カ月自宅待機することになった。問題は今も未解決のままだ。

ただ、ポールの自宅待機はフランクにとって幸いだった。ヘンリーの学費は月々の貯蓄でどうにか賄い、学期初めの雑費は山羊一頭（一五〇〇シリング）を売った金を充てた。しかし、二〇〇一年九月のポールの国立大学進学時の費用（学費年額五万三〇〇〇シリングを含めて約六万シリング）は、ハランベー(*harambee*)に訴えるほかなかった。ハランベーとは、独立以来ケニアのアフリカ社会主義の象徴となっている惹句《じゃっく》で、わずかな金品を持ち寄って人々が大きな目標を達成しようとする精神や、募金集会を意味し、キプシギス社会では学資調達を目的として頻繁に実施されている。ただし、その成否は主催者の交際範囲と人望が大きく左右する。実に、フランクの日頃の献身による信用と人脈が生きるのはこの機会なのだ。八月半ばの彼の募金集会は五万シリング以上の献金を集めて土地の人々を驚かせ、しばらくの間、頻繁に彼らの口の端にのぼった。

■――土地も職もない若者たちの世紀

フランクの息子たちの世代の人生は、親の世代よりもさらに苛酷なものである。急増し続ける中学卒業者には、まず就職口がなく、親の土地はすでに細分の余地が乏しい。では彼らは、いったいどのように家計をやり繰りしているのだろうか。この節では、平均的な田舎の中学卒業者の一人である、フランクの長男ルーベン・リモの世帯を具体的に検討してみよう。

1　ルーベン・リモの職探しと結婚

ルーベンは、一九九四年一一月カプロイノ中学校を卒業。一九九五年二月に発表されたKCSEの成績はC⁻で、進学には不十分だった。他方、就職への道も険しかった。まず、親戚の軍の大物への口利きを騙《かた》るカプロイノ小学校の中年の女教師に、金を二度も掠め取られた。次に、彼の成績でも資格がある警官・行政警官・農務官などの求人に応募して、借り物の自転車で数時間がかりの県都ボメットへ、たびたび面接試験に出向いた。だが、長途の旅に疲れ果て、また名目だけの試験だったり、法外な賄賂を要求されたりして、毎回煮え湯を飲まされた。

一九九五年四月、幸いに地元カイガイ小学校のPTA雇い教師の職を得る。英語、地歴・公民、スワヒリ語、職業教育の四教科を上級生に週四八時間教える激務だった。初任給は月四〇〇シリングという超薄給。それでも、その後ほぼ二カ月ごとに五〇〇シリング、八〇〇シリング、一〇〇〇シリング、一二〇〇シリングと昇給した。教科の知識はともかく、彼の熱意と生徒の厚い信頼が、年度末の学力試験の見事な成果（区全体で職業教育一位、地歴・公民二位、英語三位）に繋がった。ところが一九九六年一月、旱魃の打撃を理由に、父兄は彼の給金を一シリングも支払おうとしなかった。

深く落胆したルーベンだが、間もなく自らの才覚で、郡の人口登録官への道を切り拓いた。同年一月末、郡ごとに二人を追加任用するための面接が、ボメット県令の手で実施された。数百名の応募者が殺到したものの、面接は例によって有名無実だった。ルーベンは、延々と待った後、一枚の書類に出身の郡と名前を書くだけで退席させられたのだ。三日後に区（県と郡の中間の行政単位）役所の掲示板に掲げられた合格者名簿に、むろん彼の名前はなかった。だが彼は、目敏く奇妙な事実を発見した。四郡計八名の合格者の内、区内出身者が二名だけなのだ。ルーベンが他民族出身の区長に面会を求めて、この事実を指摘すると、区長はすぐにボメットの県令に会いに出掛けた。翌朝、隣県トランス・マラ県からの応募者一名の名前をルーベンに置き換えた、合格者名簿訂正版が張り出されたのである。

一九九六年二月、彼は晴れて人口登録官になった。契約書には月々給料二八七〇シリング、住宅手当一一一〇シリング、医療費四九五シリングが支払われるが、純粋に二年間の臨時雇いである旨明記されていた。在宅通勤でき、身体頑健なルーベンには、四四七五シリングの月給を得るに等しい好条件だった。

一九九九年一二月末、二四歳のルーベンは、六日前に中学校を卒業したばかりのマリーと結婚した。長男の常で結婚が待望されていたし、官吏でもあり、祝福された結婚だった。新婚の二人は、二〇〇〇年二月初めまで父親フランクの家に同居した後、人類学でいう「新居住」制の伝統に則って独立した。フランクには父祖伝来の土

トタン波板	24枚		8,160
トタン棟板	12枚		1,440
細柱材	84本		1,640
屋根・戸口・窓等の枠			10,084
天井板	12枚		4,320
ドア	2枚		1,800
木窓	4枚		1,280
釘	27kg		1,745
床用セメント	50kg	6袋	3,300
床用砂			2,600
床用砂利			800
セメント・砂・砂利運搬料			900
大工手間賃			4,200
石工手間賃			1,200
台所用葺草	18「背中」		900
その他の台所建設費用			6,000
合　計			50,369シリング

地以外に、一九七〇年に父の弟キプロプから分割払いで購入した三エーカの土地が近くにあった。[2] 彼は、自分がトウモロコシを植える〇・四エーカを除いて、この土地の使用権を独立したルーベンに譲ったのだ。

結婚後最初の仕事は、土壁トタン葺きで二四×一四フィートの方形の母屋と、円筒形土壁に円錐形の草屋根を葺いた台所（近代的な形式の住居）の建設だった。母屋の建設費用は、大略次のとおり。細柱の間に渡す横木材などはフランクの糸杉の枝を切って充て、壁は村の成人女性が総出（慣習的な労働交換）で塗ってくれた。だが、手伝いの食費を除いても総額五万三六九シリング（俸給一七カ月分余、所得の一一カ月分）の出費だった。

ルーベンは前借りして費用を調達。以後二〇カ月間、毎月二五〇〇シリングが俸給から天引きとなる。フランクが手伝いにルーベン家に住まわせた末娘レイチョの生活費と学費は、ルーベンもちになった。それでも月々二〇〇〇シリング近い手取りがあり、カプロイノのマーケットのチェボスの店で月末払いで何でも買え、月末になお一〇〇シリング前後の現金が手元に残った。

しかし、二〇〇〇年九月中旬にルーベンが突然解雇されると生活が一変した。失職は息子キプルートの誕生後わずか四日目のこと。種々の買うべき品物があった。イボンヌとセリナ（既婚の姉妹）、母親フィリシタ、それに妻の母親ベスが代わる代わる一〇人余りの隣人や教会関係の知人の女性たちを引き連れて祝福に訪れた。そして客の銘々が、赤ん坊用のタオル、ナプキン、下着などの品物と二〇シリング程度の現金を贈って、夫婦を助けてくれたのだった。

2　再雇用の夢と現実

ルーベンがほっと一息つき、将来に新たな希望を見いだしたのは、二〇〇〇年一一月末に（前借りの返済残高一万四二〇〇シリング等を差し引いた）額面九万八〇〇〇シリング（実質八万五二〇〇シリング）の解雇手当てを受け取った時である。まず結婚後初めて妻の衣服代二〇〇〇シリングを手渡した後、各々一万五〇〇〇シリング、一万四二〇〇シリング、五〇〇〇シリング、三六〇〇シリングで四頭の雌牛を買った。これで雌牛は一気に五頭に増えた。次に、チェムンガバイト（新婦の加入礼の面倒をみた儀礼的母親〔マリーの場合は実母〕に新郎が贈る牛）の相当額三七〇〇シリングを支払った。そして、一万七〇〇〇シリングの電気溶接機と一万五〇〇〇シリングの充電機を買った。政治家たちが、二〇〇〇年一二月中にカプロイノ・マーケットに電気が届くと確約していたので、溶接と充電のサーヴィスを始めるにはまたとない好機だと判断したのだ。

ところが、二〇〇一年一月になっても（その後もずっと）電気は来なかったし、買い入れた四頭の雌牛もすぐには出産して乳を出さない。ルーベンは、母親が毎日無料で譲ってくれる壜一本半の牛乳のほぼ全量を生後四カ月の息子キプルートに与え、夫婦は砂糖なしの薄いミルクティーを啜った。彼が最も難儀したのは、息子の深海鮫肝油（免疫薬）や各種薬の代金の確保だった。カプロイノ保健所には麻疹やポリオなどのワクチンがなく、遠方のカプロングのカソリック立病院での接種を指示された時は、交通費もない惨めさが身に沁みた。

間もなく、草不足で牛たちが飢え始めた。出産二カ月前の最良の雌牛は、ともかくも命を確保するべく、「預け牛」(*ki-manakai*) として隣人に託した。ただし、「預け牛」の乳は全て預かり手が使うのが慣行だ。また、残る三頭の雌牛には二キロメートル先に草地を月額三〇〇シリングで借りた。

そして、ついに賃仕事をする決意をした彼は、さらにミベイ村に住む元級友のウィリアムを月給四〇〇シリングで牛飼に雇った。出産間もないマリーには、遠方の草地との往来は無理だったからである。

父親フランクの口利きで、ルーベンは二〇〇一年二月から約五〇キロメートル離れたブレット県の県都リテインの卸の万屋で、店員として働き始めた。店はカプロイノ郡の地方政治家の経営で、彼の仕事は、客が買った品物を店から五〇〇メートルほど先の乗合自動車の溜まり場まで届けること。店はよく繁盛していて、五〇キログラム詰三袋の荷を一度に一輪車に積んで運ぶ作業が、昼食抜きで夕方七時の閉店まで間断なく続く。すぐに骨が軋み、筋肉が悲鳴をあげた。広い店内に散乱した品物を棚に戻し、五〇メートルほど先の倉庫から商品を補充し終えると夜一〇時になる。それから八人の店員は、店主が近くに借りた二人一部屋の塒《ねぐら》に帰って夕飯を作った。そのうち、ルーベンら三人の荷役係の店員は毎朝五時に叩き起こされ、待ち受けたトラックから満載された千袋ほどの荷を降ろして倉庫に運び入れるのである。するともう次の車が到着した。

毎週土曜日の夜、一台のトラックがルーベンらカプロイノ近辺出身の店員を同乗させて、リテインから、店主の家と店があるカプロイノに向かう。そして車は、いつも次の月曜日の明け方にカプロイノを発って、早朝リテインに戻り着いた。

最初の土曜日の夜、帰宅するやいなや、ルーベンはもうリテインになんぞ戻らないと妻に言い放った。だが、ほかに道がないと妻に諭されれば翻意するしかなかった。二週目の半ば、公務員のムイト貯蓄信用組合から、解職までの積立金一万三七〇〇シリングをケリチョ支部で払い戻すと連絡があり、半日暇を貰って、二月一六日の金曜日に手続きをとった。ついに、牢獄から解き放される時が来たのだ！

翌日は忙しく、大量の荷の積込みにも手間取って、出発が夜の一一時半に延びた。だが、ルーベンは解放感に酔っていた——一万三七〇〇シリングの現金は、ボメットの町に店を借りて溶接と充電の仕事を始める資金に十分だ。リテインで家政婦をしているテバタイ村のムタイの娘ジョイスは両親のために蓄えた二〇〇〇シリングを、カイガイ村のボレは家族に買った新品の蚊帳を、各々ルーベンに託した。しかし、ルーベンは今日それ以上の土産を妻に持ちかえってやれるのだ！

二五分後、六人を乗せた車は幹線道路をKCCソティック工場の側に折れ、チェメテット川の橋を渡って長い急な上り坂に差しかかった。すると、道を塞いだ一台のトラックの下から六人の男が飛び出した。彼らはピストルで脅し、五人を一人ずつ引きずり出しては地面にうつ伏せに寝かせ、ポケットと靴下の中を確かめた。賊の一人は車内のカバンを集め回った。ルーベンは、現金と衣類と大切なカシオの腕時計を奪われた。グズグズした運転助手は後頭部を銃床で殴られ、耳から血を流した。五人はうつ伏せのまま二列に重なれと命じられ、二人の下になったルーベンは苦痛の中で死を覚悟した。その時、車輪の陰に潜んでいたコロルがそっと這い出して一気に坂を走り下り、ソティックT字路で交通規制中の警官隊に通報した。彼の勇気と機転と駿足が一行の命を救った。だがルーベンは、月給三〇〇〇シリングの牢獄から抜け出す夢を、金や衣類もろとも賊に略奪されてしまったのである。

ルーベンの我慢はさらに一カ月が限度だった。四月七日、彼はついに店を辞めてチェムル村に帰った。そしてボメットの町で溶接と充電の仕事を始める資金作りに、以前に五〇〇〇シリングと三六〇〇シリングで買った二頭の雌牛を売り払うと妻に言った。一方妻は、出産目前だった「預け牛」が三日前に死んだという悲報を静かに告げた。二頭の雌牛は合計一万七〇〇〇シリングで売れ、ボメットに行って二五〇〇シリングで店を借り、七〇〇〇シリングの前金を電気公社に払いこんだ。店番にはチェムル村のチェルレを雇い、実際の仕事は別に雇ったルオ人のオピヨに任せた。だが県都ボメットでは競争が激しい。店は、月に一〇〇〇シリングの純益が上がるかどうかの状況が続いた。

3　見果てぬ夢の後先

キプシギスの田舎のバス

ルーベンは、その後も手を拱《こまね》いてはいなかった。六月一二日の朝、カプロイノの飲食店の片隅にあった『スタンダード』紙の公告記事がふと目に留まった。記事は、アラブ首長国連邦の外洋船乗組員を募っていた。八時間労働二週間で報酬が五万三〇四〇シリング、諸手当て六〇〇〇シリング、さらに往復の航空旅費支給のうえ医療費が無料！　信じがたい雇用条件だ。ケニアでは俸給の有無が人々を天国と地獄に分け隔てる。彼の脳裏に、官僚時代の「大樹の陰」の甘い夢がにわかに蘇った。

募集人員は五万人と膨大で、登録料三〇〇〇シリング、健康診断費用四五〇〇シリング、旅券代金二〇四〇シリング、都合九五四〇シリングが要るとわかってもルーベンは躊躇《ためら》わず、即座に応募を決めた。必要経費は、自分の残る二頭の雌牛の内で授乳中の一頭を子牛ごと一万八〇〇〇シリングで売って作った。当然、収入源の牛乳を失った夫婦は、即刻暮らしに窮した。主食もウガリに代わってキクユ人風のギデリ（豆とトウモロコシ粒の混ぜ煮）が増え、元々稀だった肉は全く食卓に上らなくなった。

暮らしがようやく上向いたのは、ただ一頭手元に残っていた雌牛が出産して乳を出し始めた、二〇〇一年八月初めからだ。自家消費分以外の牛乳五壜（三・六ミリリットル）分は、村で牛乳商いを始めた姉のイボンヌが、毎日五〇シリング（前払い）で買ってくれた。それでも、月々の支出が（約一六〇〇シリングの）収入を二〇〇～三〇〇シリングほど上回っていた。

二〇〇一年六月二七日早朝、ルーベンは友人のキプスゲとナイロビに出掛け、五つの代理店の一つ、ワベラ通りのマダムP事務所に出向いて応募した。七月三〇日に再び上京、合格と、アラブ首長国連邦への出発日（二〇〇一年一〇月一日）を通知された。労働省からの証明書を得て旅券を申請するために、さらに八月二〇日と九月九日の二度上京し、しかも弁護士の署名を貰うために九月九日から労働省の窓口に一週間通いつめた。だが三週間後に、添付した出生登録証の押印が不鮮明で受理できない旨の書簡が村に届く。また上京して労働省で出生登録証を回収し、出生登録事務所に再発行を依頼したところ、登録記録があるボメットの管轄だと退けられた。止むなく、上京時の習いとして、郊外のソウェトに単身住んでいるチェムル村出の老コック、ボイットの所で一泊して、翌早朝バスに飛び乗った。車が途中ナクルの町で故障。修理に手間取り、ボメットに着いたのが漸く夕方。自宅に一泊して、翌日、ボメットで出生登録証を再入手。その翌日ナイロビへとって返したものの、慌てて身分証明書を家に置き忘れ、翌早暁には、またバスに乗ってチェムル村（ボメット方面）へと向かっていた。

ある日刊紙には、件《くだん》の外洋船乗組員募集は全く非現実的だとする、欧米の船会社の警告記事がすでに載っていた。マリーは、カプロイノ郡で広がっている、応募者が奴隷に売られるという噂話を引き、それに無駄金をもう目一杯使ったとルーベンを諌めた。だが彼は聞き入れず、あくる朝またナイロビに出向いて旅券申請を終えた。女性係官アリスは、登録番号獲得を促進する 賂《まいない》 に一〇〇〇シリングを求めたが、彼は五〇〇シリングで話を纏めて、機嫌良く村に戻ってきた。

キプシギスの雨季の朝

三週後に上京してみると、アリスは転勤していたが、掲示板にルーベンの登録番号が掲示されていて、別の係官は一週間以内に旅券を発行すると告げた。彼は今回は一時帰郷せず、ボイット宅に寄宿する決意をした。ナイロビに一日滞在すると、都心とソウェト間を往復する交通費四〇シリング、昼食のギデリ二〇シリングとケール（非結球キャベツ）の煮物一〇シリング、牛乳半リットル一〇シリング、それに灯油代一〇シリングの、最低九〇シリングは要る。だが、宿と朝夕の食事を供してくれるボイトのお陰で、一週間分の滞在費六三〇シリングは、バス代だけで七〇〇シリングも掛かる村との往復費用を下回るはずだった。

ルーベンは、それから毎朝ソウェトから労働省（ニャヨ・ハウス）に通った。そこで出会う「将来の同僚」たちの誰もが、彼らに職を恵んでくれることのなかった母国ケニアを去った後の暮らしへの熱い思いを、つまり一カ月後にはいかに豊かになれるかを飽きずに語り合った。飛行機に乗れることを素朴に喜ぶ者、小型バス用の車を持ち帰る起業の夢を描く者、二度と帰国はしないと断言する者などさまざまで、富者として夫を得る希望を語る女性たちもいた。旅券の発給が延びても、誰も不安を感じていなかった。だが、虚しく一週間が経ち、気がつくとルーベンが携えてきた三七〇〇シリングも底を突いて、バス代すら残っていなかった。

そんな時、ソリノックス・ハウスで日用品などの日雇い販売員を募集していることを、キプスゲが聞きつけた。二人は大急ぎで面接の列に並び、首尾よく採用された。毎朝八時から二時間、販売方法と客扱いの訓練を受けた後、身分証明証を店に預けて、各人が何か一つの商品を売りに街頭に飛び出して行く。そして夕方、売り上げの三〇パーセントを受け取るのだ。ルーベンは、ヒュンダイの車や冷蔵庫などの景品が当たる抽選券を売ろうと決めた。客の八割は話を聞いてくれたが、話し続けて喉が渇き、日に日に声が嗄れてきた。五〇シリングの券を日に平均三枚売るのがやっと。バス代を節約して遠路徒歩で通っても、稼ぎは生活費を下回った。

一週間後の一一月二二日、ようやく旅券がおりた。チェムル村では小雨季がもういつ始まってもおかしくない頃だった。帰郷してトウモロコシを蒔く準備を急がねばならない。我に返った時、もう金は尽き果て、仏のボイットも月末まで手持ちがない。思い余ったルーベンは、翌朝思い切り早く起き出して、国会議事堂で地元選出の国会議員モソニックに会い、帰郷の旅費四五〇シリングを貸すか自動車に同乗させてほしいと懇願した。モソニックは、帰郷予定の二四日まで待てと鷹揚に言い、それまでの塒《ねぐら》と食事を提供してくれた。

彼は二五日に地元でハランベー集会を開く。ルーベンは、それを告知するラジオ放送（キスム局の地方番組）短報の案文を添削してからケニア放送協会スワヒリ語部に届け、料金を支払う仕事を頼まれた。概して、キプシギス人は母語とは系統が違うスワヒリ語が不得意だが、ルーベンは苦にしない。料金は一語当たり三〇シリングで、計二〇〇〇シリング弱の予想だった。だが彼は、原文を要領よく二四語七二〇シリングに切り詰め、カレンジン語放送分の四〇五シリング込みでも一一二五シリングであげた。思いがけず八七五シリングもの釣りを返されたモソニックは、一驚した。

予定どおりに帰省したモソニックは、すぐに父親のフランクに会って、ルーベンを私設秘書に雇う同意を取り付けた。こうして一一月二七日から、ルーベンの国会議員私設秘書生活が始まった。彼はモソニックの日々の行動計画を立て、モソニックに代って日誌を付けた。演説やハランベーの集会日の朝はいつも、モソニックから五〇シリング札（最も低額の紙幣）を七〇枚ほど手渡されたが、殺到する群衆に適当にそれを配るのは容易な仕事ではなかった。ケチだとか、猫ババするなとか、車の中に踏ん反り返っているお前だけが奴を国会議員の席に着けたんじゃないとか、ルーベンはあらゆる悪態を浴びせられた。しかも、食事代はモソニックもちだが、一日の終わりに幾枚かの五〇シリング札が残った時にだけ、その一枚を手渡して貰えた。悪罵や中傷は耐えがたく、アラブ首長国連邦に旅立つまでの職を得たという期待も裏切られて、ルーベンは一〇日後に仕事をやめた。

だが、首長国連邦への旅立ちはその後幾度も延期され、二〇〇二年に入っても先が見えなかった。会社側はいつも、応募者が予定の五万人にまだ達しないからだと説明した。ルーベンは、すでにどれだけの金と時間を、また心血を注ぎ込んだことか。労働大臣が首長国連邦の後楯を得ていると再三保証した事業だったが、誰の目にも、もう見切りを付けるのが得策だった。

4　世間を生き抜く

すでに明らかなとおり、ルーベンは正直者だが、決して愚直ではない。ハランベー学校と呼ばれる田舎の底辺の中学校出身で（その常として教師も機材も貧弱な）理数系が弱かったから、中学校卒業認定試験（KCSE）の成績はC⁻と振るわなかった。だが機を見るに敏で、世間を生き抜く利発さは類がない。彼の世智が、間もなく、ちょっとした好運を再び呼び込んだ。

二〇〇二年一月二四日（木）の朝、顔見知りのカイガイ小学校校長マイケル・チュモが、ルーベンを訪ねて来た。二〇〇〇年一二月に中学校を終えた彼の娘テレサが、二月四日から三月五日までの一カ月間の予定で実施される国政選挙の臨時登録官募集に応募するのだが、締切り日の今日中に、応募書類を急いでボメット県庁に届けてほしいというのだ。往復の旅費二〇〇シリング、昼食代一〇〇シリングを出すという条件だから、数十シリングは浮く。ルーベンにはありがたい話だった。

出願の遅れには、わけがあった。テレサには、キプシギス三県随一の名門女子中学校時代の同級生で、ソイン村に住むエレナという親友がいる。エレナは、カプロイノ郡住みのボメット県の田舎官吏である父親からの情報で、二週間前に早々と出願を済ませていた。二人はKCSEでB⁻という、大学進学は無理でも、カプロイノ地方の女生徒には稀な良い成績を収めた好敵手でもあった。しかし、二人は卒業以来ずっと就職できなかった。それで、応募地域が違って競合しないにもかかわらず、エレナはこの件をテレサには内緒にしていたのだ。

マイケルがルーベンに依頼したのは、単に手続きだけではない。彼は、テレサの就職を保証できる人物との接触を頼んだのだった。ルーベンはボメットで県選挙調整官代理のサン氏に会ってテレサの応募書類を手渡し、しかるべき手だてを率直に尋ねた。サン氏も、端的に三〇〇〇シリングを要求した。だが、ルーベンは断った。前回一九九七年の国政選挙時の実績に照らすと、三〇〇〇シリングは一月間の報酬の半分に当たる額だからだ。サン氏は、一九九七年に二〇〇〇シリングだった日当が二〇〇一年には五〇〇〇シリングに増額されたと言い、関係書類を示した。事実、ケニア・シリングの値下がりによる購買力の低下を補うために、公務員給与が二〇〇一年以来大幅に改善されていた。ルーベンは納得したが、賂を二〇〇〇シリングに値切り、採用者名簿の公示当日、事前にテレサの名前を確認したうえで支払うことで合意した。

公示当日ルーベンは、マイケルから預かった二〇〇〇シリングに自分の一〇〇〇シリングを足して、三〇〇〇シリングをサン氏に手渡した。そして、自分は失職中の中卒だが、二〇〇〇年半ばまでは人口登録官だったことを告げ、応募してはいないものの自分も採用して貰えないかと頼んだ。サン氏は、即座に同意した。実際、採用者名簿のカイガイ村の欄にはルーベンの、地元の応募者がなかった遠方のマガス村の欄にはテレサの名前があった。一方、エレナの名前はソイン村だけでなく、他のどの村の欄にも載らなかった。この事実が、マイケルを有頂天にした。

知人ジョー・センダが店番をする、カイガイ村の通りに面したキオスクが、五つの村から成るカイガイ地区選挙人登録事務所として借りあげられた。仕事量はごくわずかで、とくに期間後半は閑散としていた。ところが、一カ月では短かすぎるという野党の執拗な批判をいれて、政府は登録期間を全国的に二週間(三月六〜一九日)延長した。だから臨時登録官は、書類整理に充てる三月二〇日を含めたその日までの計四五日間で、総額二万二五〇〇シリングの報酬を得ることになった。

皮肉にも、ルーベンには贅沢な悩みが生まれた。実は、三月六日から一カ月間、或る外国のNPOの手伝いをする手筈になっていたのだ。この仕事の日当は三〇〇シリングだが、快適で、しかもさまざまな知識が得られて楽しく、逃がしたくなかった。ルーベンは一計を案じて、ジョー・センダを自分の選挙人登録職の代理に私的に雇った。実際、もう業務は残っていないに等しかった。それに暇をたっぷり持て余していたジョーは、時々勝手にルーベンを手伝い、あらかた仕事を覚えてしまっていたのだ。日当の希望額を尋ねられて、ジョーは五〇シリングなら嬉しいと答えた。ルーベンは、さらに新規登録なら五〇シリング、選挙区変更登録は三〇シリング、登録カード再発行でも三〇シリングを一件当たり追加支給すると約束した——実質上、仕事はすでに皆終わっていたのだが。

かくて登録事務は恙《つつが》なく完結した。誰一人ルーベンを非難する者はなかった。それどころか、彼は仕事をすすんで他人に分け与えた心の広い人物と評価されて、人望を得たのだった。

■――走り始めたランナーたち

本稿では、西ケニアに住むキプシギス人（チェプタラム氏族）のある家族の六世代にわたる暮らしを、カネとの関わりを柱として素描した。彼らは、いわば牛が諸価値の中核であり、経済や社会の次元では牛がカネでもあった時代から、資本主義に貫かれた植民地（とさらに国民国家）経済への、急激な移行過程を生き抜いてきた。キプトー・アラップ・チェラムタニから彼の曾孫のルーベン・（アラップ・）リモまでの四世代が経験した変化は、ことに著しいものがあった。

英国植民地政府は、確かに部族間の家畜をめぐる略奪戦を抑止して、「英国の平和」をもたらした。だがそれは、植民地や部族内部でのカネをめぐる、新たな戦争の始まりでもあった。一方には、真先に植民地政府やキリスト教ミッションに接近して、千載一遇の機会を得た者たちがいた。彼らとその子孫は、あっと言う間に社会の階段を駆け上がって、国家という新しい巨大な枠組の中枢を占め、富を独占した。それは事実上、最初で最後の好機だったのだ。他方、最近ようやく資本主義の現実に目覚めた者たちがいる。彼らとその子孫たちは、残されたわずかな余地に殺到して、食うために死に物狂いの奮闘を続けている。だが、彼らのパイは余りにも小さい。

その一人、ルーベンが外洋船乗組員採用に賭けた夢は、冷静に見れば確かに、いかにも無謀で滑稽だ。大学が極度に狭き門となった十数年前には、海外留学詐欺が横行していた。外野席にいる我々は、今その螺旋状の「進化」型を目の当たりにしているのだと言えよう。しかし、いったい誰がルーベンを笑えようか。誰もが夢を見る。

そして夢は、現実が辛ければ辛いほど切なくて甘い。

国際機関は、ケニアがアフリカでも二番目に腐敗が進んだ国だと指弾する。この評価は国民の間でも公然と話題になり、彼らはその確かな実感を生きている。ルーベンは、アフリカ民話で活躍する横紙破りのトリックスターの兎か蜘蛛を思わせて聡く、そして（ずる）賢い。しかし、少しも彼を非難するには当たるまい。われわれは、戦後ヤミ米を拒んで餓死した日本の裁判官に同情こそすれ、とうてい心酔するわけにはいかないのだ。

そのルーベンが今、心から感服している、ハリー・ケモイという一人の若者がいる。二〇〇〇年末頃、カプロイノ郡では、ブロックと呼ばれる集金自助組合が突如現れて次々に簇生《そうせい》し、一年間ほど、熱に浮かされたような時間が続いた。ブロックは、二〇人前後で構成する、頼母子講《たのもしこう》とハランベーを結合したような組織で、二週間という短い周期で各人が五〇〇シリングほど（の大金）を拠出し、これに加えてさらに任意の献金を募る。だから毎回、メンバーは必ず二〜三万シリングという大金を得て、ちょっとした起業資金などに回すことができた。個人の献金額は逐一記帳され、受益者が今度はそれ以上の額を献金し返すのがルールだった。

その頃、人々は物に取り憑かれたように、働きに働いた。中学の入口で落伍したハリーは、他人の畑を借りあげて野良仕事に精を出し、五つものブロックに同時に加入して高額の献金を続けた。カネをばら蒔くような気前良さから、彼は「議員」という渾名を貰った。だが、二〇〇一年終盤から旱魃が猛威を振るい出すと、ブロックが次々に破綻して、彼の「債券」の全てが焦げついてしまった。しかし、ケモイは潔く現実を受け入れて、少しもたじろがなかった。彼はこの間の死に物狂いの奮闘を通じて、勤勉や信用という今日の新たな価値を見つけ出し、自力で起業する自信というかけがえのない財産を手にいれたのだった。彼に見るのは、学歴やお上や援助にも、また古い共同体の紐帯にも依存しない、自立した、新たな人間類型の誕生である。

確かに、ケニアはカネ塗《まみ》れかもしれない。だが、希望がないわけではない。人々は、長く苛烈な過渡期をまだ必死に生きていて、今ようやく新たな世代を育みつつある。そこには、ハリーのように新たに自分自身の足で走り始めたランナーたちの姿がある。

〈注〉

（1）カレンジン群の一民族。ケニアの第二代大統領モイ（現職）もこの民族の出身。

（2）甥のフランク・ロノが、この内三エーカーを二七〇〇シリング（標準価格）で買った。

（3）教育費と同様、桁違いに大きな出費は医療費である。また、旅客用の乗合トラック（マタットゥ）を借りあげて遺体を病院から移送する費用や、葬儀の経費の法外な大きさもきわめて深刻な問題となっている。

2　野宿者の貧困と集団形成

新宿駅周辺部を事例として

北川由紀彦

■——あるエピソード

一九九四年の春、卒業論文にむけた調査のために、東京・JR新宿駅西口の地下道で数日間野宿をしていたときのことだった。夕方、地下道に自分の寝床を段ボールでつくり終えて一服していたとき、ある一人の野宿者（Xさんとしておこう）が話しかけてきた。

大きな目をくりくりさせながら自分のこれまでの経歴について屈託なく語るXさんの話に筆者は引き込まれていった。話がひと段落ついた頃、Xさんに、メシは食べたか、とたずねられた。筆者は、牛丼を食べてきたと正直に答えた。このときは、調査のために野宿しているということはまだ話してはいなかったのだが、筆者の答えや雰囲気からXさんは、筆者がいくらかのカネを持っていることを——そしてまた、ほかに行くところがないという切実な理由で野宿しているわけでもないということも――感じ取ったのだろう。今日は何も食べていないからどうしても一〇〇〇円だけ貸してほしい、と頼みこんできた。筆者の目をじっと見据えながら、食事も満足に摂れていないと強調するXさんの迫力に気圧されて、また、ここで借金を断ることで落胆させるよりは、貸しておいたほうがもっといろいろな話を聞かせてもらえるかもしれないという下心もあって、筆者は一〇〇〇円を貸してしまった。Xさんは一〇〇〇円を受け取るとすぐに食事に行ってしまった。

まもなく、このXさんと知り合いの別の野宿者（Yさんとしておこう）がやって来た。彼は、自分が板前で自分の包丁を仕事道具として持っていること、それをコインロッカーに預けてあること、仕事を探すためにその包丁が必要なのだが預けっぱなしになっていて延滞料金を払えずロッカーから出せないでいることを話すと、筆者に、カネを貸してほしいと頼み込んできた。Yさんは、Xさんが筆者からカネを借りたということをXさんから聞きつけ、筆者に借金を申し込んできたのだった。仕事を探すためにどうしても必要だから、としつこく頼み込むYさんに根負けして、結局筆者はYさんにもカネを貸してしまった。XさんもYさんも、筆者が貸した金で目的を果たした後で、「今は返せないが仕事がみつかったらすぐにでも返す」と筆者に話してきた。カネができたときに返してくれればいいから、と筆者は言ったのだが、Yさんはそれでは納得しなかった。仕方なく、数日間、食料でもって返してもらうことになった。

Yさんが食料を拾いに行っているあいだに、また別の野宿者（Zさんとしておこう）がやってきた。「おまえ、あいつ（Yさん）に金貸したのか。……絶対戻ってこないぞ。俺も昔あいつに金貸したんだ。だからあの野郎、俺には頭（が）上がんねえんだ」。食料で返してもらうことで一応は話がまとまったことを話すと、Zさんはこう言って筆者をたしなめた。「食い物で返してもらうって言ったって、食い物なんかここにはいくらでもあるんだよ。

無い奴にはみんなが（分けて）あげるんだから」。

翌日、Yさんの姿は見あたらなかった。前日までYさんと一緒に野宿していた人にYさんの消息をたずねた。Yさんは昨晩、返せるあてのないカネを借りたことをナカマに責められ、その集団から追い出されて、どこかに行ってしまったということだった。

■――野宿者の概況

日本の都市部において野宿者が急増している。一九九九年一〇月末現在で、日本国内の野宿者数は二万人を超えた（東京都福祉局『東京のホームレス　自立への新たなシステムの構築に向けて』）。とりわけ、東京の新宿駅周辺部は、段ボールハウスを構えるなどして目立つ形で野宿する人びとが急増し、いわゆる「ホームレス問題」の先駆けとして社会的に注目を集めてきた。そして野宿者が急増してくるなかで、野宿者のあいだで集団形成とでも呼ぶべき現象が広く見られるようになってきた。

そこで本稿では、新宿駅周辺部における野宿者の集団形成という現象を、かれらがおかれている経済的な貧困という状況に注目して、それに対するかれらの対処という観点から分析・記述を試みたい。その前に、本稿が対象とする新宿駅周辺部の野宿者の概況について確認しておこう。日本社会では一九九〇年代後半から、野宿者を対象とした実態調査がいくつか行われてきた。本稿ではそうした調査のなかから、新宿駅周辺部の野宿者を対象として都市高齢者生活研究会によって行われた調査結果『新宿ホームレスの実態'96』（回答者数二三八人。以下新宿調査と呼ぶ）と、東京都二三区内（実質的には新宿区を含む一二区内の野宿者集中地域）の野宿者を対象として都市生活研究会によって行われた『平成十一年度路上生活者実態調査』(路上での調査の回答者数七一〇人。以下東京調査と呼ぶ)を参照していくことにする。東京調査は新宿調査より調査範囲が広いが、新宿調査よりも多くの項目にわたって野宿者の生活状況を明らかにしているため、新宿調査で明らかにされていない点については後者を参照していく。

まず、性別については、男性が圧倒的多数を占める。新宿調査においては、確認された三五九人中女性は一六人で、五%にも満たない。次に年齢だが、新宿調査においては、五〇代が最も多くおよそ四割を占め、これに六〇歳以上を合わせると、六割を超え、さらに四〇代を加えると九割を超える。したがって、新宿の野宿者の大部分は四〇歳以上の男性中高年者で占められているといえる(こうした傾向は、東京調査においてもほぼ同様である)。

なお、以下で参照される会話や出来事は、特に注記がない限り、一九九五年から一九九八年にかけての野宿者支援ボランティア団体Sの活動への参加等を通じての、観察・聞き取りによって収集されたものである。

■——野宿者と貧困

ほとんどの野宿者には、カネがない。東京調査によれば、現金収入となる仕事をしている野宿者は、全回答者七一〇人中、半数の三五一人にとどまっている。また、仕事をしている人でも一カ月の平均収入が六万円以上の人は一〇九人で、全回答者数の一五%程度にすぎない。このような野宿者の経済的な貧困は、端的には、日本社会において野宿者が労働市場から閉め出される傾向にあるという事実に由来している。

1　一般的な労働市場からの排除

日本社会では野宿者を「働く意欲のない」「怠惰な」人と見なす風潮が未だ強いが、それは誤りである。ほとんどの野宿者は、働くことを望んでいる。働かなければ野宿から抜け出すことも、それ以前に日々の衣食を賄うこともできない。東京調査によれば、今後希望する生活についてたずねた質問に対して、七一〇人中五五〇人、八割弱の人が就労意欲を表明している。

けれども野宿者をとりまく状況は厳しい。先に言及したように、野宿者の平均年齢は五〇歳を超えている。いっぽう、雑誌、新聞などの求人広告を見ても明らかなように、日本社会において、多くの雇用主は求人に際して年齢制限を設けている（労働市場における年齢制限がいかなる論理に基づいて行われているのかについては詳しく検討する必要があるが、本稿では年齢制限があるという事実にのみ注目し、それ以上は立ち入らない）。五〇歳を超える野宿者が新たに就労先を探し求めることは容易ではない。なかには中高年の野宿者が就労のチャンスに乏しいという点につけこんで劣悪な条件のもとで働かせる雇用主もいる。「Kさんの隣人のひとりで、寿司職人や中華料理のコックの経験があるIちゃんは、九五年秋、（引用者注：野宿者を扱った）テレビ番組に出た。それを見ていた栃木県のラーメン店のオーナーが、Iちゃんを雇った。五十歳をこえての再就職。手に職がある人は強いな、と思っていたら、たったひと月半で舞い戻って来た。／『見てよ、これ』／Iちゃんが私に突き出した給与明細書には、時給にしてわずか四百円というひどい数字が並んでいた。Kさんが抗議に出向くと、オーナーは、『最初の二カ月間は見習い期間。安く雇えるから雇ったんだ。そうじゃなかったらなんで五十過ぎの男を採るんだ』と開き直ったという。」（中村智志『段ボールハウスで見る夢』草思社——引用に際し人名は仮名に変えた）。

加えて、野宿状態にあるということは、野宿している路上や公園に住民票を置いて住所を設定することができないという意味で、住所がないということを意味する。このことは、ときには「連絡がとれない」という実際的な理由によって、またあるときには野宿者に対する偏見によって、就労に際して不利に働いている。そのため、筆者が関わっている野宿者支援ボランティア団体にも、「就職の面接のために必要なので事務所の住所を名目上貸してほしい」といった要望が野宿者からしばしば寄せられる。このように、野宿者であるということ＝住所がないことによって、野宿者が一般的な労働市場へ参入することは強く制限されている。

2　日雇労働市場の変質

日本社会には、住所がないということが就労に際し制約となりにくく、それゆえ住所のない人々を労働力として吸収し続けてきた労働市場が存在してきた。その代表的なものが、日雇労働市場である。たとえば、東京の山谷や横浜の寿町といったいわゆる寄せ場では、毎早朝、路上で日雇労働者と建設業者などの雇用主との間で、(多くの場合手配師と呼ばれるヤミの労働斡旋業者が仲介に入って) 雇用契約が結ばれる青空労働市場が立つ。このときに労働者が雇用主から履歴書や住所を要求されることはほとんどなく、また労働者にも、アパートなどに住所を設定せず「ドヤ」とよばれる簡易宿泊所や「飯場」「寮」などの雇用先の宿舎を移動しながら生活している人が少なくない。

新宿（といっても新宿駅からおよそ二・五キロ、鉄道で二駅離れている高田馬場だが）においても、毎早朝、そのような青空労働市場が立つ。また新宿駅周辺の路上や公園でも、手配師による労働斡旋がしばしば行われている。次に紹介するのは、一九七〇年代後半よりもっぱら新宿の駅手配を通じて就労していた野宿者の話である。

（一九七〇年代後半にキャバレーの従業員を辞めて）仕事、なんか、探してるうちに、ひょっと、あのー、つかまったのが、新宿の手配師だったんですよね。……その頃（一九八〇年前後）には、新宿に手配師はけっこういたんですか？）ええ、もう、いっぱいいました。Pさんだとか Qちゃんとか、あのー、個性的でいい人がいっぱいいましたからね、その頃は。……賃金は安かったですけどね。そんな、いま騒がれてる（ような）変な飯場なんか無かったですから。賃金は安かったですけどね。ちゃんと満期になれば……（飯場から）出してくれましたから。……それで（飯場から出て）、その、いつもの手配師がいなかったら、ほかの手配師に言って、ほかの会社にっていうかほかの飯場に入ってみたり。（野宿者Aさん〔男性・四六歳〕の話、一九九六年一月一四日）

だが、そうした日雇労働市場においても近年、年齢制限や「顔づけ」（手配師が顔なじみの労働者から優先的に仕事を斡旋していくこと）による労働者の選別が日増しに厳しくなってきている。青空労働市場における労働者の選別強化についての明確な統計資料は存在しないが、一九九五年より筆者が（新宿から高田馬場に求職に通っている）野宿者から話を聞いている範囲でも、年齢制限の上限は下がり続けている（一九九五年頃には五〇代後半までが相場だったが二〇〇〇年現在では五〇歳前後まで）。また、そうした仕事が少ない状況につけ込んで、なかば騙すような形で労働者を募集して飯場に囲い込み、高額の食費や住居費などを給料から天引きして、実質的にはタダ働き同然の低賃金で労働者を働かせる悪質な業者も増えてきている。先に紹介した話のなかでAさんが言っている「いま騒がれてる変な飯場」は、そうした飯場のことを指している（当時、日雇労組と野宿者の運動団体はそうした悪質な飯場経営を行っている業者の一つと労働争議を行っており、Aさんもそのことを運動体のビラを通じて知っていた）。

こうした変化が日雇労働市場全体の規模の縮小を意味しているのか、それとも日雇労働市場の労働力調達・確保の仕組みの変化を意味しているのかについてはいまだ明らかではない。しかしいずれにせよ、ここ数年間の日本社会における野宿者の増大という現象の背景に、このような労働者の選別強化による日雇労働市場からの中高年者・初心者の排除の進展があることは確かである。そのことの傍証として東京調査を参照しておくと、野宿を始める直前の仕事の職種では「土工・雑役」が最も多く（回答者七一〇人中二八〇人で約四割）、従業上の地位では「日雇」が最も多くなっている（七一〇人中二八八人で五割弱）。

3　カネを稼ぐ

日雇労働にアブレたり体力がなかったりして日雇労働に就けないでいる野宿者に、都市はさまざまな雑業の口を提供する。たとえば、段ボールやアルミ缶などの廃品回収。屋台の手伝い。風俗店の看板持ちやサンドイッチマン。ダフ屋から依頼を受けてスポーツの人気試合などのチケットを買うために発売窓口に並ぶ「並び」。先の東京調査によると、現金収入となるなんらかの仕事に就いている人（三五〇人）の内、廃品回収、チケット並び、本集めに就いている人の割合は四割を超えている。「本集め」とは、主として駅のホームなどのごみ箱に「落ちる」雑誌や文庫本を集めて、古本業者に売るという仕事である。買い取り価格は業者によって決められ、一冊三〇円から五〇円程度が相場となっている。古本業者に買い取られた雑誌は、新宿や渋谷、池袋などのターミナル駅周辺の露店で一〇〇円均一で売られることになる。

あっこ（あそこ）の、〇〇〇（新宿の地名）にさ、俺の知ってる奴が、（古本屋を）やってるんだ。あっこ持ってくと、四〇円で買ってくれるんだ。……（ただ、日によって店を）やったりやらなかったりするから、あっこ（は）

あてにならねぇんだ。……だから…×××（新宿の地名）のとこのオヤジ。……あっこへ行きゃいつも全部（買ってくれる）。……あれは日曜日でも土曜日でもやるから。…それまで頭に入れてなきゃ、本（集め）なんかできないよ。（野宿者Bさん〔男性・六〇歳前後〕の話、一九九六年八月一三日）

だが、本集めなどの仕事に従事してその生計を立てる野宿者の数が増大するに従い、そうした仕事をめぐる野宿者間の競争も激しくなってきている。たとえば本集めでは、本を効率的に集めるのに都合のよい駅（大量の雑誌がごみ箱に「落ちる」ターミナル駅など）のごみ箱の専有権を主張する野宿者も現れるようになり、新宿駅の場合ではホームのごみ箱一つ一つにそのごみ箱専門の人がついて本が「落ちる」のを待っているというような状況にある。

4　カネなしで生きる

こうした競争に敗れた結果として、その日の食料を購入するだけの現金収入が得られなかったり、病気などの事情で、そもそも現金収入となる仕事にも就けない人々（先の東京調査の結果で、野宿者のうち仕事で現金収入を得ている人が約半数であったことを思い出してほしい）は、野宿者に対する給食サービスを利用したり、食料を拾ってきたりすることでその生をつないでいる。だが、野宿者の数が増大を続けるにともない、給食サービスや拾いによって食料を得る機会も相対的に減少して、競争が激しくなってきている。

まず、給食サービス。新宿福祉事務所では月曜から金曜まで、法外援護（生活保護法の枠外での応急援護）として一日一食カップ麺（一九九八年七月よりカップ麺から乾パンに切り替えられた）を提供している。また新宿では多くの民間団体が支援活動を行っており、そのほとんどはなんらかの形で給食サービスを行っている。これらの団体の給食活動のやり方には二種類ある。一つはそれぞれの野宿者のいる所まで支援者が食料を持って行く訪問方式であり、もう一つは一カ所に野宿者を集めて食料を提供する、集合方式である。いずれも、(福祉事務所の法外援護の場合とは異なり)ある場所に行けばいつでも食料が得られる、というわけではない。訪問方式の場合は、食料が得られるか否かがその団体がどこを訪問するかにかかっているという点で、確実性が低い。一方、集合方式の場合は、ある一定の曜日なり時刻なりに一定の場所で並ぶなどして待つ必要がある。また、仮に並んだとしても、列の途中までしか食料が行き渡らないということもままある。そのため、確実に食料を得るために給食サービスが始まる時刻よりもずっと前から並ぶということが行われている。また、少しでも多くの食料を得ようと、並んでいる人全員に食料が行き渡ってもなお食料が余ることを見越して、二食目を得るために提供された食料を片手に走って列の最後尾に並び直すということもよく行われている。

そして「拾い」。無数の飲食店や商店がひしめきあう新宿では、毎日無数の食料品が残飯あるいは賞味期限切れ食品として廃棄されている。これらを「拾って」くることでその食をつないでいる野宿者も少なくない。だがここでもまた、食料を調達できる場所をめぐる競争は激しくなってきている。

■――野宿者の集団

一九八〇年代の野宿者を対象とした社会学的研究のなかでは、野宿者に関して、その多くが孤立して野宿生活を営んでいるという説明がなされてきた(青木秀男『寄せ場労働者の生と死』明石書店)。しかしながら、本稿が対象とする一九九〇年代半ば以降の新宿駅周辺部においては、他の野宿者とさまざまに関係を取り結びながら生活している野宿者が多数存在している。そしてそうした関係の網の目の中からは、日常的に声をかけあったりして互いに顔見知りであるような野宿者の集まり（これを本稿では集団とよぶ）があちこちに出現してきている。以下では、そうした野宿者の集団の形成という現象について、主に野宿者のおかれた貧困状態とそれへの野宿者の対処という観点から読み解いていく。

なお、一般に「集団」というと明確なメンバーシップや共同の目標、規則やルールの制定、〝われわれ感情〟の共有といった条件を備えた比較的安定した集合体をイメージしがちであるが、野宿者の間でそのようなはっきりした輪郭を持った集合体が形成されていることは稀である。また、何年間も野宿を続けながらも決して集団をつくらず——集団に接近しない人も存在するし、いったん集団に所属したのち集団から排除されていく——離脱していく人もいるという点には注意しておきたい。

1　ひとりで野宿することの困難

一九九六年一〇月一八日、大阪市中央区の橋の上で野宿していた六三歳の男性が、二四歳の青年によって川に投げ落とされ、死亡した。一九九七年二月二〇日、東京都渋谷区の公園で野宿していた男性が、若者八人によってガソリンをかけられて火をつけられ、顔などに大火傷を負った。二〇〇〇年六月の深夜、東京都墨田区のガード下で野宿していた六八歳の男性が三人の若者らによってゴルフクラブで頭などを強く殴られ死亡した。これらは、日本国内で起こっている野宿者襲撃事件のほんの一部である。路上で生きるということは、こうした襲撃や嫌がらせの危険と常に隣り合わせの状況下で生きるということを意味する。そして、野宿者に対する（襲撃はいうまでもなく）嫌がらせは、かれらの生活をいっそう厳しいものにしている。

　こうしてさ、階段のとこでさ、鞄をこうやって（傍らに置いて）、本読んでたんだよ。……ほしたら、中学生の奴らがさ、ワーッ……（鞄を持って行った）。ちょっと追っかけたけどよ、（捕まえられなかった）。……あれは、ひったくりなんだよな。置き引きっていう、ほどでもねぇ。ま、俺は起きてんだからよ。起きてここ、脇にこう置いてこうやって本読んで（笑）。……ほしたらよ（そうしたらよ）、中学生……一年生か二年生ぐらいの奴らがよ、あの、なり（を）見るとな、いいとこの坊っちゃんみたいなあれなんだよ。……不良みたいなあれじゃねぇんだよ。だって、（鞄には）地下足袋と作業着しか入ってねぇのによ、そんなん（を）奴ら、持って（笑）。……でも、俺としては困るんだよ。……仕事できなくなる。（野宿者Cさん〔男性、六〇歳〕の話、一九九六年九月一六日）

　建設日雇労働の就労現場では、自前の地下足袋や作業着を持っているかどうかは、雇用主や手配師がその人を建設の仕事に「使える」人なのかどうかを見分けるひとつの目安とされる。この話に出てくる中学生にとっては、Cさんの荷物をひったくるという行為は、悪質な「遊び」のつもりだったのかもしれない。しかし、日雇の建設労働を長年続けてきて、仕事がうまくみつかるように常に準備を整えていたCさんにとって、地下足袋を失うことは、今後建設の仕事に就けるどうかを左右する死活問題なのである。

　また、住居を確保することができず、衣類も、場合によってはその日の食事すら調達することもままならない貧困状況のなかでは、ほかならぬ野宿者もまた、野宿者をおびやかす存在として立ち現れてくることがある。ほかの野宿者に金銭などをたかられたり荷物を盗まれた経験のある野宿者は少なくない。

物（を）たかられたようなことはありますよ。……仕切っている人間みたいなのが、なんていうんですか、あの、「挨拶もしないで寝てるんじゃねぇや」っていうふうに言われたこともありますけどね。……（初めて新宿の路上に）来たときに……バッグに、ハイライト、三〇個、三〇個ぐらい、あの、入れてきたんです。パチンコの景品ですけどね。それが、バッグ開いてパン食べてたときに、ちょうど、バッグの中身を見（られ）ちゃったんですね。「煙草いっぱい持ってるねえ。ちょっとくれやぁ」なんて無理矢理。もう、分かんなかったから。もう、「三人いるから三つくれな」って三つ持ってったんですね。こっちが「いい」とも言わないのに。（前掲野宿者Aさんの話）

（荷物を盗まれたときは）あそこで（新宿西口の地下で）、寝てたら、声掛けてくる奴が、誰かが声掛けたんですよ。……そんとき、たまたま、あのー、新聞掛けて寝てたんですよ、寒いときだからね。……そしたら、（声を掛けた人が）首（まで新聞を）、また掛けてくれて……そいで、一瞬、「あっ！」と思ったんです。思ったんですね。したら、もう（荷物が）なかったんですね。……夜です。うん、夜ったって、もう、朝方に近いころだね。……その、二、三分のことですね。で、そいで気がついたらもう、なかったね。……あの中（地下のこと）かっぱらい多いですよ。……タバコかっぱらうとかね。で、酒をかっぱらうとか。それから、靴かっぱらうんですね。靴。……それが一番困るんですよ。……（靴を盗られたら）明日から裸足でしょ。だから、あそこに寝てる人は、必ず、靴を履いて寝てます。（野宿者Dさん〔男性、五三歳〕の話、一九九六年八月四日）

2　ナカマをつくる

野宿者の集団は、なによりも、このような危険を回避・軽減するためといった切実な必要性から形成されている側面が大きい。Eさんはそうした集団をつくることの意味を次のように語っている。

わたしはね……ここ（路上）にいるあいだはさ、極力、ナカマをね、一人か二人のナカマをつくっていこうかなと。……気心知れたナカマを。……うん。……ま、信用できるできないはそれは分からないよ。……だけど、表面的にな、も、話（が）できるとさ、ナカマをね、作って……やろうかなーと思って。……そうすりゃ、お互いに助け、助かるじゃない。……それとほら、一人でボサーッと本読んでるよりさ、な、バカ話（を）してさ、お互いに気晴らしするのもいいじゃない。……やっぱり、ナカマを一人二人みつけてね、話し話し生きていかないと、そうしないとね、おかしくなっちゃうよ、精神的に。（野宿者Eさん〔男性、五〇歳〕の話、一九九五年十一月二十日）

Eさんが「話し話し生きていかないと」「おかしくなっちゃう」と語っているように、野宿生活は先に述べた盗難や襲撃に対する不安や孤独感といった心理的な緊張を多かれ少なかれ伴う。しかも、野宿者は多くの場合、単独で野宿生活を始めている。つまりそれは、話し相手となるような家族や友人、知人といった特定の他者との関係が切断された状態で路上に投げ出されているということである。そのような状況下で、特定の野宿者と言葉を交わしあうような関係を取り結ぶことによって得られる心理的安定は、野宿者が集団を形成していく動因として大きな位置を占めていると考えられる。そして野宿者の集団の多くでは、仕事や生活の情報交換や荷物の預けあい、多少の食料や煙草の融通といった「助け合い」が行われている。

だが、Eさんも「信用できるできないはそれは分からない」と語っているように、集団内の関係は、必ずしも「親友」という言葉で言い表されるような情緒的なつながりではないし、企業組織内の同僚同士あるいは上司と部下の関係のように、互いの役割が制度的にある程度決まっている関係でもない。言い換えるならば、相手が自分を食いものにしようとしている人間ではないという保証はどこにもない。

そのため、特定の野宿者と関係を取り結ぶことには、単独でいるのとはまた別の緊張を伴う。そうした緊張は、カネをめぐるやりとりにおいて如実にあらわれる。先にも述べたように、野宿者の多くはカネがない。本集めなどの仕事に従事していても、日々の食事や日用品にかかる額を差引けば、手元に残る額はわずかである。そのため、カネはかれらにとって、特別な重みを持っている。本稿冒頭に掲げたエピソードのなかで、Zさんは「食料はいくらでもある」のだからカネと食料とでは交換は成り立たないと話していた。ほんとうにZさんが言うほどに野宿者のあいだで食料が豊富にあったのかどうかは、わからない。現在よりは野宿者の数が少なかった当時でも、野宿者を対象とした炊出しには何十人もの行列ができていたのだから。そしてまた、Yさんが最初から踏み倒すつもりで筆者からカネを借りようとしていたのかどうかも今となってはわからない。けれども、はっきりとしているのは、筆者が、野宿者にとってカネが特別な重みをもっていることを認識していなかったために、軽々しくカネを貸してしまい、かれらのあいだに軋轢をつくり出してしまったということである。野宿者のあいだで、「自分の所持金の額はたとえその人が知り合いであっても知られないようにするべきである」ということがほとんど「常識」となっていることを知ったのは、それからずっと後のことだった。

また、ある集団内には、「拾ってきた食料を分けてもらったとき、その食料の入手場所を詳しく聞いてはいけない」という不文律がある。この不文律からは、「食料の調達場所を教えた途端にその場所を横取りされてしまうかもしれない」相手と関係を取り結ぶことの緊張関係を読み取ることができる。

このように、集団を構成している野宿者間の関係の多くは、互いの関係についてたえず注意深く反省し互いの距離を調整することによってはじめて維持されるような壊れやすい関係としてある。したがって、その関係を見誤れば、Fさんのように、一方的に関係を解消されてしまうことにもなる。

（物を盗まれたことは）ある。これはあるよ。あるけどねー……俺、知らない人間には持ってかれたことないの、知らない人には。ナカマなんだよね。……ナカマにはある。これはもう。……ほら、『ちょっと便所行ってくるからバッグ預かってろよ』なんて言ってる間にさ、やっぱり持ってかれたこと二、三回あるよ。ナカマに。……ずーいぶん（かれらの）面倒（を）みてですよ。だけどみーんなね、途中でいなくなっちゃう。（野宿者Fさん〔男性、五四歳〕の話、一九九六年七月七日）

3　ナカマと暮らす

これまで述べてきた野宿者の集団は、互いの生計が一応は独立していることを前提としてかたちづくられているものであるが、先にも述べたように、本集めなどの雑業に従事したり食料を拾ってくることでその生計を立てる野宿者が増えてくるに従い、そうした生計の手段をめぐる野宿者間の競争も激しくなってきている。そうした状況のなかからは、生計自体を共有するようになった集団、言い換えれば野宿生活自体を共同で営む集団が現れてきている。たとえば、新宿駅西口地下の一角に固まって段ボール小屋を構えていたある集団は、メンバーがそれぞれ本集めの仕事をしていた。この集団のメンバーは、メンバーの一人の妻である留守番役（であり段ボール小屋撤去に対する見張り役）の女性以外は朝になると各自本集めに出かけて行く。そして夕方になると、それぞれが本集めで稼いだ現金で総菜などを買い持ち寄って大皿などに盛り、メンバー全員が揃った時点で夕食を始めるという生活を営んでいた。つまりこの集団では、雑業に従事する人々がそれで得た収入の一部を分け合うことによって、不安定な収入基盤を補い合っていたわけである。

また、現金収入によってではなく拾ってくることによって生活資源を調達している野宿者の集団のなかでも、やはり生活の共同が行われている。次に紹介するGさんは、野宿を始めてから知りあった高齢の野宿者「おじいちゃん」と新宿中央公園の陸橋の下に向かい合わせて段ボール小屋を構えて生活していた。

まいーにちね、そこから、俺は中野新橋まで毎日物拾いに行ったり、うん、して、いたの。……(食べ)物は、あの、スーパーから、出る(廃棄される)こと今度は俺、分かってきたから。……(自分で)見つけたり、そう。で、見つけてきたの。……んで、多く持ってこれば、おじいちゃんに、うん、分けて、そうしてやってた。……お互い(拾ってきた食料を分け合って)やってたの。……そうしてるうちにほら……おじいちゃんがガス台拾ってきたり、そして、うー、鍋拾ったり、な、ポットを拾ってきたり、そうしてやってた。そんで今度は、俺が、ほら、あのー、寒いから、要するに、お湯を沸かして、で、「お茶飲もうよ」って、その、こっちで(お湯を)沸かして、おじいちゃんとこ行って、二人で、今度ほら、うん。……そんで、やってたり。……んで今度はな、スーパーからほら、あのー……ごはん、あ、あの、持ってくるでしょ……すると(古くなった物だから)かたいでしょ、すると今度はお粥(に)……して、熱ーいのな、フーフー言いながらさ、二人で食べて。……

そしてずーっとやってたの。（野宿者Gさん〔男性、六〇歳〕の話、一九九五年一二月九日）

東京調査によると、このような人々、つまり生活上の密なつながりをもつ「同じテントで同居したり一緒に生活している」共同生活者がいる人は七一〇人中一三〇人で、二割弱にのぼっている。

4 仕事をつくる

さらに一九九六年頃からは、単なる生活の共同にとどまらず、古本の露店の経営に自ら乗り出す野宿者のグループも二つほどあらわれてきていた。こうした露店経営グループは同時に労働組織でもあり、リーダー格の野宿者が店番などをするかたわら子分格の野宿者に指示を出して本を集めて来させ、その代わりに上役が子分の生活全般にわたって面倒をみるという明確なヒエラルキー構造を持っていた。

こうした古本の露店を経営するには、新規出店に際して、露店をヤミでとりしきっている暴力団と交渉して承認を得なければならず、さらに出店後は「ショバ代」とよばれる数千円の営業料を毎日暴力団に納めなければならない。なおかつ、無許可での露店営業は法的には道路交通法に抵触するため、常に警察による摘発の危険とも隣り合わせにある（実際にこの集団は警察の摘発を受けたこともある）。そのようなリスクをおかしてまでなぜかれらは露店経営に乗り出しているのか。

あるとき筆者は、支援ボランティア活動に参加した帰りぎわにこの露店経営グループのひとつに立ち寄った。と、そのグループのリーダー格の男性は、「ボランティアの一員」である筆者に、憤慨しながら次のように語った。

ずっと言ってるけどよ、S（ボランティア団体名）ってのは、物（を）配って、そんなことやってるから甘えて仕事しなくなる奴が出てくるんだよ。おまえら、馬鹿か？　俺たちみたいに、（本屋を開いて）仕事つくって働かせるほうがよっぽどためになってるんだよ。働かせて食わせてやってるんだよ、俺たちは。働く気が無いやつは、放っといて身体悪くして救急車で病院に入院したほうが（路上に寝てるより）よっぽどいいだろ。ここに居着かさせて、死なせるよりよ。毎年五〇人くらい（新宿の路上で）死んでるんだぞ。（食料じゃなくて）煙草買ってきて配るとかよ。シケモク拾ってる奴とか、（瓶に残った）酒集めて呑んでる奴によ、あぁ、働けばこういう（新品の）煙草が吸えるんだな、とかそういう方向に考えるようにさせるのが本当のボランティアってもんだろ。どうせやるんだったらよ、（電車の切符代に）一四〇円渡して本（を）集めて来させろよ。働いて飯が食えるんだなって考えるようになるだろ。（野宿者Hさん〔男性・三〇代〕の話、一九九七年九月一九日）

Sは食料を配ることそのものを活動の主旨としているわけではないし、その回数もたったの週一回である。けれども、支援団体側の思惑がどのようなものであれ、Sを含めたいくつもの支援団体によって食料が配られることによって、Hさんが指摘しているように、「働く気」を失わされている人がいないとは決して言い切れない。ただしそれは、「働く」ということを「カネを稼ぐ」という意味で理解する限りにおいてである。これまでの記述からもうかがえるように、高齢や病気、その他もろもろの事情で本集めなどのカネを稼ぐ仕事をしていない野宿者にとっては、炊出しの行列に並ぶこと、食料を拾いに行くことそれ自体が、生きるための「労働」である。無条件に「労働」を「カネを稼ぐ」ということに切りつづめてそれ以外の「労働」の価値を貶めることには筆者は同意できない。

しかしながら、Hさんがここで語っていることはそれだけではない。Hさんの話から読みとれるのは、かれらが、単にかれらのグループの経済的利益のためにのみ露店を経営しているのではないということである。「雑業への従事」の項でも述べたように、古本の収集という仕事は、労働市場から閉め出されがちな野宿者にとっても就くことが比較的容易な仕事であり、実際に多くの野宿者にとって生活の糧を得るための貴重な手段となっている。そして、Hさんの露店の存在は、Hさんのグループのメンバーに仕事を提供する役割を果たしていると同時に、それ以外の野宿者、Hさんたちがまだ会ったこともない野宿者に仕事を提供する可能性についてもひらかれている。要するに、古本の収集・販売という産業は、野宿者が自分でカネを稼いで生きていくことを可能にするひとつのシステムとなっているのである。言い換えるならばそれは、いったんは労働市場から排除された人びとにカネを稼ぐ仕事を提供することを通じて、かれらを市場経済へと再び接合するシステムである。そのようなシステムの運営に、Hさんをはじめとした野宿者自身が進出しようとしているという事実は、野宿者を施設に入所させ就労指導などを通じて「自立」させようとする行政の「ホームレス対策」に対する痛烈な皮肉となっている。

5 「無力な野宿者」像への抵抗

ここで、Hさんが、露店経営をすることの意義を、ほかならぬ筆者に語ったということの意味について考えたい。かつて筆者は次のような経験をした。まだ「ダンボール村」があったころの西口地下。「ボランティア」の一人として、小分けにされたクラッカーを持って段ボールハウスを一軒一軒訪ねて歩く筆者。賑やかに酒を酌み交わしていたあるグループを訪ねると、そのグループの一人は言った。「食べ物はよ、俺たちで仕事に行った奴が面倒見るから（支援者に配ってもらわなくても）いいんだ」。ひとしきり世間話をしたあと、去り際に身体を気づかうつもりで筆者が軽くかけた一言。「あんまりお酒飲み過ぎないようにしてくださいね」。この一言が引き金だった。「なんだよ。えぇ？　俺が稼いできた金で飲んでんだよ。自分の金で飲んでんのに、なんか文句あるのか」。その場をどうとりつくろったのか、はっきりと覚えていない。正直に書くと、その当時、筆者の軽い気持ちで発した一言になぜ彼が急に食ってかかってきたのか、よく理解できなかった。もちろん、今も完全に「理解」などしていないのだろう。けれども、その意味について解釈することはできる。彼は、筆者の一言のなかに、「自分たちの生計を自分たちで立てている」ことに込めた誇りをないがしろにするような傲慢さを嗅ぎ取ったのではなかったか。そして、自分と親子ほども歳の離れた学生らしき若者に自分たちの生活についてとやかく言われることそれ自体への抵抗として筆者に食ってかかってきたのではなかったか。

「ボランティア」として野宿者を「援助」や「ケア」を必要としている存在とあらかじめみなしたうえでかれらとかかわること。「学生」「研究者」として「野宿者のニーズ」を把握するために聴き取り調査を行ったりすること。それらに共通しているのは、かれらを埋めるべき何かを欠落させた存在とみなす視点だろう。たしかに、かれらの多くは貧困などの理由によって住居を確保することが困難な状況におかれ、またそれゆえに否応なく野宿を続けざるをえないでいる。けれども、そのような状況のなかでどうにかして生き抜き、生活を組み立てようと試みている人びとがいる。段ボール小屋というあらたな住居の発明と急速な普及は、そうした試みのひとつの象徴だろう。そして、古本の露店経営に乗り出したHさんたち。Hさんが露店経営の意義を「ボランティア」であり「学生」である筆者に怒りを交えて説いたのは、野宿者を保護や援助の対象として規定し、そのことによってかれらを無力な存在に仕立て上げようとする視点に対する抵抗だったのではないだろうか。

何も言葉を投げ返せずうなだれてじっとHさんの話を聞いていると、Hさんたちのグループの一人が、缶ビールを袋にさげて戻ってきた。Hさんは、その場にいたグループのメンバーに、そして筆者にもあたりまえのように缶ビールを手渡すと、自分も缶ビールを飲み始めた。手渡されたビールはひどく苦かった。ビールを飲み終えるとHさんはやおら立ち上がり、グループのメンバーに言った。「よし、そろそろ行くぞ」。Hさんたちはビールの缶を片付けると、何カ所かに出している露店をたたむために立ち去っていった。

■――「わたし」の欲望

野宿者の多くは経済的な貧困状態にある。それは、かれらの多くが日本の労働市場から閉め出されていることに由来している。けれどもかれらは、そのような状況下でただ手をこまねいて保護や援助の手を待っているわけでは決してない。本稿で記述を試みてきたのは、本集めや拾いなどの労働を通じて自分たちの生活を立ち上げようとする野宿者の姿であった。そして、ナカマをつくり集団をつくることでカネや生活資源をめぐる生存競争を生きぬき、自前の労働組織をつくることで自らを閉め出した市場経済に食い込もうとする姿であった。

本集めや拾いを生業とし、路上で段ボールハウスで暮らすという生活。そうした生活に対する違和感はいまも筆者のなかにある。それは、筆者のなかに染みついている「普通の仕事」「普通の生活」という「常識」のネガである。Hさんが告発しようとしていたのは、実は、そうした「常識」の根拠を疑いもせず、野宿者を悲惨で無力な存在としてみなすことで安心しようとする日本社会の「わたし」の欲望だったのではないのだろうか。そして、はたして本稿はそうした告発に応えるものになっているだろうか。

〈参考文献〉


中根光敏『「寄せ場」をめぐる差別の構造』広島修道大学総合研究所、一九九三年。

都市高齢者生活研究会『新宿ホームレスの実態'96』、一九九七年。

都市生活研究会（代表　岩田正美）『平成一一年度　路上生活者実態調査』、二〇〇〇年。

3 改革と希望

証券トレーダーたちの転職

宮崎　広和

■国家再生の物語

　私は、「構造改革なくして日本の再生と発展はない」という信念の下で、経済、財政、行政、社会、政治の分野における構造改革を進めることにより、「新世紀維新」とも言うべき改革を断行したいと思います。痛みを恐れず、既得権益の壁にひるまず、過去の経験にとらわれず、「恐れず、ひるまず、とらわれず」の姿勢を貫き、二十一世紀にふさわしい経済・社会システムを確立していきたいと考えております（二〇〇一年五月七日、第一五一回国会、小泉首相所信表明演説）。

最近「改革の痛み」という言葉をよく耳にする。その内容とは次のようなものだ。大胆な改革を断行しなければ日本経済は回復しない。これまでのいわゆる「護送船団方式」の日本の経済システムは、官民の癒着を生じた。日本経済を再生するためには、こうした「ぬるま湯体質」から脱却して、市場原理にもとづいた合理的な経済システムを築く以外にない。しかし、こうした改革には痛みが伴う。競争原理は勝者と敗者を生み、競争に耐えられない者は淘汰される。これからの時代のキーワードは「リスク」と「自己責任」。敗者は切り捨てられる。大企業は倒産しないという神話は崩れた。これからは大胆なリストラもやむをえない。この痛みに耐えてほしい、と政治家は国民に求める。

この改革の根底には新しい社会・人間像がある。政治家は訴える。競争原理がもたらす痛みに耐えるだけの強さを国民ひとりひとりがもたなければならない。今こそ、戦後の日本経済の発展を支えた経済システムとその根底にある集団主義的社会・人間像を捨て去り、新しい資本主義にふさわしい個人主義的・市場主義的社会・人間像を受け入れようではないか。これは大きな転換ではあるが、日本の歴史を見れば日本人は新しい状況に対応して幾度も困難を乗り越えてきたではないか。

我が国は、黒船の到来から近代国家へ、戦後の荒廃から復興へと、見事に危機をチャンスに変えました。これは、変化を恐れず、果敢に国づくりに取り組んだ国民の努力の賜物であります。私は、変化を受け入れ、新しい時代に挑戦する勇気こそ、日本の発展の原動力であると確信しています（二〇〇一年九月二七日、第一五三回国会、小泉首相所信表明演説）。

改革の痛みが現実のものとなりつつある今、これまで様々な苦境を乗り切って、新しい時代を切り開いてきた日本と日本人を信じ、未来への希望を決して失わない強さを、改めて求めたいと思います（二〇〇二年二月四日、第一五四回国会、小泉首相施政方針演説）。

ここで競争原理にもとづいた「新資本主義」への移行、そして集団主義から市場主義にもとづいた個人主義への移行は、外国から来る新しい考え方を学習し勤勉な努力を通じて、それを体得しながら幾度も根源的な転換を切り抜けてきた集団としての日本人の強さという文脈のなかに位置づけられる。このように政治家が描く「改革」という国家（経済）再生の物語のなかで、新資本主義が要請する「逆境に耐える」強い個人という新しい人間像は、日本人のあり方への挑戦ではなく、日本人の共同体験の核たる集団的学習・適応能力、そして変化に耐える強さを証明する機会へと転換する。さらにこの共同性は、痛みに共に耐えるという、あいまいであるが聞こえのいい言葉を通じて、さらに現実性を帯びたものとしてたち現れる。

この稿で検討するのは、この物語がその後たどることになるあまりにも陳腐な政治過程ではない。私の関心は「改革の痛み」という名の国家再生の物語と、この物語が生まれてきた前後の時期に「改革」とその痛みに直面することになった人々の語りとの関係にある。「改革」の時代を生きる具体的な個人はいったい何を考え、どのような選択をしようとしているのか。彼らが新資本主義とその強い個人という人間像に託する希望とは何なのか。

■――追いつけ、追い越せ

二十世紀末の日本経済において「改革」の時代を真っ先に経験したのは金融・証券界であった。一九九六年以降、日本版「金融ビッグバン」は「フリー、フェアー、グローバル」の旗印のもとに、自由化・規制緩和を通じて、大きく日本の金融・証券界を変えた。破綻するはずではなかった金融機関がいくつも破綻した。生き残りのために大銀行は系列を超えて相次いで合併、外資系金融機関も次々と日本市場に進出した。こうしたなかで日系の金融機関は大規模なリストラを行い、人材が流動化した。

私は一九九七年秋以来、ある日系証券会社（以下、世界証券と仮に呼ぶ）で株式や債券のトレーディングに従事してきた四〇人あまりの人々を対象に聞き取り調査を行ってきた。世界証券は一九九九年春からアメリカの証券会社と提携することになり、大規模なリストラを敢行することになった。四〇歳以上の社員に対しては退職金が上積みされ、早期退職への道が開かれた。提携に伴う大規模な変動を直前とした一九九八年秋、私は世界証券のトレーディングルームに毎日のように通いトレーダーたちに話を聞いた。一九九九年春には多くのトレーダーが転職することになったが、一九九九年秋から二〇〇〇年夏にかけて彼らを転職先に追跡調査した。この間、私は彼らの新しい職場を訪ねたり、仕事帰りに酒や食事を共にしたりして話を聞いた。

私が聞き取り調査の対象としてきたのは、世界証券で一九八七年以降デリバティブ（金融派生商品）関連の業務に従事してきた人々である。ここで詳しいことには立ち入らないことにするが、デリバティブとは、先物やオプションなど株式や国債など何らかの資産の将来価格を現時点で固定する契約のことを指す。デリバティブの取引は将来の価格変動のリスクを軽減するヘッジ、あるいは将来の価格変動の方向性に賭ける投機目的などに利用される。また、こうしたデリバティブには取引所で取引される契約と個別の市場参加者同士が結ぶ契約（店頭デリバティブ）がある。こうした取引は一九七〇年代から一九八〇年代にかけてアメリカで大きく発展をとげた。

日本の金融・証券市場にこれらの取引が導入されたのは一九八〇年代後半であった。日本の金融技術の遅れという共通認識のもと、バブル経済の追い風に乗って、日本の金融機関は競ってアメリカの金融理論や技術の導入を図ることになった。製造業が「追いつけ、追い越せ」とアメリカの技術を導入してきたように、日本の金融・証券界もアメリカの金融技術とノウハウの習得を目指したのである。デリバティブ取引は金融の最先端と認識されており、私が聞き取り調査をしてきたトレーダーたちは日本におけるデリバティブ取引の先駆者たちであった。

世界証券はまず一九八〇年代半ば、社員をアメリカのデリバティブ市場の中心であるシカゴに派遣した。これらの若い社員たちは現地の先物・オプション専門会社でトレイニーとして働きながら、アメリカのデリバティブ市場のあり方について学んだ。シカゴの会社からすれば、これは新しい顧客の開拓であり、事実その後世界証券を通じて日系の投資家からの注文がシカゴ市場へ大量に流れることになる。世界証券の側の第一目標はアメリカの進んだ金融技術とノウハウの取得にあった。こうしてシカゴでトレイニーとしてデリバティブ市場の仕組みなどを学んだ社員は、その後日本へ戻り本格化するデリバティブ関連業務に従事することになる。

これとは別に、世界証券は一九八〇年代末から一九九〇年代初めにかけて、理工系の人材を次々と採用した。彼らのなかにはメーカーでキャリアを積んだ中堅の技術者、数学や物理学の博士課程在籍中の大学院生、そして理工系の大学院の修士課程を終えたばかりの若者らが含まれていた。このように理工系の人材が重用されたのは、オプションの理論価格の計算などに偏微分方程式が使われていることなど、デリバティブ取引が一般に高等数学の知識を必要とするとされていたからである。金融とはほとんど無縁の世界から飛び込んできたこれらの理工系の人々は、英文の文献を読んでアメリカの最新の金融理論やトレーディングの手法を学びながら、コンピューターや高等数学の知識を駆使してトレーディングを始めたのである。

これらの人材の教育を担当したのは、一九八〇年代初期にニューヨークでオプション取引を体験した青木（仮名）であった。青木はニューヨークでその当時、アメリカの投資銀行のなかにコンピューターと数学を駆使して銀行の自己資金を運用し収益を追求する自己売買トレーディングチームが登場してきているのを見ていた。それまで日本の証券会社は、一般に顧客からの注文を取り次いで得た手数料を主たる収益源としていた。もちろん証券会社には相場を張るトレーダーもいるにはいたが、青木はアメリカの投資銀行にあるような自己売買トレーディングチームを日本の証券会社の中に作ることを思い描いたのであった。当時青木は、外資系の投資銀行からの誘いを何度も断っている。当時の青木には、外資系の投資銀行へ転職して短期間に金を儲けて悠々自適の生活を送るという選択肢よりも、日本の会社の中で自前のトレーディングチームを作ることのほうが魅力的に見えたのであった。日本人にもトレーディングができるのだという信念がここにあった。

当初青木が率いる先物オプションチーム（仮名）の表向きの課題は、世界証券の顧客に対して先物やオプションなどを使った新しい投資技術を紹介するという啓蒙活動にあったが、青木は会社の資金を運用して自己売買トレーディングを徐々に開始した。このチームは一九八〇年代末から一九九〇年代初頭にかけて、日本市場で取引所の上場された株価指数先物を使った裁定取引（アービトラージ）を行い、かなりの収益をあげる。その後、先物オプションチームの業務は、顧客のニーズに応じたカスタムメイドのデリバティブ取引（店頭デリバティブ）の組成などにも広がっていった。

■――金融敗戦

当初の成功とは裏腹に、その後先物オプションチームの収益は減少の一途をたどる。ある程度の成功を見た店頭デリバティブ業務も、国内の規制などにより業務拡大の限界に達した。こうしたなかで世界証券はデリバティブ業務のグローバル化を目指し、若手のトレーダーをロンドンに派遣したり、ヨーロッパのデリバティブのプロを高額で雇ったりした。しかし、相次ぐ証券不祥事のなかで会社そのものの経営が悪化、具体的な業務展開を見ることなくグローバル化は頓挫する。

私が毎日のようにトレーディングルームに顔を出していた一九九八年秋、青木の下で育ったトレーダーたちは敗北感に浸っていた。それはちょうど世間で「金融敗戦」だとか、「第二の占領」などという言葉がさかんにいわれ始めたころであった。

興味深いことに、世界証券のトレーダーたちによれば、「敗戦」の原因は技術・知識の面でキャッチアップができなかったからではない。敗戦の原因は、学習と教育を通じた技術とノウハウの移転・取得という日本企業における仕事の志向性そのものにあるということだった。それまで青木と若いトレーダーたちを突き動かしてきたのは、アメリカの金融理論とノウハウを学び、それを精緻化して、最終的にはアメリカを追い抜こうという「追いつけ、追い越せ」という姿勢であった。これは、製造業が証明した日本人の集団的学習・適応能力への自信にもとづいていた。しかし、彼らはこの自信こそ「金融敗戦」を招いたという認識にたどり着いたのである。

ここで、日本の金融敗戦の本当の理由が何であったかという問いに私は関心がない。私に興味深いのは、証券トレーダー自身の主観的な認識である。日本企業の学習と教育の重視は前からよく指摘されてきた点であり、日本経済の成功の要因のひとつとされてきた。絶え間ない学習はサラリーマンとしての人格形成の核にあるとされてきた。トレーダーといえば、外資系投資銀行・証券会社のトレーダーのように若いうちに稼いでさっさと引退、その後は悠々自適の生活を送るという世界を想像しがちだが、日系証券会社におけるトレーダーは基本的に固定給のサラリーマンであった。つまりトレーディングで収益をあげてもそれが給与に反映されることはなく、また逆に損を出しても首にならないという環境のなかで、世界証券のトレーダーたちはトレーディングをしていたのである。こうした状況のなかで世界証券のトレーダーたちの関心は利益の最大化ではなく、最小のリスクをとって、知的ゲームとしてのトレーディングを続けていくことに向かってしまったという。そしてトレーダーたちの知的好奇心は、過去のデータを使ってシミュレーションを繰り返してトレーディングモデルを精緻化することに注がれ、研究志向が強くなり「お勉強」で終わってしまったというのである。製造業で成功した欧米の知識と技術の習得と改善を通じた「追いつけ、追い越せ」という戦略は、金融ではうまくいかなかったというのである。

トレーディングという仕事を通じて証券トレーダーが集団的学習という戦略の限界を認識することになった理由として、莫大な資金と時間を投資してアメリカの金融技術とノウハウの習得に励んだにもかかわらず収益が上がらなかったという結果と同時に、トレーディングという仕事のもつ特殊な事情もあったかと思われる。誰もが指摘することは、トレーディングという仕事は永遠に続けられる仕事ではないということである。こうした認識の背景には、トレーディングという業務が学習して向上する技術や知識ではなく、天性のものや運に依存している面が多く、長い間やっているからといって評価の対象とならないという認識がある。また、市場が動くので、何もしないでも儲かったり損したりするために、どこまでが自分の仕事であるかわからない面があるという。また、市場が変化するにつれてそれまでうまくいっていたトレーディングの手法もうまくいかなくなるので、最終的に「知恵ではなく反射神経で」稼がなければならなくなるという認識もある。

こうした認識を転職の動機として語るトレーダーは多い。たとえば一九九八年に世界証券から外資系コンサルタント会社へ転職したトレーダーは、市場の動きに振りまわされるトレーディングに虚しさを覚え、経験と自分の価値が正比例するコンサルタントという仕事に魅力を見出している。また、ベンチャー企業に投資する業務へ移ったトレーダーも、より長期的な視野で企業の成長を見ていくことに魅力を感じている。

しかし、何よりも集団的学習という日本企業の戦略の限界をあきらかにしたのは、「外の世界」におけるビジネスのあり方であった。というのも、新資本主義が要請する「強い個人」という人間像は「追いつけ、追い越せ」という集団的学習とはまったく違う姿勢を要求することになったからである。

■――強い個人の未来観

一九九九年春、世界証券はアメリカの証券会社と提携し、トレーディング業務はすべて提携先の外資系証券会社へ移されることになった。日本的組織のなかでのトレーディング業務に限界を感じつつも、いざ転職を迫られたトレーダーたちにとって日本的組織を思い切って飛び出すかどうかという選択は簡単な選択ではなかった。トレーディング、そしてデリバティブ業務を一から築いた後に会社からもう必要ないと通告されたことにとまどいを覚えながら、それぞれの決断をしていくことになった。四〇歳以上であったほとんどのトレーダーは上積みされた退職金を手に独立したり、外資系の会社に移ったりした。彼らのほとんどはトレーディング業務から離れ金融のさまざまな分野で仕事を見つけることになった。四〇歳に達していなかった三〇代後半のトレーダーは涙をのんで世界証券に留まり、別の部署に移されることになった。そしてもっと若手のトレーダーの多くは世界証券が提携したアメリカの証券会社や全く別の外資系の証券会社や投資銀行へ転職し、インセンティブのある世界でのトレーディングを経験することになった。

日本企業の組織を飛び出した証券トレーダーたちは、「お金と仕事の距離が短縮された世界」を発見することになる。彼らによれば「外の世界」の人間関係は、お金と密接に結びついたお互いにお互いを利用しあうドライな人間関係なのであった。たとえば、外資系の証券会社へ移ったトレーダーたちは一様にデリバティブ取引において他社のトレーダーとの個人的な関係が重要であることを強調する。他社のトレーダーとの接触は世界証券時代にはあまりなかったことだという。このように転職した証券トレーダーたちの関心の中心は、知識と技術の集団的学習から、会社を超えた個人間のお金と密接に関連した関係へと転換したのである。

転職したトレーダーは、総じてこうした人間関係のリスクを口にする。日本の企業の外へ出た人々にとって、誰を信頼するべきかという問題が最大の関心事として登場している。こうした環境のなかで、世界証券時代の人脈は世界証券の元トレーダーにとってかけがえのない財産となっている。たとえば、多田（仮名）は独立して外資系投資銀行でトレーダーをしていた人と組んで資産運用会社を経営しているが、彼は世界証券時代に築いた人間関係をフルに活用して仕事を進めている。こうした傾向は、ベンチャー企業を立ち上げたトレーダーたちにも顕著である。インターネット・トレーディング関連の会社を起こしたトレーダーも、トレーディングのためのシステムを開発・販売する会社を設立したトレーダーも、世界証券時代の同僚や上司に出資者となってもらっている。転職も世界証券の仲間と一緒にという場合が多い。

一九九九年の時点で世界証券に残留することになったトレーダーたちは、転職していった人々が以前の会社の人間関係を利用していろいろと情報を得ようとすることについて、あまり好感をもっていなかった。これらの人々の論理では、世界証券時代の人脈は世界証券を辞めた瞬間失うものであった。だからこそ、そうした人脈を退職金が上積みされたとはいえ犠牲にはできないというのであった。そして彼らの多くは、世界証券の「看板」の重要性に言及した。つまり彼らの仕事はこの看板があるからこそできるものであり、それなしにはできるはずはないというのである。もっともこれらの人々のなかにも、二〇〇〇年までに世界証券を辞めて世界証券時代の同僚や上司と組んでベンチャー企業を立ち上げたり、外資系の証券会社などへ移ったりする人々が出てきた。会社人間は急速に過去のものになりつつあった。

転職したトレーダーにとって、日本企業の組織の外の世界におけるビジネスは、集団的学習が重視された日本企業での仕事とは違って、もっと単純なものと認識されている。外資系の会社に移ったトレーダーたちは、皆世界証券での研究志向のトレーディング業務の無意味さを指摘する。たとえば、外資系の証券会社へ移ったトレーダーのひとりは、外資系のトレーダーたちにはモデルを精緻化することへの関心などなく、彼らは単に今儲かることを根気よく繰り返すだけなのだという。一九九九年に外資系のトレーディング関連のシステムを販売する会社へ転職したトレーダーも、世界証券時代は数学のバックグラウンドを生かして複雑なトレーディング・モデルの開発に関わっていたが、外へ出てもっと簡単なことでお金を儲けることができることを学んだという。

日本の企業における集団的学習が、会社員としての個人、企業、そして国家（経済）のベクトルをアメリカに「追いつけ、追い越せ」という方向へ一致させていた。しかし、アメリカへの遅れという認識から出発した世界証券のデリバティブ関連業務は、日本の製造業の成功とは裏腹に、遅れの持続というかたちで終焉を迎えた。そして転職した証券トレーダーたちは、この集団的学習という戦略にこそ彼らの失敗の原因があると今確信している。転職した証券トレーダーたちの語りは、さまざまなレベルであきらかになった日本企業での仕事の方向性と金融市場とのずれを、個々人のレベルで矯正する努力であったといえる。この矯正は、日本的な組織のなかで繰り返し従事してきた集団的学習への決別から始まった。そしてそれに代わってギブアンドテイクのドライな人間関係のなかでいかに生き残っていくかという問題が、彼らの関心の中心に立ち上がってきている。

二〇〇一年に入って日本経済は厳しさを増し、転職した証券トレーダーのなかにも苦い体験をした人々が何人もいる。この「痛み」を彼らはどのように乗り越えていくのか。今後さらに厳しい現実と対峙するなかで、彼らは何に希望を見出していくのか。

政治家は「改革の痛み」の後に日本再生という未来があると説く。根底的な転換を積極的に受け入れる姿勢にこそ、日本人の強さがあるというのだ。

しかし、世界証券の証券トレーダーたちの語りにこうした共同性への希求は見られない。個人、企業、国家のベクトルを一致させてきた集団的学習という戦略の限界を体験し、それを意識的に切り捨てた彼らにとって、「日本人の強さ」はもはや希望の源泉になりえないのである。

戦後の日本が日本人の集団的学習能力に希望を託してきたとすれば、新資本主義の日本において何が希望の源泉となるのか。集団的学習がアメリカに「追いつけ、追い越せ」というはっきりとした目標を掲げていたのとは対照的に、転職し新資本主義のドライな人間関係のなかに生きることを自認する証券トレーダーたちの語りに、この「改革」の先にどんな未来があるのかはっきりとイメージしている人は少ない。たとえば、前出の多田はまず二億円稼ぎたいという。そうしたら「本当の自分」がどういう人間かわかるだろうという。この未来は確かに漠としている。しかし、この方向性のあいまいさこそ今日の新資本主義の特徴といえるかもしれない。改革がもたらしつつあるものが、はっきりと方向づけられた資本主義から、そうした方向づけのない資本主義への移行であるという認識は、政治家の語る日本再生のビジョンに欠けている。こうした新資本主義がどのような結果をもたらすかわからない。ひとつ確かなことは、転職した証券トレーダーたちの漠とした未来が、政治家の語る「改革の痛み」の先にあるはずの日本再生という未来に収斂していくことはありえないということである。

〈参考文献〉

戦後日本経済を担ってきた「サラリーマン」の文化人類学的研究として、中牧弘允・日置弘一郎編『経営人類学ことはじめ――会社とサラリーマン』（東方出版、一九九七年）を参照。「新資本主義」の内容については、日本経済新聞社編『新資本主義が来た――21世紀勝者の条件』（日本経済新聞社、一九九九年）を参照。また、新しい人間関係のモデルとしての「信頼」を提示した社会心理学者、山岸俊男による『信頼の構造――こころと社会の進化ゲーム』（東京大学出版会、一九九八年）も参照のこと。

あとがき

この本の執筆者の多くが理解の鍵として（直接的、間接的に）触れているのは、対象社会におけるケチという概念である。伝統社会では、例外なく、ケチとされることは決定的な烙印となる。しかしながら、カネの論理が隅々まで浸透した高度資本主義社会では、事は必ずしも単純ではない。北川由紀彦は、自らそうした事態に巻き込まれながら、福祉ですら一筋縄ではいかない事情の一端を率直に描いている。この問題を考えるうえでも、次に引用する、笠松宏至の随想「『老い』その後」が味わい深い。

還暦後、（暗所で発光して）腰に巻くと夜道の事故防止に良いと説明書きがついた妙な物体を、地元の公共団体から贈られた。しかし、それを貰った人の話も聞かなければ、身につけた老人を目にしたこともない。「もしかしたら私だけに……。万一七十まで生きのびられたら、今度は何をくれるだろうか、それほど暗くない都会の夜道を歩きながら、悲しくもおかしい想像をめぐらしたのを憶えている」。その七〇歳を迎えて送られてきたのが、「老人保健法」の肩書のついた「医療受給者証」だった。以来、数百円の診察代を払うだけで薬代は無料になった。「薬局で、薬品というまがうことなき『商品』を、代価を支払うことなく受け取ったとき、これ以上の長生きはご遠慮ください、社会からそう宣告されたような気がしてならなかった」（『歴史民俗資料学研究』第七号）。

高度資本主義社会では、市場交換からの排除は社会からの排除を含意し得る。では、そこからの救済は、スティーヴンスンの「瓶の妖鬼」のハワイ人の主人公夫婦（ケアウェとコクア）のような、魂の交換によるしかないのだろうか。この作品を経済学者岩井克人のように読む限りは、そうなるだろう――本書序説参照。しかし、それはあくまでも「プラス利子」のカネの論理、つまり資本主義の論理に則った（経済学的な）読みである。

でも、「瓶の妖鬼」は、実際そう単純な物語だろうか。まず、瓶の中に住み、瓶を速やかに別人に手渡さない持ち主を地獄に落とす小鬼は、（ハワイやタヒチと同じく太平洋の島々であるニュージーランドの）マオリ人のマナの観念を想起させる。マナは、交換のサイクルを滞らせる者を害すると信じられた、神秘的な力である。そして、マナは社会から「分離した経済」（市場交換）の世界ではなく、社会の関係を作りだすと共にそこに「埋め込まれた経済」（全体的交換）の世界でなら、（ハウなどの）類例が知られた論理なのである。

さらに、岩井は「小鬼の住む小瓶とは（中略）まさに『貨幣』の象徴として読むことができる」と言う。だが、そうであっても、その「貨幣」は速やかに値打ちが減っていく「マイナス利子」のカネであり、利子が利子を生んで自己増殖し続ける、我々に馴染みの「プラス利子」のカネ（特に資本）ではないと取る方が適切だろう。つまり、「この小瓶にはハイパーインフレションが最初から仕込まれている」と見るのは、一つの可能な、しかも自文化中心的な解釈に過ぎない。むしろ、交換を滞らせる者――資本主義の文脈でいえば、カネを独占してほかの人々に渡さない資本家や資産家――へのしたたかな批判を読み取るべきではないか。

本書の執筆者に共通の「異文化」とは、S・ゲゼルが提唱したような、「マイナス利子」のカネによる交換が人々を結び付ける文化である。我々の社会では、（かなり高い）利子率を上回る収益が期待できる事業だけに投資機会が与えられ、しかも規模の大きい事業が有利になる。一方「マイナス利子」のカネの社会ではカネは滞留せず、速やかに、しかもあらゆる人々の間を流れ続ける。そして、投資には長期的な展望が重要になり、自然資源の育成など、長きにわたって持続的に価値を確保できる事業が優先されることになるだろう。今、地球上にそうした資本主義の「反世界」はもう存在してないが、利子を生まない地域貨幣は英国やカナダを初め世界各地に見られ、日本でも実験的な取組みが始まっている。

文化人類学は政策科学ではない。しかし、関根康正が主張するように、対象社会の人々と問題を共有しようとする志向性をもつことの本来的な重要さにあらためて気づき始めている。将来もし本書の改訂版が出るとしたら、「マイナス利子」や「ゼロ利子」のカネの交換を生きる人々の「カネと人生」を扱う論稿が加わり、視界が更に大きく開けていることだろう。

最後に、執筆者各位に刊行の遅れを心からお詫びしなければならない。ひとえに私の編集能力の乏しさのゆえである。それにもかかわらず、この間根気よく応対し、励まし続けて下さった雄山閣の佐野昭吉さんと編集担当の渡邉石夫さんに、改めて感謝申し上げたい。

小馬　徹

二〇〇二年六月二七日

■編集責任者・執筆者紹介

執筆順

＊編集責任者

■小馬　徹（こんま・とおる）
生　年　一九四八年
専　攻　文化人類学・社会人類学（一九七九年以来、ケニアでキプシギス人を中心にカレンジン群の長期参与観察調査を実施、現在も継続中）
現　職　神奈川大学（外国語学部）教授
著書論文　『ユーミンとマクベス―日照り雨＝狐の嫁入りの文化人類学』（世織書房）、『国家とエスニシティ』（共著）（勁草書房）、『贈り物と交換の文化人類学―人間はどこから来てどこへ行くのか』（御茶の水書房）

＊　＊　＊

■竹内　潔（たけうち・きよし）
生　年　一九五六年
専　攻　人類学（一九八八年以来、中央アフリカなどの狩猟採集民を対象に主として生業活動や農耕民との関係について調査を継続している）
現　職　富山大学（人文学部）助教授
著書論文　「饒舌な獣たち―コンゴ共和国北東部の狩猟採集民アカの摂食回避」（加納隆至、黒田末寿、橋本千絵編『アフリカを歩く』以文社）、「〝彼はゴリラになった〟―狩猟採集民アカと近隣農耕民のアンビバレントな共生関係」（市川光雄、佐藤広明編『講座生態人類学　森と人の共存世界』京都大学学術出版会）、「アカにおける社会的アイデンティテ集落の事例から「（田中二郎・掛合誠編『ヒトの自然誌』平凡社）

■中村香子（なかむら・きょうこ）
生　年　一九六五年
専　攻　文化人類学・アフリカ地域研究（一九九八年以来、ケニアの牧畜民サンブル社会において現地調査を実施、現在も調査中）
現　在　京都大学大学院アジア・アフリカ地域研究科、博士課程（5年一貫制）在学中
論　文　「北ケニアの牧畜民サンブルの身体装飾と年齢体系　サブカルチャーとしての戦士とビーズ」（博士予備論文）、「進化するビーズ装飾　ケニア・サンブル社会における『モランの変容（『アフリカレポート』33号）、「ビーズの恋人　ケニア・サンブル社会における未婚の男女の性関係と社会変容」（『アフリカレポート』35号）

■牛島　巌（うしじま・いわお）
生　年　一九三八年
専　攻　社会人類学・映像民族学（一九七三年から一九八八年の間、ミクロネシア・ヤップ島およびウハシー環礁にて文化人類学的調査研究を実施）
現　職　駒沢女子大学（人文学部）教授
著書論文　『ヤップ島の社会と交換』（弘文堂）、「ミクロネシア・ヤップ島の土地を媒介にした集団」（清水昭俊編『家族の自然と文化』（弘文堂）

■小西正捷（こにし・まさとし）
生　年　一九三八年
専　攻　南アジア考古学・民族学（インド文化の源流と底流をさぐるため、一九六一年のインド留学以来フィールドワークを重ね、近年ではその範囲は、西はアラビアから東は

沖縄にまで及びはじめている）

現　職　立教大学（文学部史学科）教授

著　書　『多様のインド世界』（三省堂）、『インド民衆の文化史』『ベンガル歴史風土記』『インド民俗芸能誌』（以上、法政大学出版局）他

■林　行夫（はやし・ゆきお）

生　年　一九五五年

専　攻　文化人類学・宗教社会学（一九八一年以来東北タイを中心に村落宗教の調査、一九九〇年よりラオス、カンボジア、西南中国の仏教社会を含めた比較研究を継続中）

現　職　京都大学（東南アジア研究センター）教授

著　書　『ラオス人社会の宗教と文化変容』（京都大学学術出版会）、『宗教の現代』（岩波書店）［共著］、『カンボジア―社会のダイナミックス』（古今書院）［共著］

■澤田昌人（さわだ・まさと）

生　年　一九五八年

専　攻　文化人類学・アフリカ地域研究（一九八〇年以来、コンゴ共和国の熱帯森林に住む狩猟採集民エフェ、焼畑農耕民レセの世界観を研究している。またコンゴとその周辺地域の現代史を人類学的な視点から研究することを志している）

現　職　京都精華大学（人文学部）教授

著書論文　「葬送儀礼と合唱における死者の音声―アフリカ熱帯雨林での事例」（山田陽一編『講座　人間と環境11　自然の音・文化の音―環境との響きあい』昭和堂）、『アフリカ狩猟採集社会の世界観』（京都精華大学創造研究所）［共著］、「世界観の植民地化と人類学―コンゴ民主共和国、ムブティ・ピグミーにおける創造神と死者」（宮本正興・松田素二編『現代アフリカ狩猟の社会変動―ことばと文化の動態観察』人文書院）

■北川由紀彦（きたがわ・ゆきひこ）

生　年　一九七二年

専　攻　都市社会学（一九九二年以来、新宿を中心に、野宿者および彼らをめぐる諸組織・機関に対する観察・聞き取り調査を実施、継続中）

現　在　東京都立大学大学院社会科学研究科博士課程（社会学専攻）在学中

論　文　「野宿者の集団形成と維持の過程―新宿駅周辺部を事例として―」（『開放社会学研究』15巻1号）、「野宿者急増の背景についての一考察―建設業と寄せ場に注目して―」（『社会学論考』22巻1号）、「〈ホームレス問題〉の構成　東京を事例として」（『開放社会学研究』16巻1号）

■宮崎広和（みやざき・ひろかず）

生　年　一九六七年

専　攻　文化人類学（一九九四年から一九九六年までフィジー島でキリスト教と土地をめぐる知識の諸相について、また一九九七年から継続的に東京で証券トレーダーの転職について調査を実施）

現　職　コーネル大学（人類学部）助教授

著書論文　「方法としての希望」（『社会人類学年報』27）、「文化の政治における部分と全体」（『民族学研究』66）、「文書館と村―歴史人類学から文書の民族誌へ」（『オセアニア・ポストコロニアル』国際書院）

ISBN4-639-01780-4〈全〉

くらしの文化人類学《ぶんかじんるいがく》　5 カネと人生《じんせい》

印刷　2002年11月10日
発行　2002年11月25日

編集代表　松園万亀雄《まつぞのまきお》

本巻編集　小馬《こんま》　徹《とおる》

発行者　村上佳儀
発行所　株式会社雄山閣
住所　東京都千代田区富士見2-6-9
TEL 03(3262)3231　FAX 03(3262)6938
振替　00130-5-1685
印刷　永和印刷株式会社
製本　協栄製本株式会社
乱丁落丁は小社にてお取替えいたします
Printed in Japan

ISBN4-639-01781-2 C1339

『くらしの文化人類学』(全8冊)

編集代表＝松園万亀雄

1	食事の風景	栗田　博之編	(東京外国語大学教授)
2	父と子	松園万亀雄編	(県立長崎シーボルト大学教授)
3	つきあいの行方	福井　勝義編	(京都大学教授)
4	性の文脈	松園万亀雄編	
＊5	カネと人生	小馬　　徹編	(神奈川大学教授)
6	〈もめごと〉を処理する	宮本　　勝編	(中央大学教授)
7	老いと世間	青柳まちこ編	(茨城キリスト教大学教授)
8	大往生を迎える	福井　勝義編	

＊印既刊

●本体価格2,800円＋税